Marcel Fratzscher
Die Deutschland-Illusion

Marcel Fratzscher

Die Deutschland-Illusion

Warum wir unsere Wirtschaft überschätzen und Europa brauchen

HANSER

MIX
Papier aus verantwor-
tungsvollen Quellen
FSC® C014889

Bibliografische Information der Deutschen Nationalbibliothek
Die Deutsche Nationalbibliothek verzeichnet diese Publikation in der
Deutschen Nationalbibliografie; detaillierte bibliografische Daten
sind im Internet über http://dnb.d-nb.de abrufbar.

Dieses Werk ist urheberrechtlich geschützt.
Alle Rechte, auch die der Übersetzung, des Nachdruckes und der Vervielfältigung des Buches oder von Teilen daraus, vorbehalten. Kein Teil des Werkes darf ohne schriftliche Genehmigung des Verlages in irgendeiner Form (Fotokopie, Mikrofilm oder ein anderes Verfahren), auch nicht für Zwecke der Unterrichtsgestaltung – mit Ausnahme der in den §§ 53, 54 URG genannten Sonderfälle –, reproduziert oder unter Verwendung elektronischer Systeme verarbeitet, vervielfältigt oder verbreitet werden.

1 2 3 4 5   18 17 16 15 14

© 2014 Carl Hanser Verlag München
Internet: http://www.hanser-literaturverlage.de

Lektorat: Martin Janik
Herstellung: Andrea Reffke
Umschlaggestaltung und Motiv: Hauptmann & Kompanie Werbeagentur, Zürich
Satz: Kösel Media GmbH, Krugzell
Druck und Bindung: Friedrich Pustet, Regensburg
Printed in Germany

ISBN 978-3-446-44034-0
E-Book-ISBN 978-3-446-44145-3

Inhalt

Vorwort 9

I DIE ERSTE ILLUSION
Ein zweites deutsches Wirtschaftswunder

1 Die Transformation vom »kranken Mann Europas« zur Konjunkturlokomotive 18

2 Das Beschäftigungswunder 23
   Tarifpartner haben Verantwortung übernommen 23
   Glück als wichtiger Garant 25
   Die Kehrseite des Erfolgs: Unterbeschäftigung und prekäre Beschäftigung 26
   Die Lohnentwicklung enttäuscht 29
   Soziale Gerechtigkeit als große Herausforderung 31
   Wie erfolgreich wird der Mindestlohn sein? 39
   Was die Bundesregierung für einen nachhaltigen Erfolg des Arbeitsmarkts tun muss 43

3 Exportweltmeister mit dem tugendhaften Staat ... 47
   Deutschland, der Exportweltmeister 48
   Die gespaltene Volkswirtschaft 52
   Der tugendhafte Staat? 56
   Die Kehrseiten der Finanzpolitik 61
   Das globale Staatsschuldenproblem 66

4 Deutschlands Investitionslücke als wirtschaftspolitische Achillesferse 74
Deutschlands riesige Investitionslücke 74
Deutschland, der Sparweltmeister 82
Der Verfall der Verkehrsinfrastruktur 89
Die Bildungslücke 93
In die Energiewende investieren 95
Was kann die Wirtschaftspolitik tun? 102

II DIE ZWEITE ILLUSION
Deutschland braucht Europa und den Euro nicht

5 Wieso wir den Euro geschaffen haben 110
Grundlage der europäischen Integration 111
Der europäische Wechselkursmechanismus
als Vorläufer des Euro 112
Die monetäre Dominanz Deutschlands und
der Bundesbank 114

6 Die Stärken und Schwächen des Euro 118

7 Die Ursprünge der europäischen Krise 123
Die ersten zehn Jahre des Euro 123
Der Teufelskreis der vier Krisen 127
Die Rolle der Troika 131
Fehlende gemeinsame Regeln 133

8 Deutschlands und Europas globales Gewicht 135

III DIE DRITTE ILLUSION
Europa will nur an Deutschlands Geld

9 Deutschland, das Opfer und der Zahlmeister Europas? 142
Die Rolle des Sündenbocks 143
Ein Sündenbock erleichtert Reformen 146

Europas Krisenpolitik trägt einen
Deutschland-Stempel 150
Deutschland als Hegemon wider Willen 155

10 Die europäische Krise ist keine »Eurokrise« 163

11 Deutschlands Eigenverantwortung
für seine Exportüberschüsse 171

12 Der Mythos der »Target-Falle« 176

13 Deutschland ist Nutznießer, nicht Opfer der
EZB-Geldpolitik 182
Die stabilisierende Rolle der EZB-Geldpolitik 182
Das Mandat der EZB 186
Ist Deutschland Opfer oder Nutznießer? 188
Risiken für die EZB 196
Risiken für Deutschland und Europa 199

IV DEUTSCHLANDS VISION FÜR EUROPA

14 Deutschland ist in der Verantwortung für Europa .. 204
Der fragile Status quo 204
Ein Festhalten am Status quo verschiebt nur
die Krisenbewältigung 207
Desintegration ist keine Lösung 209
Der Integrationssprung als einzige nachhaltige
Lösung 211

15 Eine Vision für Europa 213
Das Prinzip der Eigenverantwortung 213
Eigenverantwortung und Solidarität gehen
Hand in Hand 215
Demokratie und Rechtsstaatlichkeit in der Krise 217
Was die Union zusammenhält 218

16 Eine europapolitische Agenda für Deutschland 220
    1. Deutschland als Konjunkturlokomotive
       für Europa 220
    2. Eine europäische Investitionsagenda 222
    3. Mit gutem Beispiel vorangehen 224
    4. Die Bankenunion vollenden 225
    5. Eine neuerliche Vertiefung der Krise verhindern .. 226
    6. Die Basis für eine Fiskalunion legen 227
    7. Die Basis für eine gemeinsame Außen- und
       Sicherheitspolitik schaffen 228
    8. Eine Eurounion mit einem Eurovertrag 229
    9. Ein Europarlament und eine europäische
       Wirtschaftsregierung 230
    10. Demokratische Legitimierung schaffen 232

Dank 234

Abbildungen 237

Quellenverzeichnis der Abbildungen 273

Register 275

Vorwort

Deutschland befindet sich in einem Zustand der Euphorie. Die Wirtschaft boomt, Jobs sind reichlich vorhanden und Deutschland ist stärker als je zuvor – zumindest, wenn man den Medien glaubt. Die Zukunft des Landes scheint dank einer starken industriellen Basis und erfolgreicher Exportsektoren exzellent, die Wirtschaftspolitik weise und richtig. Der Wohlstand in Deutschland wäre grenzenlos, würde die tiefe Krise im Rest Europas die deutsche Wirtschaft nicht nach unten ziehen. So die Sichtweise vieler.

Wenn ich in Deutschland einen Vortrag über die deutsche Wirtschaft halte, bitte ich das Publikum oft, die Identität zweier europäischer Länder zu erraten. Das erste Land hat in den letzten Jahren drei große wirtschaftspolitische Erfolge erlebt und ist hervorragend durch die globale Finanz- und die europäische Schuldenkrise gekommen. Es hat seine Wirtschaftsleistung seit 2009 um 8 % gesteigert, viele Menschen in Beschäftigung gebracht und Marktanteile in seinen wichtigsten Exportmärkten hinzugewonnen. Und es war tugendhaft, erzielt Überschüsse in den öffentlichen Haushalten und reduziert seine öffentliche Schuldenlast.

Jeder im Publikum errät schnell, dass es sich bei diesem Land um Deutschland handelt. Die Deutschen im Publikum tun dies häufig mit einem Lächeln und nicht ohne einen gewissen Stolz. Andere Europäer sehen dies jedoch meist weniger positiv. Der deutsche Erfolg sei auch auf Kosten seiner europäischen Nachbarn zustande gekommen, argumentieren sie. Angesichts der

Stärke der deutschen Industrie sorgen sie sich um die Wettbewerbsfähigkeit der anderen Europäer. Deutschland möge doch etwas tun, um diesen Wettbewerbsvorteil auszugleichen, zum Beispiel einen stärkeren Lohnanstieg und höhere Inflation in Deutschland erlauben. Diese Debatte endet selten im Konsens.

Die Wirtschaft des zweiten Landes kann man als gescheitert bezeichnen. Es ist eine, die seit dem Jahr 2000 weniger stark gewachsen ist als der Durchschnitt der Eurozone. Auch die Löhne der Arbeitnehmer sind deutlich weniger gestiegen. Sie haben sich sogar noch schwächer entwickelt als die Inflation: Zwei von drei Arbeitnehmern haben heute weniger Realeinkommen als im Jahr 2000. Die Armut ist gestiegen, eines von fünf Kindern lebt heute unter der Armutsgrenze. Auch die Einkommensungleichheit ist höher als noch in den 1990er-Jahren. Die Vermögensungleichheit ist ebenfalls gestiegen und eine der höchsten in Europa. Um die Chancengleichheit ist es genauso schlecht bestellt, sie ist gesunken: Etwa 70 % der Akademikerkinder gehen zur Universität, jedoch nur 20 % der Arbeiterkinder.

Die schlechte Leistung dieser Volkswirtschaft ist zu einem großen Teil das Resultat einer schwachen Produktivitätsentwicklung. Die Ursache liegt in den geringen Investitionen, die zu den niedrigsten aller Industrieländer zählen. Anfang der 1990er-Jahre wurden noch 23 % der Wirtschaftsleistung investiert, heute sind es nur noch 17 %. Niedrige Investitionen begrenzen die Leistungsfähigkeit der Wirtschaft und führen zu geringem Wachstum und Einkommen. Menschen und Unternehmen in diesem Land sparen zwar recht viel, aber sie sparen auch sehr schlecht – seit 2000 haben sie Vermögen in Höhe von 15 % einer jährlichen Wirtschaftsleistung im Ausland verloren. Auch das öffentliche Vermögen des Staates ist gefallen: Im Jahr 1999 betrug es pro vierköpfiger Familie knapp 25 000 Euro, heute praktisch null. Fazit: Dieses Land befindet sich auf einem absteigenden Pfad und lebt von seiner Substanz.

Wenn ich mit meinen Ausführungen über dieses zweite Land fertig bin, sehe ich meist mitleidige Gesichter im Publikum. Welches Land könnte dies sein? Die meisten im Publikum sind sich sicher: Es muss eines der Krisenländer sein. Wenn ich dem Publikum sage, dass auch dieses Land Deutschland ist, sehe ich Überraschung, Unglauben und Zweifel in den Gesichtern. Deutschland, wie ist das möglich?

Wir Deutschen vergessen heute allzu leicht, dass unser Land noch vor nur zehn Jahren als »der kranke Mann Europas« galt. Die deutsche Wirtschaft hat es bis zum Beginn der globalen Finanzkrise 2008 nicht geschafft, zur wirtschaftlichen Dynamik Europas aufzuschließen, auch wenn seit 2003 harte und wichtige Reformen – mit der Agenda 2010 vor allem im Arbeitsmarkt und Sozialsystem – auf den Weg gebracht wurden. Trotz der besseren Entwicklung seit 2009 konnte Deutschland sich bis heute nicht von den schwachen 2000er-Jahren erholen und den Rückstand aufholen.

Dieses Buch ist eine Analyse der wirtschaftspolitischen Herausforderungen Deutschlands und Europas aus der Sicht eines Ökonomen, der seine Wurzeln in Deutschland hat, der aber auch mehr als 20 Jahre im Ausland gelebt oder in einem internationalen Kontext tätig war. Aufgewachsen in der Nähe von Bonn, habe ich Deutschland im Alter von 21 Jahren verlassen, um in England, Boston, Indonesien, Washington DC, San Francisco und für kürzere Zeiträume in verschiedenen Teilen Asiens und Afrikas zu studieren und zu arbeiten. Mein Weg zum Ökonomen führte über Umwege. Bis zum Vordiplom studierte ich Volkswirtschaft in Kiel, wechselte dann zu Philosophie, Politik und Ökonomie nach England, später zu Public Policy in die USA, um dann in den Wirtschaftswissenschaften zu promovieren.

Ein einschneidendes Erlebnis für mich, beruflich wie privat Glück und Unglück zugleich, war es, Asiens Finanzkrise 1997/ 98 aus erster Hand in Indonesien mitzuerleben. Von 1996 bis

1998 war ich als Makroökonom für das Harvard Institute for International Development (HIID) beim indonesischen Finanzministerium in Jakarta, um dort die Regierung in Fragen der Handels-, Geld- und Währungspolitik zu beraten. Nach der Abwertung der lokalen Währung Rupiah im August 1997 brach die Wirtschaft um mehr als 20 % ein – zum Vergleich: Das ist mehr als in Griechenland während der vergangenen fünf Jahre insgesamt, nur dass Indonesien dies innerhalb eines Jahres erfuhr. Viele Menschen verloren ihre Arbeit. Andere mussten so starke Lohneinbußen in Kauf nehmen, dass sie trotz Arbeit ihre Familie nicht mehr versorgen konnten. Innerhalb weniger Wochen hatte sich die Zahl der um Essen oder etwas Geld bettelnden Obdachlosen auf den Straßen Jakartas vervielfacht. Es kam zu Unruhen, bürgerkriegsähnlichen Zuständen und tiefen Verwerfungen in Wirtschaft und Gesellschaft.

Diese Erfahrungen in Indonesien waren für mich die wichtigste Lehre darüber, wie viel Gutes, aber auch wie viel Schaden Wirtschaftspolitik verursachen kann. Einige Jahre später kehrte ich nach Deutschland zurück. Mein Arbeitsumfeld bei der Europäischen Zentralbank (EZB) in Frankfurt war sehr europäisch und ließ mich die wirtschaftspolitischen und gesellschaftlichen Entwicklungen in Deutschland mit einer gewissen Distanz und aus einer europäischen Perspektive beobachten und analysieren.

So hielt mein Wechsel nach Berlin im Februar 2013 – und nach mehr als 20 Jahren im Ausland oder in einem internationalen Umfeld – einige Überraschungen bereit. Das Deutschland, das ich aus meiner Jugend kannte, war ein anderes Land geworden. Im Alter von 21 Jahren hatte ich ein sehr selbstkritisches und zurückhaltendes Land verlassen, das nur selten Nationalstolz zeigte, aber sozial ausgerichtet war. Das Land heute ist enorm selbstbewusst. Es fühlt sich jedoch von Europa ausgenutzt und beginnt, dem gemeinsamen Kontinent den Rücken zuzukehren. Es ist ein Land, das zunehmend über die eigenen nationalen Interessen redet und dessen wirtschaftliches Modell und soziale Zusammengehörigkeit sich in einem großen Umbruch befinden. Für jemanden, der von außen auf Deutschland blickt, ist es jedoch schwer nachzuvollziehen, wieso Deutschland häufig so anders denkt und handelt als seine Nachbarn. In dem europäischen und globalen Kontext, in dem ich vorher tätig war – zum Beispiel über die G 20 oder den Internationalen Währungsfonds (IWF) –, habe ich häufig erlebt, wie schwierig es für Deutschland ist, seine Positionen zu rechtfertigen. In einigen Fragen ist Deutschland international isoliert. Wieso legt Deutschland einen so großen Wert auf Exportüberschüsse? Wieso ist uns eine Konsolidierung der Staatsfinanzen mitten in der Krise so wichtig? Wieso sehen viele Deutsche die Rettungspolitik von internationalen Institutionen, wie dem IWF, oder europäischen Institutionen so kritisch und fundamental anders – nicht nur anders als unsere europäischen Nachbarn, sondern auch als die Weltgemeinschaft?

Die zentrale These des Buches ist: Deutschland unterliegt drei Illusionen. Die erste Illusion ist die, dass die wirtschaftliche Zukunft gesichert sei, weil die Wirtschaftspolitik in Deutschland hervorragend war und ist. Das ist ein Trugbild, das fundamentale Schwächen der deutschen Volkswirtschaft ignoriert und nicht erkennt, dass Deutschland von seiner Substanz lebt. Das Buch argumentiert, dass sich der Abstieg der deutschen Volkswirtschaft beschleunigen wird, wenn es nicht gelingt, die gegenwärtige deutsche Wirtschaftspolitik fundamental zu verändern.

Die zweite Illusion liegt im Glauben, Deutschland brauche Europa nicht, und seine wirtschaftliche Zukunft läge außerhalb des Kontinents. Trotz zunehmender Globalisierung werden unsere geografischen Nachbarn langfristig unsere wichtigsten Wirtschaftspartner bleiben. Global gesehen ist Deutschland eine kleine Volkswirtschaft. Die wirtschaftspolitischen Interessen Deutschlands haben nur deshalb eine Chance, global gehört zu werden, weil wir Teil der Europäischen Union sind. Mit immer stärker werdenden und selbstbewussteren Schwellenländern wird es in Zukunft immer wichtiger werden, dass Europa mit einer einheitlichen Stimme spricht.

Die dritte Illusion ist die Vorstellung, Europa sei nur auf Deutschlands Geld aus. Viele glauben, was gut für Europa ist, sei schlecht für Deutschland. Wir Deutschen sehen uns gerne als Opfer Europas und ignorieren die vielen Vorteile, die Europa uns gibt, trotz aller Kosten und Risiken, die Deutschland in der Krise für Europa übernommen hat.

Diese drei Illusionen werden im Buch diskutiert und analysiert. Obwohl ein Funken Wahrheit in allen dreien steckt, bleiben sie trotzdem Illusionen, Trugbilder, die nicht den Fakten entsprechen. Ich möchte mit Ihnen diskutieren, was die deutsche Wirtschaftspolitik in den kommenden Jahren tun kann, um die wirtschaftlichen Chancen für zukünftige Generationen zu sichern. Es ist ein unstrittiger Konstruktionsfehler, dass die Europäische Währungsunion ohne die nötigen institutionellen Rahmenbedingungen geschaffen wurde. Aber in der gegenwärtigen Krise hilft es nicht, gemachte Fehler zu bereuen und nostalgisch in die Vergangenheit zu schauen. Wir sollten uns fragen, was notwendig ist, um die europäische Wirtschaft zu stabilisieren und aus der Krise zu bringen.

Ich versuche Lösungen aufzuzeigen, wie die Währungsunion erfolgreich vollendet werden kann und was Deutschland und die Bundesregierung konkret tun können, um ein gemeinsames Europa zu gestalten. Ich schlage eine europapolitische Agenda für Deutschland mit zehn Punkten in drei Politikbereichen vor. Diese beruht zum Teil auf der Arbeit der Glienicker Gruppe von elf Wissenschaftlern – Ökonomen, Juristen und Politologen – sowie weiteren Elementen. Als Erstes braucht ein wirtschaftlich gesundes Europa eine dynamische deutsche Wirtschaft – in der Stärke der deutschen Wirtschaft liegt der

Schlüssel für Europas langfristigen wirtschaftlichen Erfolg. Dies erfordert jedoch ein grundlegendes wirtschaftspolitisches Umdenken in Deutschland.

Die zweite große Herausforderung liegt in der tieferen wirtschaftlichen Integration Europas. Nur ein stärker integriertes Europa – in dem die Fähigkeiten und Stärken aller europäischer Länder und Menschen zusammengebracht werden – wird im immer härteren globalen Wettbewerb bestehen und seinen Wohlstand sichern können.

Und zum Dritten braucht Europa eine Neuordnung seiner Institutionen. Subsidiarität – das Treffen von Entscheidungen auf lokaler und regionaler Ebene, wann immer möglich – und stärkere europäische Institutionen sind kein Widerspruch, sondern sie sind komplementär und bedingen einander. Stärkere europäische Institutionen, wie etwa in den Bereichen des Banken- und Finanzsystems, der Fiskalpolitik und der Außen- und Sicherheitspolitik, müssen nicht weniger nationale und regionale Souveränität bedeuten. Im Gegenteil, stärkere europäische Institutionen führen häufig dazu, dass nationale und regionale Regierungen in der Vergangenheit verlorenen Einfluss wiedererlangen können. Eine tiefere Integration Europas verlangt jedoch vor allem eines: mehr demokratische Legitimierung für Europa. Dies zu erreichen ist eine der schwierigsten, aber auch wichtigsten Herausforderungen für die Politik, in Deutschland wie in ganz Europa.

Bundespräsident Roman Herzog klagte in seiner berühmten »Ruck-Rede« Ende der 1990er-Jahre über die »unglaubliche mentale Depression« in Deutschland. Heute herrscht Euphorie. Es scheint, als hätte das Land innerhalb von 15 Jahren seine mentale Einstellung und Selbstwahrnehmung komplett geändert. Woher kommt diese Kehrtwende? Eine Erklärung liegt sicherlich darin, dass Menschen sich gerne mit anderen vergleichen. Das Gleiche gilt auch für Nationen, deren Selbstbewusstsein stark davon abhängt, wie es den Nachbarn geht. »Unter den Blinden ist der Einäugige König«: In einem Europa, das sich in einer tiefen Krise befindet, steht Deutschland trotz seiner eigenen Schwächen sicherlich vergleichsweise gut da.

Eine zweite Erklärung liegt im häufig kurzen Gedächtnis von Menschen und Nationen. Die Metapher vom »kranken Mann Europas« ist heute fast vergessen. Gegenwärtig sehen wir uns selber gerne als den europäischen Superstar. Es wird zu leicht übersehen, dass sich eine solche Wandlung von »relativ schwach« zu »relativ stark« genauso schnell wieder umdrehen kann. Und das Gedächtnis ist nicht nur kurz, sondern oft auch selektiv: Wir Deutschen konzentrieren uns gerne auf unsere Erfolge und Stärken – und ignorieren dabei die Misserfolge und die Menschen, die nicht an diesen Erfolgen teilhaben, auch im eigenen Land.

Unsere Euphorie ist gefährlich. Denn sie macht uns überheblich, blind und träge. Überheblich, um die eigenen Schwächen zu erkennen und eine realistische Einschätzung der Situation zuzulassen. Blind, um die Herausforderungen unserer Zeit zu sehen. Und träge, um den notwendigen Mut und die Entschlossenheit aufzubringen, zukunftsorientierte, manchmal schwere Entscheidungen zu treffen.

Das mir wichtigste Ziel dieses Buches ist es, die deutsche Perspektive mit der unserer europäischen Nachbarn zusammenzubringen, Unterschiede und Gemeinsamkeiten zu beleuchten und Lösungswege aufzuzeigen. Ziel ist es auch, einen ausgewogeneren und sachlicheren Dialog unter Europäern mitzugestalten. Wir Deutsche müssen uns wie alle Europäer stärker in einen rationalen Dialog über Europa einbringen. Wir sollten verstehen, wieso Europas gemeinsame Zukunft so wichtig für uns alle ist – vor allem für uns Deutsche. Und wir sollten für das Gelingen der europäischen Integration und Einigung kämpfen, für uns und für zukünftige Generationen.

Berlin, im Juni 2014

I DIE ERSTE ILLUSION

Ein zweites deutsches Wirtschaftswunder

1 Die Transformation vom »kranken Mann Europas« zur Konjunkturlokomotive

Die Euphorie über die deutschen Wirtschaftserfolge scheint in der Öffentlichkeit kaum Grenzen zu kennen. Medienberichte in Zeitungen und Fernsehen sind voll von Erfolgsgeschichten deutscher Unternehmen. Der deutsche Aktienindex DAX jagt von einem Höchstwert zum nächsten. Prognosen sagen der deutschen Wirtschaft eine rosige Zukunft voraus, mit hohen Wachstums- und Beschäftigungszahlen für die kommenden Jahre. Umfragen belegen, wie optimistisch die Unternehmer in die Zukunft blicken. Die deutschen Bürger glauben, sie stünden so gut da wie lange nicht mehr, und die Aussichten für ihre Zukunft seien hervorragend.

Eine solche Euphorie ist ungewöhnlich für ein sonst eher pessimistisch und zurückhaltend auf die eigenen wirtschaftlichen Erfolge blickendes Land. Was ist passiert? Ist das Stimmungshoch gerechtfertigt? Sind die Erfolge und die Leistungsfähigkeit der deutschen Wirtschaft wirklich so überragend? Und blickt Deutschland wirklich einer so vielversprechenden und rosigen Zukunft entgegen, wie es die öffentliche Meinung suggeriert?

Man muss mindestens zwei Jahrzehnte bis in die Mitte der 1990er-Jahre zurückgehen, um die deutsche Jubelstimmung zu verstehen. Nach der Wiedervereinigung 1990 und einer kurzen Periode starken wirtschaftlichen Wachstums legte sich ein lang anhaltendes Stimmungstief über Deutschland. Wie schlecht es um die Reformfähigkeit des deutschen Staates bestellt war, zeigt der Begriff, der im Jahr der »Ruck-Rede« zum Unwort des Jahres gekürt wurde. Er lautete: »Reformstau«.

Wie konnte sich die deutsche Volkswirtschaft, die noch vor zehn Jahren als wenig dynamisch, unflexibel und kaum wettbewerbsfähig galt, innerhalb eines Jahrzehnts so grundlegend wandeln? Und wie erklärt sich das Auf und Ab der gesellschaftlichen Stimmung? Ein Grund war sicherlich die deutsche Wiedervereinigung 1990. Sie bescherte dem Land zunächst einen Wirtschaftsboom, stellte die Politik aber auch vor enorm hohe Herausforderungen. Die deutsche Volkswirtschaft – vor allem die ostdeutsche Wirtschaft, so lautete das Versprechen – sollte sich in wenigen Jahren in blühende Landschaften verwandeln: Wohlstand für alle. Es wurde jedoch sehr schnell deutlich, dass diese Hoffnungen und Versprechen übertrieben und unrealistisch waren.

Es folgte eine Phase der Ernüchterung, der politischen und wirtschaftlichen Stagnation. Nachdem Deutschland zwischen den 1950er- und 1980er-Jahren vier Jahrzehnte lang Aufschwung und wirtschaftliche Erfolge erlebt hatte, sank die Reformbereitschaft in den letzten Jahren der Bundesregierung unter Helmut Kohl enorm. Der starke Wunsch nach einem politischen Wandel führte 1998 zu einem Regierungswechsel. Der Neuanfang war nicht leicht, und die erste Regierung aus SPD und Grünen unter Gerhard Schröder konnte nur relativ wenige wirtschaftliche Reformen durchsetzen. Außer ein paar kleineren Änderungen nahm sie hauptsächlich Reformen der vorherigen Bundesregierung zurück.

Die zweite Regierung unter Gerhard Schröder geriet dann zunehmend unter den Druck der Öffentlichkeit. Aber auch Industrie und Gewerkschaften forderten, nun endlich beherzte Reformen umzusetzen. Vor allem die Einführung des Euro im Jahr 1999 verdeutlichte die fehlende Dynamik und die schrumpfende Wettbewerbsfähigkeit der deutschen Wirtschaft. Die Arbeitslosigkeit in Deutschland stieg seit Anfang der 1990er-Jahre stetig, und andere Europäer holten Deutschland in vielen Bereichen ein oder überholten es sogar. Die britische Zeitschrift *Economist* bezeichnete Deutschland daraufhin als »kranken Mann Europas«. Die anderen Eurozonenländer profitierten vom Euro sehr viel mehr als Deutschland. Sie nutzten die günstigen Finanzierungsbedingungen des Euro, um in ihre Volkswirtschaften zu investieren, neue Infrastrukturen zu schaffen und soziale Leistungen auszuweiten.

Die globale Rezession in den Jahren 2000 bis 2002, die vom Platzen der Technologieblase und anschließenden Kollaps der Aktienmärkte verursacht wurde, traf Deutschland besonders stark. Während sich andere Länder sehr schnell von dieser Rezession erholten, ging es in Deutschland stetig bergab. Aber nicht nur die Wachstumsraten in Deutschland waren schwach, auch die Investitionen sanken immer weiter. Die Arbeitslosigkeit stieg weiter an. Vor allem die Produktivität in der deutschen Wirtschaft enttäuschte. Viele deutsche Unternehmen hatten entweder hohe Schulden oder wenig Kapital für Investitionen. Infolgedessen wurde es für Unternehmen mit besser gefüllten Kassen attraktiver, ihr Geld mehr und mehr im Ausland zu investieren.

Der zweiten Schröder-Regierung blieb keine andere Wahl, als tiefe, grundlegende Reformen umzusetzen. Das tat sie 2003 mit der Agenda 2010, die vor allem ein Absenken vieler Sozialleistungen beinhaltete. Höhe und Laufzeit des Arbeitslosengelds wurden ebenso gekürzt wie Pensionen und die Sozialhilfe. Das Ziel war, die Kosten für den Staat und die Unternehmen zu reduzieren sowie die Arbeits- und Produktmärkte flexibler zu machen. Viele waren überrascht, dass diese Reformen von einer sozialdemokratischen Regierung kamen, die traditionell enge Beziehungen zu Arbeitnehmern und Gewerkschaften hat. Nachdem die Zahl der Arbeitslosen im Jahr 2005 auf mehr als fünf Millionen, eine Quote von 12 %, gestiegen war, erholte sich die Lage am Arbeitsmarkt langsam. Bis 2008 fanden viele Menschen neue Beschäftigung. Aber Löhne und Einkommen stagnierten in vielen Sektoren.

Gegenwärtig wird eine kontroverse Diskussion über die Frage geführt, wie wichtig diese Reformen der Agenda 2010 wirklich für die deutsche Wirtschaft und ihre Leistungsfähigkeit waren. Viele Studien zeigen zum Beispiel, dass die Agenda 2010 nur einen eher indirekten Einfluss auf Lohnverhandlungen und Beschäftigungsentscheidungen von Unternehmen und Gewerkschaften hatte. Was jedoch außer Frage steht, ist, dass die Agenda 2010 ein wichtiger Wendepunkt für Deutschland war. Sie führte zu einem fundamentalen gesellschaftlichen Umdenken und grundlegenden ökonomischen und sozialen Veränderungen. Sie hatte ein gemeinsames Verständnis geschaffen, dass der vorherige Pfad der deutschen Wirtschafts- und Sozialpolitik nicht nachhaltig gewesen war und reformiert werden musste. In den Jahren nach der Agenda 2010 gab es eine ungewöhnlich enge Kooperation zwischen den verschiedenen Sozial- und Tarifpartnern.

Die Erfolge der Agenda 2010 zeigten sich nicht sofort. Es dauerte viele Jahre, bis sich die deutsche Wirtschaft nicht nur stabilisierte, sondern erholte. Erst 2007 hatte man mit den Wachstumszahlen anderer europäischer Länder gleichgezogen. Mittlerweile war die zweite Regierung unter Gerhard Schröder 2005 von einer Großen Koalition unter Angela Merkel abgelöst worden.

Als Deutschland endlich das Gefühl hatte, zu seinen europäischen Nachbarn wieder aufgeschlossen zu haben, kam die globale Finanzkrise im Jahr 2008. Der Kollaps von Lehman Brothers im September 2008 verursachte eine tiefe globale Rezession. Deutschland litt durch die große Offenheit seiner Wirtschaft und ihrer Abhängigkeit vom Handel deutlich stärker als die meisten anderen Industrieländer. Was jedoch zwischen 2008 und heute wirtschaftspolitisch in Deutschland passierte, hat viele Menschen überrascht und mag den Zustand der Euphorie erklären.

2 Das Beschäftigungswunder

Nach dem kontinuierlichen Abstieg der deutschen Wirtschaft in den 1990er- und Anfang der 2000er-Jahre hat sie in den vergangenen zehn Jahren eine – zumindest auf den ersten Blick – beeindruckende Kehrtwende hingelegt. Es sind vor allem drei große Erfolgsgeschichten gewesen, die diese Kehrtwende ermöglicht haben. Die erste spielt am deutschen Arbeitsmarkt und dreht sich um das, was viele als »Beschäftigungswunder« bezeichnen. In der Tat ist der kontinuierliche Abbau der Arbeitslosigkeit von über fünf Millionen Menschen 2005 auf unter drei Millionen im Jahr 2014 – trotz der globalen und europäischen Krisen – eine enorme wirtschaftspolitische Leistung.

Tarifpartner haben Verantwortung übernommen

Wie ist dieser Erfolg zu erklären? In erster Linie war es das verantwortungsvolle Verhalten aller Sozial- und Tarifpartner in Deutschland, das die starken Effekte der beiden Krisen neutralisieren konnte. Ein wichtiger Aspekt war das Übereinkommen von Arbeitgebern und Gewerkschaften, die Arbeitszeiten flexibler zu gestalten. So konnten Arbeitnehmer in vielen Unternehmen und Sektoren in den relativ guten Jahren von 2006 bis 2008 Zeitkonten mit Überstunden füllen. Als die globale Finanzkrise die deutsche Wirtschaft dann nach dem Zusammenbruch von Lehman Brothers im September 2008 massiv traf, konnten sie diese Zeitkonten abbauen. So reduzierten viele Arbeitnehmer ihre Arbeitszeit, bekamen aber ihren vollen Lohn.

Dieser Lohnausgleich wurde möglich, weil die Unternehmen in den guten Jahren Reserven aufgebaut hatten. Damit konnten sie die Auftragseinbrüche in der Krise zum Teil kompensieren. Aber auch der deutsche Staat spielte eine zentrale Rolle, denn er stattete die Kurzarbeiterregelungen rasch mit erhöhter Wirksamkeit aus, sodass viele Unternehmen trotz schwacher Wirtschaftslage an ihren Arbeitnehmern festhielten, statt sie zu entlassen. Für die Unternehmen war das ein Vorteil: Entlassungen hätten langfristig sehr viel höhere Kosten bedeutet, weil sie während eines Aufschwungs in Training und Ausbildung neuer Mitarbeiter hätten investieren müssen. Diese Kombination aus Maßnahmen von staatlicher und privater Seite führte dazu, dass die Arbeitnehmereinkommen relativ stabil blieben, obwohl die deutsche Wirtschaft um über 4 % schrumpfte. Die Einkommen stützten die einheimische Nachfrage in Deutschland, was die Rezession abschwächte.

Ein weiterer wichtiger Aspekt war die enorm große Flexibilität von Arbeitgebern und Arbeitnehmern in den Tarifverhandlungen. Diese Flexibilität ermöglichte es, sich über längere Zeit der allgemeinen wirtschaftlichen Entwicklung anzupassen. Sie ließ maßgeschneiderte Lösungen für einzelne Sektoren und Regionen zu: In Sektoren, die leistungsfähiger waren und stärkere Wachstumszahlen vorzuweisen hatten, gab es sehr viel stärkere Lohnanstiege als in weniger leistungsfähigen Sektoren, wo die Lohnentwicklung zurückhaltender gestaltet wurde. Diese Erfolge erreichte man allerdings nicht überall. Auch konnten nicht alle Arbeitnehmer, hier waren vor allem die sozial Schwächeren betroffen, davon profitieren. Trotzdem muss man die Leistung der Tarifpartner anerkennen: Ihre Flexibilität und ihre Kompromissbereitschaft führten dazu, dass die Arbeitslosenzahl sank und der deutsche Arbeitsmarkt stabil blieb.

Glück als wichtiger Garant

Es waren jedoch nicht die Wirtschafts- und die Tarifpolitik allein, die die Beschäftigungsentwicklung in Deutschland so positiv beeinflusst haben. Eine große Portion Glück gehörte auch dazu. Nachdem Deutschland durch den Einbruch des globalen Handels besonders heftig von der globalen Finanzkrise 2008/2009 betroffen war, konnte sich das Land vor allem durch die schnelle Erholung der Schwellenländer in Asien, Osteuropa und Lateinamerika seit 2009 selbst aus der Krise ziehen. Die große Offenheit der deutschen Wirtschaft, das heißt, ihre starke Positionierung im internationalen Handel und enge wirtschaftliche Verflechtung mit Europa und der Welt, waren hier entscheidende Stützen.

Ein großer Teil der deutschen Exporte sind Investitionsgüter, die an China und andere große Schwellenländer verkauft werden. Die Nachfrage nach solchen Gütern ist sehr viel schwächer von konjunkturellen Schwankungen abhängig als die nach Konsumgütern. Da die Schwellenländer ab 2010 verstärkt in den Ausbau ihrer Infrastruktur und Produktionskapazitäten investierten, profitierte Deutschland wie kein zweites Industrieland von diesem Aufschwung.

Seit Mitte 2009 waren es in erster Linie die deutschen Exporte, die eine weitere Vertiefung der Rezession verhinderten und die Wirtschaft aus der Krise zogen. Durch die Exportabhängigkeit fiel die deutsche Rezession Ende 2008 und Anfang 2009 zwar sehr stark aus, aber sie war auch extrem kurz. Das war enorm wichtig für die Entwicklung am deutschen Arbeitsmarkt. Denn die Maßnahmen der Tarifpartner und unterstützenden Hilfen des Staates hätten nicht unendlich lange anhalten können. Irgendwann wären die Arbeitszeitkonten geräumt und die Rücklagen der Unternehmen aufgebraucht gewesen. Spätestens dann hätten die Unternehmen Mitarbeiter entlassen müssen, die Arbeitslosigkeit wäre gestiegen.

Dies zeigt der Vergleich mit unseren europäischen Nachbarn: Viele hatten ähnliche unterstützende Maßnahmen während der globalen Finanzkrise implementiert und zunächst auch einigen Erfolg damit. Die Arbeitslosigkeit stieg begrenzt. Ihre Volkswirtschaften waren aber nicht nur allgemein schwächer, sondern auch weniger offen. Deswegen profitierten sie nach 2009 weniger von der besseren Dynamik der Weltwirtschaft. So wurde mit den Hilfsmaßnahmen der Anstieg der Arbeitslosigkeit verzögert, aber nicht vermieden. In fast allen Ländern Europas stieg die Arbeitslosigkeit nach 2010 deutlich an. Wäre Deutschland 2010 durch seine Exporte nicht so schnell aus der Krise herausgekommen, wäre die Arbeitslosigkeit heute sicherlich bei Weitem nicht so gering.

Die Kehrseite des Erfolgs: Unterbeschäftigung und prekäre Beschäftigung

Der Rückgang der Arbeitslosigkeit in Deutschland ist sicherlich einer der wichtigsten wirtschaftspolitischen Erfolge der letzten zehn Jahre. Hat dieser jedoch nur positive Aspekte gehabt? Können wir die Arbeitsmarktentwicklung uneingeschränkt als Erfolg bezeichnen? Haben wir unsere Ziele erreicht? Den Erfolg der Arbeitsmarktpolitik ausschließlich an Beschäftigungszahlen zu messen, wäre falsch. Denn was Wohlstand schafft, ist nicht nur, eine Arbeit zu haben – es sind auch die Höhe des Einkommens, die Arbeitsbedingungen, die Chancen und Mobilität und nicht zuletzt Fragen der Verteilung der Erfolgserträge.

Bei genauem Hinsehen zeigt sich ein sehr viel differenzierteres Bild. Die Schwächen und Versäumnisse der Arbeitsmarktpolitik der vergangenen Jahre werden offensichtlich. Betrachten wir als Erstes die Frage, ob wir das gewünschte Beschäftigungsziel Deutschlands erreicht haben. Bedeutet eine

Arbeitslosenzahl von knapp unter drei Millionen oder 6,8 % der Erwerbspersonen Vollbeschäftigung? Sind diese drei Millionen Menschen auf dem Arbeitsmarkt nicht vermittelbar und haben keine Chance, eine reguläre Beschäftigung auf unbestimmte Zeit zu finden? Kommt das Beschäftigungswunder nun an seine Grenzen? Mitnichten. Die meisten wissenschaftlichen Studien zeigen, dass Vollbeschäftigung klar unter der gegenwärtigen Arbeitslosenquote liegt. Es ist daher für Ökonomen und Politiker schwer, zu argumentieren, dass das Optimum erreicht wurde und keine Chancen mehr bestehen, die Langzeitarbeitslosigkeit und das, was die Ökonomen strukturelle Arbeitslosigkeit nennen, zu senken.

Ein zweiter wichtiger Aspekt ist, dass die Beschäftigungszahlen in Deutschland zwar in den vergangenen Jahren deutlich angestiegen sind. Gleichzeitig arbeiten jedoch immer mehr Deutsche in Teilzeit. Die Arbeitszeit aller Arbeitnehmer zusammengenommen ist seit dem Jahr 2000 kaum angestiegen. Es handelt sich also auch hier um ein eingeschränktes Arbeitsmarktwunder.

Teilzeitarbeit ist per se nicht schlecht, denn zu einer sozialen Marktwirtschaft gehört es auch, dass Menschen ihre Tätigkeit und den Umfang ihrer Arbeit zu einem großen Maße selbst wählen können. In den letzten 20 Jahren sind viele Arbeitszeitmodelle mit dem Ziel geschaffen worden, die Arbeitstätigkeit differenzierter und flexibler auf die Bedürfnisse der Arbeitnehmer zuzuschneiden. Der massive Anstieg der Beschäftigung mit einem gleichzeitig starken Trend zu mehr Teilzeitbeschäftigung mag daher aus sozialpolitischer Perspektive wünschenswert erscheinen. Umfragen zeigen jedoch, dass viele Menschen mit Teilzeitjobs gerne mehr Stunden arbeiten würden. Dies trifft vor allem auf Frauen zu, die Umfragen zufolge im Durchschnitt bis zu zehn Stunden mehr pro Woche arbeiten möchten.

Wenn aber so viele Menschen mehr Stunden arbeiten und damit ihr Einkommen und ihre Lebenssituation verbessern möchten, kann auch hier wohl kaum von einem Beschäftigungswunder die Rede sein. Die Reformen und wirtschaftspolitischen Anstrengungen der letzten zehn Jahre haben zwar das Problem der Arbeitslosigkeit deutlich verbessert, aber das Problem der Unterbeschäftigung besteht weiter fort. Dieses Unterbeschäftigungsproblem ist sogar noch deutlich gravierender, wenn man die Gruppe der Personen in der sogenannten stillen Reserve berücksichtigt, also solche, die zwar gerne arbeiten möchten, jedoch in den Statistiken nicht als arbeitssuchend erfasst werden. Die Größe dieser Gruppe wird derzeit auf über eine Million Menschen geschätzt.

Zudem ist nicht nur die Zahl der Teilzeitbeschäftigten deutlich gestiegen, sondern auch die der Menschen in prekären Beschäftigungsverhältnissen. So hat sich die Anzahl der befristet Beschäftigten von 1,3 Millionen im Jahr 1996 auf 2,7 Millionen heute mehr als verdoppelt. Grundlage sind die viel diskutierten Werkverträge oder andere prekäre Verträge, mit denen Unternehmen Arbeitnehmer nur für bestimmte Aufgaben und für einen begrenzten Zeitraum beschäftigen. Es besteht zu Recht große Sorge, dass Arbeitnehmer mit solchen Arbeitsverträgen benachteiligt werden, weil sie die gleichen Tätigkeiten wie Festangestellte ausüben, jedoch zu einem niedrigeren Lohn und schlechteren Arbeitsbedingungen.

Die Bundesregierung hat sich deshalb grundlegende Reformen dieser Beschäftigungsverhältnisse vorgenommen. Die Gesetzesvorschläge sehen vor, dass Unternehmen solche Verträge nur noch für kürzere Perioden und mit weniger Wiederholungen ausstellen dürfen. Die große Herausforderung liegt jedoch darin, sicherzustellen, dass sie die neuen Vorgaben einhalten.

Außerdem besteht die Gefahr, dass die Reformen zu weit gehen könnten. Temporäre Beschäftigungsverhältnisse sind nicht generell negativ zu bewerten, weil sie Menschen in Beschäftigung bringen, die ansonsten keine Chance auf einen Einstieg in den Arbeitsmarkt bekommen. So zeigt eine Studie des Instituts für Arbeitsmarkt- und Berufsforschung (IAB), dass im Jahr 2012 rund 39 % der 2,7 Millionen befristet Beschäftigten den Sprung in eine unbefristete Anstellung geschafft haben. Dagegen verblieben 33 % in befristeter Arbeit, und 28 % verloren ihren Job. Die Befristungsmöglichkeit führt zwar dazu, dass einige der Betroffenen erst später entfristet werden, als es ohne die Regelung der Fall gewesen wäre. Demgegenüber stehen jedoch eine Million Arbeitnehmer, die 2012 den Sprung in eine permanente Position ohne den Arbeitsmarkteinstieg über die befristete Beschäftigung wohl nicht oder später erreicht hätten.

Die Lohnentwicklung enttäuscht

Ein starker Anstieg der Beschäftigungszahlen bedeutet nicht automatisch, dass sich auch die Löhne und Einkommen der Arbeitnehmer erhöhen. Eine Hypothese, über die Ökonomen gerne streiten, besagt, dass eine stark steigende Nachfrage nach Arbeitskräften bei gleichzeitigem Mangel an Arbeitskräften die Löhne nach oben treibt. Eine alternative Hypothese hingegen hält sogar eine negative Beziehung zwischen Beschäftigung und Löhnen für möglich. Ihr zufolge sind Arbeitgeber nur dann gewillt, zusätzliche Beschäftigung zu schaffen und so die Arbeitslosenzahl zu reduzieren, wenn die Lohnentwicklung moderat unter der Entwicklung der Produktivität der Arbeitnehmer liegt.

Eine der wichtigsten Kehrseiten des deutschen Beschäftigungswunders ist die schwache Lohnentwicklung. Seit dem Jahr 2000 sind die Reallöhne, also die um Preisveränderungen bereinigten Löhne, für den durchschnittlichen deutschen Arbeitnehmer kaum gestiegen. Dies trifft sowohl auf die Lohnentwicklung in privaten Unternehmen als auch im öffentlichen Sektor zu. Das ist überraschend und widerspricht der öffentlichen Wahrnehmung, dass die Wirtschaft boomt und somit

Löhne und Einkommen deutlich steigen (siehe Abb. 1 und 2 im Abbildungsteil ab S. 237).

Die schwache Entwicklung der Löhne von deutschen Arbeitnehmern ist umso erstaunlicher, wenn man sie mit den Erfahrungen anderer europäischer Länder vergleicht. In allen anderen EU-Staaten und Industrieländern sind die Löhne in den vergangenen 15 Jahren deutlich stärker gestiegen als in Deutschland. Es wird klar, dass die Ursache für das Zurückfallen der deutschen Lohnentwicklung vor allem in den Jahren vor dem Beginn der globalen Finanzkrise 2008 liegen muss. Auch während der globalen Finanzkrise und der europäischen Krise konnten deutsche Arbeitnehmer diesen Rückstand nicht aufholen. Zwar sind die durchschnittlichen Löhne in Deutschland in den letzten Jahren gestiegen, während sie in den europäischen Krisenländern deutlich sanken, jedoch hat sich die Schere nicht geschlossen.

Die offene und nicht leicht zu beantwortende Frage ist, ob die deutsche Lohnentwicklung zu schwach war. Oder alternativ, ob sie in den europäischen Krisenländern zu hoch war und die Löhne dort deswegen weiter fallen müssen. Beides mag in einem begrenzten Maße zutreffen. In den Tarifverhandlungen stritten Arbeitnehmer und Arbeitgeber 2013 und 2014 vor allem um die Frage: Gibt es einen Aufholbedarf in Deutschland? Die Antwort ist wichtig, denn eine stärkere Lohndynamik kann positive, aber auch negative Konsequenzen haben. Wenn die Löhne generell unter der Produktivität der Arbeitnehmer liegen, dann können Lohnerhöhungen gesamtwirtschaftlich positive konjunkturelle Effekte haben. Denn höhere Löhne und Einkommen führen zu stärkerem Konsum und damit zu einem höheren Wachstum der Volkswirtschaft. Mehr Wachstum generiert auch mehr Beschäftigung und hat damit wiederum positive Einkommenseffekte.

Wird dieser Bogen jedoch überspannt und übersteigen die Lohnentwicklungen die Produktivität vieler Arbeitnehmer, dann besteht die reale Gefahr, dass Unternehmen die Beschäftigung reduzieren und ihre Produktion ins Ausland verlagern. Dies ist gerade für Deutschland ein großes Risiko, denn kaum eine Volkswirtschaft ist so offen und global verflochten wie die deutsche. Und in der Tat haben deutsche Unternehmen in den letzten beiden Jahrzehnten massiv im Ausland investiert. In vielen Fällen haben die deutschen Unternehmen damit zwar zum Teil auch Beschäftigung in Deutschland gesichert, der größere Teil der neuen Arbeitsplätze entstand aber in anderen Ländern.

So schufen die DAX 30, also die 30 größten börsennotierten deutschen Unternehmen im Jahr 2013 37 000 neue Arbeitsplätze im Ausland, aber nur 6 000 neue Arbeitsplätze in Deutschland. Sicherlich sind diese großen Unternehmen nicht repräsentativ für alle deutsche Unternehmen, da sie gerade durch ihre Größe stärker als andere auf den globalen Markt und damit auf Investitionen im Ausland angewiesen sind. Diese Zahlen zeigen jedoch einen generellen Trend, der wohl auch in den kommenden Jahren und Jahrzehnten immer mehr deutsche Unternehmen im Ausland investieren und vor allem dort Arbeitsplätze schaffen lässt.

Soziale Gerechtigkeit als große Herausforderung

Deutlich gestiegen ist – glaubt man der öffentlichen Meinung – in den vergangenen 15 Jahren die Ungleichheit von Einkommen, Vermögen und Arbeitschancen im Land. Die Ungleichheit war das zentrale Thema des Bundestagswahlkampfs 2013. Stimmt das? Steigt die Ungleichheit in Deutschland? Und inwiefern ist sie das Resultat der deutschen Wirtschaftspolitik der letzten beiden Jahrzehnte?

In der Tat deuten viele Indikatoren darauf hin, dass die Ungleichheit in Deutschland in zentralen sozialen und wirtschaftlichen Aspekten über die letzten beiden Jahrzehnte gestiegen ist. Nicht nur die Löhne und deren Kaufkraft stagnierten in den letzten 15 Jahren, auch Löhne und Einkommen haben sich stark auseinanderentwickelt. So hat ein durchschnittlicher deutscher Haushalt heute ein knapp 3 % geringeres verfügbares Einkommen als noch im Jahr 2000. Der deutsche Durchschnittshaushalt (Ehepaar ohne Kind) verfügt heute über ein Einkommen von rund 34 000 Euro im Jahr. Hier ist eine Unterscheidung zwischen dem verfügbaren Einkommen und dem Markteinkommen wichtig. Das Markteinkommen entspricht hauptsächlich dem, was ein Arbeitnehmer durch seinen Lohn erwirtschaftet. Dagegen zählen zum verfügbaren Einkommen nicht nur der Arbeitslohn, sondern auch Transferleistungen wie Kindergeld, Betreuungsgeld und andere staatliche Zuwendungen; abgezogen sind die Steuern auf das Einkommen und die Sozialbeiträge. Seit 2000 sind sowohl das verfügbare Einkommen als auch das Markteinkommen des durchschnittlichen deutschen Haushaltes gesunken. In den 1990er-Jahren hingegen gab es einen Rückgang des Markteinkommens, gleichzeitig aber einen Anstieg des verfügbaren Einkommens eines Durchschnittshaushaltes. Das bedeutet, dass der deutsche Staat in den 1990er-Jahren seine Transferleistungen an die deutschen Haushalte ausgeweitet hat (zum Beispiel durch eine deutliche Anhebung des Kindergeldes im Jahre 1996), sie in den 2000er-Jahren aber nicht weiter erhöht und durch die Inflation entwertet wurden.

Die verfügbaren Einkommen der Haushalte sind in den letzten 15 Jahren nicht nur gesunken, sondern heute auch deutlich ungleicher verteilt als noch in den 1990er-Jahren. So haben die einkommensärmsten 10 % der Haushalte in Deutschland heute ein 5 % geringeres Einkommen als im Jahr 2000, wohingegen die 10 % mit den höchsten Einkommen einen Anstieg von fast 15 % zu verzeichnen hatten. Die Einkommensschere hat sich also deutlich geöffnet. Wenn man sich die gesamte Verteilung der Haushaltseinkommen in Deutschland anschaut, so zeigt sich, dass heute knapp 60 % der deutschen Haushalte über ein geringeres Einkommen verfügen als noch im Jahr 2000 (siehe Abb. 3 und 4).

Es ist wichtig, diese Entwicklungen im internationalen Vergleich zu betrachten, um sie einschätzen zu können. Dafür wird zumeist der sogenannte Gini-Koeffizient genutzt. Er ist eine Gesamtkennzahl für Einkommensungleichheit. Die Analyse des Gini-Koeffizienten zeigt deutlich, dass die Ungleichheit in Deutschland seit Anfang der 1980er-Jahre fast stetig zugenommen hat. Seit dem Jahr 2000 hat sich die Entwicklung der Einkommensungleichheit von der konjunkturellen Entwicklung abgekoppelt, und bis 2005 war ein besonders starker Anstieg zu beobachten. Seitdem hat sich das Niveau an Ungleichheit, trotz des starken Beschäftigungsanstieges, nicht mehr grundlegend verändert.

Im Vergleich zu anderen Ländern schneidet Deutschland gut ab. In den meisten Industrieländern und anderen EU-Staaten gibt es noch immer eine deutlich höhere Einkommensungleichheit. Am höchsten ist sie in den USA und Großbritannien. Auch viele Entwicklungs- und Schwellenländer sowie China weisen – sicherlich nicht überraschend – eine deutlich höhere Einkommensspreizung auf (siehe Abb. 5).

Ein komplett anderes Bild zeigt sich, wenn man nicht die Einkommen, sondern die Vermögen deutscher Arbeitnehmer und Haushalte anschaut. Zum Vermögen zählen sowohl Finanz- und Immobilienvermögen als auch andere Anlageformen. Wie eine Studie der Europäischen Zentralbank im Jahr 2013 zur Verblüffung vieler zeigte, verfügen private Haushalte in Deutschland über ein sehr viel geringeres Vermögen als vergleichbare Haushalte in den europäischen Nachbarstaaten. Dies ist überraschend, da die Einkommen deutscher Arbeitnehmer in der Regel höher sind als die der meisten europäischen Nachbarn. Dass die Deutschen über weniger Vermögen verfügen, liegt zu einem großen Teil daran, dass sehr viel weniger Deutsche eine Immobilie besitzen. Nur etwa 38 % haben eine selbst genutzte Wohnung oder ein Haus. Die Quote von Bürgern, die in ihrem Wohneigentum leben, liegt in vielen anderen europäischen Ländern, wie zum Beispiel Spanien oder Großbritannien, bei über 70 %. Wohneigentum stellt in diesen Ländern das wichtigste Vermögen dar.

Vergleiche über Länder hinweg können jedoch häufig schwierig sein, denn die Bewertung von Vermögen ist sehr aufwendig. Zudem ignorieren solche Schätzungen Ansprüche deutscher Bürger auf Sozialleistungen, wie zum Beispiel Rentenzahlungen. Solche Anwartschaften auf staatliche Rentenleistungen liegen allerdings im internationalen Vergleich nicht besonders hoch, wie Studien zeigen. Daher steht fest, dass nicht nur das Vermögen der deutschen Arbeitnehmer und Haushalte mit zu den niedrigsten in Europa zählt, sondern vor allem gemessen an den international relativ hohen Einkommen sehr niedrig ist.

Das Durchschnittsvermögen ist in Deutschland nicht nur vergleichsweise niedrig, es ist auch sehr ungleich verteilt. Belastbare Zahlen zur Entwicklung der Vermögensungleichheit liegen in Deutschland erst seit wenigen Jahren vor. Für die 1990er-Jahre ist zu konstatieren, dass die Vermögensungleichheit deutlich angestiegen und sich in den 2000er-Jahren auf einem hohen Niveau eingependelt hat. Innerhalb des Euroraums weist Deutschland die höchste Vermögensungleichheit auf.

Auch innerhalb Deutschlands gibt es ein großes Gefälle. So verfügen Menschen in Ostdeutschland mit durchschnittlich 41 000 Euro über weniger als die Hälfte des durchschnittlichen Pro-Kopf-Vermögens in Westdeutschland, das 2012 bei 94 000 Euro lag. Es gibt zudem auch große Unterschiede über gesellschaftliche Gruppen hinweg: So haben Männer ein höheres Vermögen als Frauen, Selbständige mehr als Arbeitnehmer und Menschen im Alter von 66 bis 70 Jahren ungefähr das Doppelte des durchschnittlichen Vermögens.

Erstaunlich ist, dass nach Berechnungen des DIW Berlin knapp 28 % der Erwachsenen in Deutschland über gar kein oder sogar negatives Vermögen verfügen (wobei der Wert des Hausrats und von Fahrzeugen nicht berücksichtigt wurde) und viele weitere nur über ein äußerst geringes. Vermögen spielt eine ganz wichtige Rolle für eine Gesellschaft. Neben der Einkommensverbesserung hat es weitere zentrale Funktionen. Es dient dazu, mobil zu bleiben und den eigenen sozialen Status aufrechtzuerhalten, stützt finanziell bei der Erziehung und Ausbildung von Kindern und erfüllt im Fall von Immobilieneigentum eine wichtige Nutzungsfunktion (siehe Abb. 6 – 9).

Eine der wichtigsten Aufgaben ist die Absicherung gegen negative Entwicklungen – wenn Menschen zum Beispiel ihre Arbeit oder einen Teil ihres Einkommens verlieren oder Ausgaben für andere Familienmitglieder steigen. So bedeutet das fehlende oder niedrige Vermögen einer so großen Anzahl von Deutschen, dass das Risiko der Altersarmut vor allem in Ostdeutschland in den kommenden Jahrzehnten deutlich zunehmen wird.

Zudem sind mit den Reformen der Alterssicherung zu Beginn der 2000er-Jahre Weichen für eine stärkere Verlagerung der Alterssicherung hin zur privaten Vorsorge betrieben worden. Zwar hat die Verbreitung privater Versicherungen wie der Riester-Rente in Deutschland stark zugenommen, die bisher akkumulierten Vermögenswerte sind aber vergleichsweise gering. Zudem weiß man, dass gerade Geringverdiener selten eine Riester-Rente abgeschlossen haben, wobei diese explizit vom Staat gefördert wird. In Zahlen ausgedrückt: Die Hälfte der erwachsenen Bevölkerung in Deutschland hat weniger als 17 000 Euro Nettovermögen.

Der internationale Vergleich zeigt, dass es in fast allen Ländern der Welt in den letzten 20 Jahren einen deutlichen Anstieg der Einkommens- und Vermögensungleichheit gab. Die große, kontroverse Frage ist, warum diese Ungleichheit so zugenommen hat. Zum Teil liegt es an der sich immer weiter entwickelnden Informationsgesellschaft. Sie ermöglicht vor allem gut qualifizierten Arbeitnehmern viel größere Mobilität und die Möglichkeit, höhere Löhne für sich durchzusetzen. Arbeitnehmer müssen ihre Leistungen nicht mehr lokal anbieten. Sie können den effektiv größeren, globalen Markt erreichen und bedienen – um einiges leichter, als dies noch vor 20 Jahren der Fall war. Die Informationsgesellschaft und die Globalisierung der Märkte sind daher zwei wichtige Erklärungen für diesen Trend. Aber auch das vergleichsweise niedrige Wachstum in den Industrieländern erhöht tendenziell die Vermögensungleichheit, denn die Erfahrung zeigt, dass vor allem Menschen mit hohen Vermögen flexibler sind, ihren Wohlstand auch in wirtschaftlich schwachen Phasen zu mehren.

Die Frage, ob die Ungleichheit zu hoch ist und ob die Politik aktiv auf eine Reduzierung abzielen sollte, hat sowohl eine positive als auch eine emotionale Dimension. Zur positiven Dimension gibt es viele ökonomische Analysen: Wirken sich Lohn- und Einkommensungleichheit negativ auf Wachstum, Produktivität, Innovation und auf die Beschäftigung aus? Man ist sich einig, dass hohe Ungleichheit wirtschaftlich schädlich sein kann. Daher ist die Ursachenforschung äußerst wichtig. Sind es vor allem eine geringe Chancengleichheit, große Unterschiede in der Bildungsqualität oder andere Restriktionen innerhalb der Bevölkerung? Dann spiegelt eine hohe Einkommensungleichheit auch ein starkes Hemmnis für die wirtschaftliche Dynamik und die Wohlstandsentwicklung einer Volkswirtschaft wider.

Einkommensungleichheit ist auch ein sehr emotionales Thema. Für viele Menschen ist das Thema Gerechtigkeit eines der zentralen Themen einer Gesellschaft. Wohlstand und Lebensqualität werden nicht durch die absolute Höhe des Einkommens bestimmt. Viele Studien über Glück und Lebenszufriedenheit zeigen, dass Menschen in sehr viel ärmeren

Ländern mit deutlich niedrigeren Einkommen häufiger ein höheres Maß an Zufriedenheit empfinden, als das in reichen Ländern wie Deutschland der Fall ist. Dafür gibt es viele Erklärungen. Ein zentraler Punkt sind die nicht ökonomischen Faktoren, die wichtig für die Zufriedenheit sind. Dazu gehören beispielsweise intakte Familien, sichere oder unsichere Lebensbedingungen, politische oder soziale Konflikte sowie die Umwelt.

Eine wichtige Rolle spielt auch, ob ein Mensch am sozialen Leben seiner Gesellschaft teilnehmen kann. Erzielt jemand ein so geringes Einkommen, dass er nicht aktiv am öffentlichen Leben teilhaben, also keinen Sportverein, kein Kino oder Theater besuchen kann, reduziert diese Ausgrenzung seine Lebensqualität. Ökonomen und Sozialwissenschaftler versuchen, dies anhand einer ganzen Palette von Maßzahlen zu untersuchen. Dazu gehört auch das Armutsrisiko. Der gängigen Definition zufolge gilt ein Mensch als »arm«, wenn er über weniger als 60 % des Medianeinkommens verfügt. Dieses relative Armutsrisiko unterscheidet sich von der absoluten Armutsdefinition, die misst, ob Menschen ihre Grundbedürfnisse wie Essen, Wohnung, Bildung und medizinische Versorgung abdecken können. In Deutschland ist das relative Armutsrisiko in den letzten 20 Jahren deutlich gestiegen. Waren Ende der 1990er-Jahre noch etwa 10 % der deutschen Bevölkerung von Armut bedroht, so stieg diese Zahl bis heute auf knapp 14 %. Das ist eine deutliche Verschlechterung und insofern überraschend, da seit 2005 die Zahl der Arbeitslosen um mehr als zwei Millionen rückläufig ist und die Zahl der Erwerbspersonen sogar um rund drei Millionen zugenommen hat. Trotzdem ist es in Deutschland nicht gelungen, die Zahl der von Armut bedrohten Menschen zu reduzieren (siehe Abb. 10).

Die Frage der Einkommensungleichheit ist auch deshalb wichtig, weil ein hohes Maß an Einkommensungleichheit häufig eine ungleiche Chancenverteilung widerspiegelt. Chancengleichheit bedeutet, dass Arbeitnehmer unabhängig von ihrer sozialen Herkunft die Chance auf einen wirtschaftlichen Aufstieg haben, sich durch gute Qualifikation, harte Arbeit und ihre intrinsischen Fähigkeiten verbessern und höhere Einkommen erzielen können. Eine solche Mobilität ist von ganz fundamentaler Bedeutung für eine funktionierende Marktwirtschaft. Denn sie verdeutlicht, dass Arbeit und Leistung sich lohnen und den Menschen Chancen eröffnen, sich besserzustellen. Die Aufstiegschancen sollten allen Arbeitnehmern offenstehen, nicht nur einer privilegierten Gruppe. Nur wenn es einem Land gelingt, allen Menschen solche Möglichkeiten zu eröffnen, kann es sein Potenzial ausschöpfen.

Mobilität und Chancengleichheit haben sich in den letzten 20 Jahren deutlich verschlechtert. Das zeigt sich bei den Einkommen der deutschen Arbeitnehmer: So ist die Anzahl der Deutschen, die über viele Jahre in der gleichen Einkommensgruppe verbleiben, seit Anfang der 1990er-Jahre deutlich gestiegen: Menschen, die mehr als das Doppelte des Durchschnitteinkommens verdienen, bleiben über viele Jahre in ihrer hohen Einkommensklasse. Menschen mit geringem Einkommen schaffen es nur selten, sich finanziell zu verbessern, verbleiben also auch in der gleichen Einkommensgruppe (siehe Abb. 11 und 12).

Die Gründe sind vor allem in der Bildung und Qualifikation zu suchen. Akademische Studien zeigen, dass die Mobilität von Menschen im Arbeitsmarkt und beim Einkommen mit der Qualität der Schulbildung steigt. Leider ist auch die Bildungsmobilität in Deutschland sehr gering: So erhalten 70% der Kinder von Akademikern in Deutschland eine Universitätsausbildung, aber nur 20% der Arbeiter- oder Nichtakademikerkinder.

Soziale Gerechtigkeit und Chancengleichheit stehen im Zentrum der wirtschaftspolitischen und gesellschaftspolitischen Diskussion in Deutschland, aber nicht im Fokus dieses

Buches. Zu betonen bleibt jedoch, dass es trotz des sogenannten Beschäftigungswunders in Deutschland über die vergangenen zehn Jahre zu steigender Einkommens-, Vermögens- und Chancenungleichheit gekommen ist. Und dies relativiert den Erfolg der Arbeitsmarktentwicklung erheblich.

Wie erfolgreich wird der Mindestlohn sein?

Eine der wichtigsten Entscheidungen der Bundesregierung nach den Wahlen 2013 war die Einführung eines flächendeckenden Mindestlohns von 8,50 Euro pro Stunde. Er soll graduell von Anfang 2015 bis Anfang 2017 eingeführt werden. Die starke Unterstützung der Bevölkerung und der Parteien zeigt, wie sehr man sich erhofft, die steigende Ungleichheit in Deutschland zu reduzieren. Wie groß sind die Erfolgschancen, dieses ambitionierte Ziel zu erreichen? Dazu muss zuerst geklärt werden, wer vom Mindestlohn betroffen sein wird. Genaue Zahlen sind nicht verfügbar, aber die meisten Schätzungen deuten darauf hin, dass derzeit vier bis fünf Millionen Arbeitnehmer in Deutschland weniger als 8,50 Euro pro Stunde verdienen. Viele davon verdienen sogar so wenig, dass eine Lohnerhöhung auf 8,50 Euro für sie eine durchschnittliche Erhöhung des Stundenlohns von über 30 % bedeuten würde. Das ist enorm.

Die Profile der mutmaßlichen Nutznießer des Mindestlohns ähneln sich alle sehr hinsichtlich Betätigungsfeldern, Regionen und persönlichen Eigenschaften. So erzielen heute vor allem solche Arbeitnehmer weniger als 8,50 Euro pro Stunde, die geringfügig beschäftigt und ohne Berufsausbildung sind oder in Berufen arbeiten, für die sie keine Ausbildung haben. Zudem sind vor allem Frauen und Beschäftigte in Ostdeutschland überproportional stark betroffen. In Zahlen ausgedrückt: 2011 verdienten 27 % der Beschäftigten in Ostdeutschland weniger als 8,50 Euro pro Stunde, aber nur 15 % in Westdeutschland. Außerdem verdienten mehr als jeder zweite geringfügig Beschäftigte sowie mehr als ein Drittel derer, die keinen Berufsabschluss haben, weniger als 8,50 Euro (siehe Abb. 13–16).

Die genannten Eigenschaften der Niedriglöhner zeigen den enorm hohen Nutzen, den ein funktionierender Mindestlohn vor allem für sozial schwächere Menschen hat. Gleichzeitig wird deutlich, von welch fundamentaler Bedeutung weitere Arbeitsmarktreformen sind. Denn vor allem eine Ausbildung ermöglicht es Menschen in prekären Beschäftigungsverhältnissen, eine permanente Anstellung zu bekommen und ihre Einkommenschancen deutlich zu verbessern.

Allerdings müssen auch einige Missverständnisse beseitigt werden: Viele glauben, der Mindestlohn werde vor allem auch die Anzahl derjenigen Arbeitnehmer reduzieren, die Leistungen nach Hartz IV beziehen – die sogenannten Aufstocker. Dies dürfte jedoch nur zu einem sehr geringen Maße geschehen, denn meist haben Aufstocker bereits heute einen Durchschnittslohn, der oberhalb von 8,50 Euro liegt. Die allermeisten sind arbeitslos gemeldet und arbeiten Teilzeit, meist in Form eines Minijobs. Ihnen hilft ein Mindestlohn kaum, denn sie haben vor allem ein Unterbeschäftigungsproblem.

Ein weiterer zu korrigierender Mythos ist, dass die Einführung des gesetzlichen Mindestlohns die Ungleichheit der verfügbaren Einkommen reduzieren könnte. Diese Hoffnung wird enttäuscht werden, denn der Anstieg der verfügbaren Einkommen der betroffenen Arbeitnehmer dürfte sehr viel schwächer sein als bei den Bruttostundenlöhnen: Durch den Lohnanstieg erhöhen sich die Steuern und Abgaben, und die sozialen Leistungen werden geringer. Vor allem aber leben die Niedriglöhner oft in Haushalten, in denen weitere Erwerbseinkommen anfallen; viele tragen mit ihrem Lohn nur einen begrenzten Teil zum Haushaltsbudget bei.

Eine falsche Hoffnung ist auch, dass der flächendeckende

Mindestlohn der deutschen Wirtschaft einen positiven Konjunkturimpuls geben könnte. Richtig ist: Ein effektiv ausgestalteter Mindestlohn könnte vielen Menschen nutzen. Weil aber die betroffenen vier bis fünf Millionen Arbeitnehmer über nur geringe Einkommen und damit nur geringe Kaufkraft verfügen, wird sich auch die gesamtwirtschaftliche Nachfrage nur sehr begrenzt erhöhen können. Studien prognostizieren, dass die Einführung des Mindestlohns den gleichen Effekt haben wird wie eine einmalige gesamtwirtschaftliche Lohnerhöhung von weniger als 1,5 %. Im Vergleich: Diese Zahl liegt deutlich unter den Tarifabschlüssen, die wir in praktisch allen Branchen im Jahr 2014 gesehen haben.

Entscheidend wird die Frage sein, welchen Einfluss der Mindestlohn auf die Beschäftigung in Deutschland haben wird. Viele Ökonomen machen sich Sorgen, die Einführung des Mindestlohns könnte den deutschen Beschäftigungserfolg gefährden. Eine starke Lohnerhöhung für Geringverdiener, so argumentieren sie, werde die Arbeitgeber dazu verleiten, die Beschäftigung zu reduzieren. Die Arbeitslosenzahl in Deutschland werde steigen. Mit anderen Worten: Wenn die Löhne über die Produktivität eines Arbeitnehmers hinaus steigen, so diese Logik, dann wird ein Arbeitgeber diesen Arbeitnehmer früher oder später entlassen müssen. Diese Hypothese ist jedoch wissenschaftlich umstritten.

Es muss nicht gezwungenermaßen einen Widerspruch zwischen Lohnentwicklung und Beschäftigung geben. Denn wenn Löhne deutlich unter der Produktivität liegen, also unter dem Mehrwert, den die Arbeitnehmer generieren, dann wäre Beschäftigung nicht zwangsläufig gefährdet, sondern würde lediglich zu einer Umverteilung vom Arbeitgeber zum Arbeitnehmer führen. Die gesamtwirtschaftlichen Auswirkungen wären hierbei unklar. Einerseits würden höhere Arbeitseinkommen die Nachfrage und damit auch das Wachstum der Volkswirtschaft erhöhen. Ausgeblendet wird bei dieser Sichtweise allerdings, dass sich die Investitionstätigkeit des Arbeitgebers reduzieren könnte. Das würde langfristig zu weniger Beschäftigung und Wachstum führen.

Wichtig ist also viel mehr, ob und in welchem Maße die Produktivität der Arbeitnehmer verbessert und erhöht werden kann. Gelingt dies, beispielsweise durch höhere Investitionen und Innovationen, dann würden sowohl die Beschäftigung als auch das Wachstum und Einkommen gestärkt. Nicht umsonst wird das Thema Investitionen in diesem Buch eines der zentralen sein.

Viele erwarten, dass die Mehrzahl der Arbeitnehmer, die heute weniger als 8,50 Euro pro Stunde verdienen, ihre Beschäftigung behalten werden. Gleichzeitig kann man nicht ausschließen, dass es einige Unternehmen und Institutionen geben wird, die einen Lohn von 8,50 Euro pro Stunde nicht zahlen können. Diese Sorge ist berechtigt. Wenn man sich anschaut, welche Unternehmen zurzeit weniger als den kommenden Mindestlohn bezahlen, so findet man vor allem kleine Betriebe aus Ostdeutschland aus dem konsumnahen Dienstleistungsbereich mit weniger als zehn Mitarbeitern. Deshalb muss die Sorge, es könnte durch den Mindestlohn zu Beschäftigungsreduzierungen kommen, ernst genommen werden. Die Schätzungen, wie viel Arbeitsplätze der Mindestlohn kosten könnte, gehen weit auseinander: Sie reichen von rund 100 000 bis zu einer Million verlorenen Jobs.

Die Herausforderung besteht darin, solche Beschäftigungseffekte weitestgehend zu vermeiden. Deshalb ging es bei der Umsetzung des Gesetzes zur Einführung des Mindestlohns vor allem um die Ausnahmen: Für welche Beschäftigten soll er nicht gelten? Eine extrem schwierige Frage. Zum einen gibt es viele Partikularinteressen. Ausnahmen sollen etwa für Rentner, Schüler und Studenten gelten. Diese Gruppen umfassen insgesamt mehr als eine Million Menschen. Dies bringt das große Risiko mit sich, dass falsche Anreize gesetzt werden. Es besteht die Sorge, dass bestimmte Arbeitsplätze gerade dann mit diesen vom Mindestlohn befreiten Personen besetzt und so Verdrängungseffekte auf dem Arbeitsmarkt provoziert werden.

Es besteht zudem das Risiko, dass Unternehmen auf den Mindestlohn auch mit anderen Ausweichreaktionen reagieren. Erfahrungen anderer Länder mit dem Mindestlohn zeigen, dass die Einführung oder Erhöhung des Mindestlohns mehr Beschäftigte in Minijobs oder prekäre Beschäftigung drängt. Ferner besteht die Gefahr, dass mehr der betroffenen Arbeitnehmer unbezahlte Überstunden leisten müssen oder in die Schwarzarbeit gedrängt werden. Dies alles kann, muss aber nicht passieren. Effektive staatliche Kontrolle ist deshalb eine fundamentale Grundvoraussetzung, um die Einführung des Mindestlohns in Deutschland zum Erfolg werden zu lassen. Aber gerade hier bleibt offen, wie die Bundesregierung diese Herausforderungen lösen will.

Kurzum, die Einführung eines Mindestlohns läuft Gefahr, die gewünschten Ziele zu verfehlen. Sie muss von Maßnahmen flankiert werden, die prekäre Beschäftigungseffekte reduzieren, die Ausbildung und Produktivität der Arbeitnehmer erhöhen und den Wettbewerb in den betroffenen Sektoren langfristig verbessern.

Was die Bundesregierung für einen nachhaltigen Erfolg des Arbeitsmarkts tun muss

Der Bundestagswahlkampf 2013 war in vielerlei Hinsicht bemerkenswert. Über Europa oder die Frage, wie ein gemeinsames Europa in Zukunft gestaltet werden soll, wurde kaum diskutiert. Auch wie wir wichtige wirtschaftspolitische Weichen so stellen können, dass der Wirtschaftsstandort Deutschland, Beschäftigung und Wohlstand langfristig gesichert werden können, war selten ein Thema. Stattdessen konzentrierte sich der Wahlkampf in erster Linie auf die soziale Gerechtigkeit und darauf, wie der wirtschaftliche Wohlstand fairer verteilt werden kann. Dies passt voll und ganz zur bereits angesprochenen wirtschaftlichen Euphorie. Wenn der Glaube herrscht, die Wirtschaft boome, die Beschäftigung sei enorm hoch, dann lastet auf einer Regierung nur wenig Druck, tief greifende wirtschaftspolitische Reformen anzugehen.

Es passt also ins Bild, dass der Wahlkampf sich in erster Linie um Verteilung und Fairness drehte. Ein zentrales Thema war, wie sozial schwächere Arbeitnehmer besser geschützt werden können. Die Vorschläge reichten von einer Einschränkung prekärer Beschäftigungsverhältnisse, niedrigeren Sozialabgaben, der Möglichkeit einer früheren Rente bis zur Einführung eines flächendeckenden Mindestlohns. Viele dieser Elemente flossen nach den Wahlen in den Koalitionsvertrag, auf den sich die Große Koalition recht schnell einigen konnte.

Es wäre jedoch fahrlässig zu glauben, dass mit den beschlossenen Maßnahmen der Reformprozess des Arbeitsmarkts abgeschlossen ist. Im Gegenteil: Die wichtigsten und vor allem schwierigsten Reformen liegen noch immer vor uns. Denn es ist eine Sache, zu entscheiden, Ungleichheit reduzieren und Chancengleichheit verbessern zu wollen, und eine andere, diese Ziele auch zu erreichen. Als Erstes muss es deshalb darum gehen, die beschlossenen Maßnahmen effektiv umzusetzen. Dazu gehört vor allem, den flächendeckenden Mindestlohn so einzuführen, dass er möglichst vielen Beschäftigten hilft und die negativen Beschäftigungseffekte minimiert werden.

Geben wir uns keinen Illusionen hin: Der Mindestlohn wird Jobs kosten. Es ist wichtig, diese Tatsache offen und ehrlich auszusprechen, sie nicht zu verschweigen oder zu verleugnen. Dass es solche Beschäftigungseffekte geben wird, ist jedoch per se kein ausreichendes Argument, den Mindestlohn nicht einzuführen. Die Bundesregierung hat entschieden, dass ihr die höheren Einkommen der großen Mehrzahl der vier bis fünf Millionen direkt Betroffenen wichtiger sind als die Anzahl derer, die ihre Beschäftigung verlieren werden. Über diese Entscheidung kann man heftig streiten, und das hat man in Deutschland auch getan. Nun sollte es für die Wirtschaftspolitik jedoch darum gehen, die negativen Beschäftigungseffekte zu minimieren und betroffenen Unternehmern zu helfen.

Die ambitionierten Arbeitsmarktreformen sollen den sozial Schwächsten helfen. Es besteht jedoch die Gefahr, dass die geplanten Maßnahmen einen Keil zwischen die Personen treiben, die von den Reformen profitieren, und die Personen, die das Nachsehen haben. Wir müssen aufpassen, nicht denjenigen zu schaden, denen wir eigentlich helfen wollen: Arbeitslosen, Menschen in befristeten Arbeitsverhältnissen und denen, die gerade erst versuchen, sich ihren Platz auf dem Arbeitsmarkt zu erkämpfen. Es fehlt ein Konzept, wie mehr Menschen in Beschäftigung gebracht werden können. Viele der geplanten Reformen werden die Kluft zwischen Arbeitnehmern und Arbeitslosen – zwischen Insidern und Outsidern – vergrößern. Dem muss die Wirtschaftspolitik entgegenwirken. Die Arbeitsmarktreformen müssen so gestaltet werden, dass sie sowohl die Interessen der Arbeitslosen berücksichtigen als auch Maßnahmen umfassen, um nachhaltig mehr Beschäftigung zu schaffen.

Zudem besteht bei den Arbeitsmarktreformen das Risiko, dass zu sehr auf das Resultat geschaut wird. Beschäftigung und Löhne sollen erhöht, Einkommensungleichheit und prekäre Beschäftigungsverhältnisse reduziert sowie die Mobilität verbessert werden. Diese Ziele können nur in einem sehr begrenzten Maße durch stärkere Regulierung des Staates erreicht werden. Sehr viel wichtiger ist es, langfristig die Fehler zu beheben, die zu diesen Verhältnissen geführt haben. Wir wissen, dass die sozial Schwächsten, beispielsweise Arbeitslose oder Niedriglöhner, oft keine oder eine nur unzureichende Ausbildung haben und nicht mobil sind. Das zeigt, dass die Politik vor allem im Bildungs- und Ausbildungsbereich ansetzen muss. Damit kann sie nicht nur die allgemeine Qualifikation der Arbeitnehmer verbessern, sondern auch mehr Chancengleichheit schaffen.

Die Bundesregierung hat ihr Hauptaugenmerk zudem bislang leider fast ausschließlich auf die Frage der Umverteilung gelegt, und dabei das Ziel eines langfristig nachhaltigen Wachstums vernachlässigt. Es hilft wenig, wenn die Politik lediglich die Umverteilung des existierenden Wohlstands ordnet, aber nicht oder zu wenig darauf ausgerichtet ist, den gesamtwirtschaftlichen Wohlstand zu erhöhen. Löhne und Einkommen werden langfristig nur so schnell wachsen können, wie auch die Produktivität steigt. Deshalb muss die Wirtschaftspolitik in Zukunft eine bessere Balance zwischen solchen Maßnahmen finden, die sowohl auf die Nachfrage- als auch auf die Angebotsseite der Wirtschaft abzielen. Das Buch wird sich in den folgenden Kapiteln mit dieser Frage beschäftigen und fragen, was dafür notwendig ist.

3 Exportweltmeister mit dem tugendhaften Staat

Nicht nur das Beschäftigungswunder, trotz all seiner Makel und Risiken, war einer der großen wirtschaftspolitischen Erfolge Deutschlands des letzten Jahrzehnts. Es gibt zwei weitere große Erfolgsgeschichten, die die Transformation Deutschlands vom »kranken Mann Europas« zu seiner heutigen Position der relativen Stärke erklären. Die eine ist der Erfolg der deutschen Wirtschaft in globalen Märkten, der dem Land den Titel »Exportweltmeister« beschert hat. (Allerdings hat China Deutschland mittlerweile überholt.) Produkte mit dem Label »Made in Germany« sind weltweit hoch respektiert und haben sich über die Jahre eine immer stärkere Marktstellung erarbeitet.

Die dritte große Erfolgsgeschichte ist die Fähigkeit des deutschen Staates gewesen, auf der einen Seite seine Wirtschaft während der globalen Finanzkrise und der europäischen Schuldenkrise zu stützen, und auf der anderen Seite seinen Haushalt zu konsolidieren. Deutschland ist eines der ganz wenigen Industrieländer, die heute Überschüsse in ihren öffentlichen Haushalten erwirtschaften und Staatsschulden wieder reduzieren. Dies ist keine Selbstverständlichkeit, denn die beiden großen Krisen haben vor allem europäische Regierungen vor enorm große Herausforderungen gestellt. Die Nachhaltigkeit der Staatsschulden vieler Länder ist zu einem der größten wirtschaftspolitischen Risiken unserer Zeit geworden.

Dieses Kapitel analysiert diese beiden großen Erfolge Deutschlands. Es fragt nicht nur, weshalb sie zustande gekommen sind, sondern diskutiert Risiken und Schwächen. Was sind die Implikationen beider für die deutsche Volkswirtschaft? Und was bedeuten sie für die Stärken des Wirtschaftsstandorts Deutschlands und die Chancen zukünftiger Generationen?

Deutschland, der Exportweltmeister

Deutschland hat eine der offensten Volkswirtschaften der Welt, vor allem unter den größeren Ländern. Der Anteil der Exporte von Gütern und Dienstleistungen liegt bei über 40 % der deutschen Wirtschaftsleistung. Sie erreichen einen Wert von etwa 1100 Milliarden Euro pro Jahr. Auch die Importe sind absolut gesehen sehr hoch und liegen zurzeit bei 33 % der Wirtschaftsleistung oder einem Wert von 900 Milliarden Euro jährlich. In vielen anderen, ähnlich großen Volkswirtschaften sind Export- und Importanteil häufig nur halb so groß oder noch geringer.

Auch wenn Deutschland traditionell zu den offenen Volkswirtschaften zählt, ist doch die Bedeutung von Exporten und Importen in den letzten Jahrzehnten nochmals deutlich gestiegen. So haben sich etwa die Exporte von 25 % der Wirtschaftsleistung im Jahr 1999 auf heute 40 % erhöht. Viele Arbeitsplätze – und damit auch ein großer Teil des Einkommens und Wohlstands in Deutschland – hängen direkt oder indirekt mit den Exporten zusammen.

Haben große Offenheit und die Bedeutung von Exporten nur Vorteile oder bringen sie auch Risiken mit sich? In vielerlei Hinsicht sind sie eine zentrale Stärke Deutschlands. Sie waren der wichtigste Faktor des deutschen Wirtschaftswachstums der letzten zehn Jahre. Nicht hoher Konsum oder hohe Nachfrage trugen dazu bei, sondern vor allem die Dynamik der Exporte und der Exportsektoren. Große Offenheit macht eine Volkswirtschaft generell viel stabiler, denn ein negativer Schock oder Entwicklungen in Deutschland oder in einzelnen Teilen der Welt können sehr viel besser verarbeitet werden als von einer Wirtschaft, die stark von der eigenen oder von ganz wenigen anderen Volkswirtschaften abhängig ist.

Diese große Bedeutung der Exporte für die deutsche Volkswirtschaft war auch der wichtigste Grund dafür, dass Deutschland sich so schnell und nachhaltig von der globalen Finanzkrise 2008/2009 erholen konnte. Der globale Handel brach Ende 2008 und Anfang 2009 stark ein, erholte sich danach jedoch wieder sehr schnell. Es waren vor allem die Schwellenländer, wie China, Brasilien und Indien, die ab 2009 einen konjunkturellen Boom erlebten. Hintergrund des Aufschwungs waren ihr Nachholbedarf, lockere Geldpolitik und hohe Kapitalströme, die zwischen 2009 und 2012 in diese Länder flossen. Deutschland hat wie kein zweites Industrieland von diesem Aufschwung profitiert. Diese Schwellenländer benötigten vor allem Investitionsgüter, um ihre Produktionskapazitäten aufzubauen. Und die fragten sie häufig in Deutschland nach.

Während Europa Anfang 2010 in eine tiefe Krise und Rezession schlitterte, konnte Deutschland sich aus der hohen Abhängigkeit von Europa zunehmend lösen. Der Handel mit seinen europäischen Nachbarn ging deutlich zurück, wurde aber durch eine höhere Nachfrage nach deutschen Gütern und Dienstleistungen aus Asien, Osteuropa und Südamerika mehr als kompensiert. Der Handel mit den europäischen Nachbarn ist für Deutschland noch immer bedeutsam, umfasst aber nur noch etwa ein Drittel der deutschen Exporte. Mittlerweile wandert ein ähnlich hoher Anteil in die Schwellenländer Osteuropas, Asiens und Südamerikas.

Die Krise Europas hat die deutsche Binnenwirtschaft in den letzten fünf Jahren stark geschädigt. Das Vertrauen der deutschen Unternehmen und privaten Haushalte war geschwächt, was sich sehr deutlich in der schwachen Konsumnachfrage und in einer noch stärkeren Investitionsschwäche widerspiegelte. Deshalb waren es in den Jahren 2010 und 2011 fast ausschließlich die Exporte, die Deutschlands Konjunktur unterstützt und angekurbelt haben. Wie im letzten Kapitel beschrieben, war die Exportdynamik auch einer der zentralen Gründe für die positive Entwicklung am deutschen Arbeitsmarkt und dafür, dass Unternehmen ihre Beschäftigten halten konnten und so auch die Arbeitslosenquote nicht drastisch gestiegen ist. Kurzum, es waren sowohl die große Offenheit als auch die hohe internationale Diversifizierung, die der deutschen Volkswirtschaft seit Beginn der globalen Finanzkrise 2008 geholfen haben und einen großen Teil der Wachstumsdynamik erklären.

Ein weiterer, enorm positiver Aspekt der deutschen Exportstärke ist die hohe globale Wettbewerbsfähigkeit der Unternehmen. Der Handel hat weltweit in den letzten zwei Jahrzehnten zugenommen. Noch viel stärker sind jedoch die deutschen Exporte gestiegen. Dagegen haben fast alle anderen Industrieländer im letzten Jahrzehnt massiv Marktanteile in den globalen Märkten verloren. Der Weltmarktanteil der Industrienationen sinkt selbst in den Sektoren, in denen sie komparative Vorteile haben, während der Anteil der Schwellenländer kontinuierlich zunimmt. Dies ist keine Überraschung, denn viele der Schwellenländer sind groß und haben enormen Aufholbedarf, sodass sich dieser Prozess auch in den nächsten Jahrzehnten weiter fortsetzen wird. Zudem produzieren Schwellenländer immer weniger nur noch arbeitsintensive Produkte und dringen zunehmend in Märkte vor, die kapital- und technologieintensiv sind.

Deutschland hat sich – zumindest bisher – diesem Trend entziehen können. Seine Marktanteile in den wichtigsten Exportmärkten sind seit dem Jahr 2000 um knapp 10 % gestiegen. Woran liegt das? Ein Faktor ist, dass Deutschland vor allem Investitionsgüter mit hohem einheimischem Mehrwert exportiert. Eine weitere große Stärke ist der deutsche Mittelstand, also die zahlreichen Unternehmen, die sich auf wenige Produkte spezialisiert haben. Diese deutschen Mittelstandsunternehmen sind äußerst innovativ und flexibel: Sie sind in der Lage, ihre Produkte schnell an die Nachfrage des globalen Markts anzupassen. Außerdem stärken sie ihre Marktposition weiter, indem sie nicht nur ein sehr spezifisches, hochwertiges Produkt anbieten, sondern auch die gesamte Palette an dazupassenden Dienstleistungen wie Wartung und Updates. Für viele Kunden ist das von zentraler Bedeutung.

Heute ist offensichtlich, dass der deutsche Mittelstand mit seiner hohen Flexibilität und Vielfalt einer der wichtigsten Gründe für den weltweiten Erfolg deutscher Exportunternehmen ist. Er ist die Grundlage für die exzellente Reputation aller Produkte »Made in Germany«. Auch hier vergessen wir allzu leicht, dass noch vor zehn Jahren vor allem in Deutschland stark angezweifelt wurde, ob dieses Modell der deutschen Wirtschaft wirklich überlebensfähig beziehungsweise nachhaltig ist.

Gerade als Deutschland der »kranke Mann Europas« war, kritisierten einige Ökonomen die deutsche Wirtschaft als »Basarökonomie«. Die hohe Bedeutung mittelständischer Unternehmen mit einem hohen Spezialisierungsgrad wurde als Schwäche gesehen. Man argumentierte, dass solche Unternehmen langfristig nicht wettbewerbsfähig sein könnten, da sie globale Märkte nicht gut genug penetrieren und keine starke Marktposition aufbauen könnten. Zudem würde die geringe Größe die Innovationsfähigkeit solcher Unternehmen begrenzen. Nur große, multinationale Unternehmen, so die Logik, könnten langfristig im globalen Wettbewerb bestehen und der einheimischen Wirtschaft nutzen.

Eine Sorge dieser »Basarökonomie«-Kritiker war, dass Deutschland zunehmend zu einem bloßen Teil einer globalen Produktionskette verkümmern würde, in der es einen immer geringeren Mehrwert zu den Produkten beitragen und damit seine starke Marktposition verlieren würde. Wir wissen heute, dass diese Sorgen unbegründet waren. Mehr noch: Was vor zehn Jahren als eine Schwäche der deutschen Wirtschaftsstruktur angesehen wurde, gilt heute fast unbestritten als eine der größten Stärken. Es ist richtig, dass deutsche Exporte heute sehr stark in die globalen Produktionsprozesse und Produktionsketten eingebunden sind. Aber der Mehrwert, den deutsche Unternehmen in Deutschland schaffen, ist weiterhin sehr hoch: Im Durchschnitt beträgt der Anteil der ausländischen Wertschöpfung an den deutschen Exportprodukten wenig mehr als ein Viertel. Fast drei Viertel kommen durch eine inländische Wertschöpfung zustande.

Die gespaltene Volkswirtschaft

Was bedeutet diese hohe Wettbewerbsfähigkeit deutscher Exportunternehmen für die Wirtschaft? Und was genau erklärt, weshalb deutsche Exportprodukte heute weltweit so begehrt sind? Ein hohes Maß an Wettbewerbsfähigkeit ist sicherlich gut und wünschenswert. Es gibt jedoch keinen Automatismus, der hohe Exporte und gute Wettbewerbsfähigkeit in Wohlstand für die Menschen eines Landes verwandelt. Man würde erwarten, dass ein hohes Maß an globaler Wettbewerbsfähigkeit auch zu mehr Produktivität der Arbeitnehmer, einem stärkeren Lohnanstieg, über eine positive Einkommensentwicklung zu mehr Konsum und letztendlich zu einem höheren Wohlstand der Bevölkerung führt.

Es ist deshalb überraschend und fast schockierend, dass die tatsächlichen Zahlen ein ganz anderes Bild zeichnen: Im internationalen Vergleich war das seit dem Jahr 2000 kumulierte Wirtschaftswachstum in Deutschland äußerst enttäuschend. Natürlich ist die deutsche Wirtschaft in den letzten vier Jahren der europäischen Krise sehr viel dynamischer und erfolgreicher gewesen als die seiner Nachbarn. Aber selbst wenn man diese letzten vier Jahre mit berücksichtigt, ist die deutsche Wirtschaft seit 2000 gegenüber anderen Europäern und anderen Industrieländern zurückgefallen. Natürlich gibt es Ausnahmen wie Italien, die eine noch niedrigere Wachstumsrate zu verzeichnen hatten. Aber die Lücke, die sich zwischen der deutschen und der europäischen Wirtschaftsleistung in den 2000er-Jahren aufgetan hat, konnte von der deutschen Wirtschaft auch in den letzten vier Jahren nicht geschlossen werden.

Das Wirtschaftswachstum kann sicherlich nur eine Maßzahl für Wohlstand und Erfolg eines Landes sein. Andere Indikatoren zeichnen allerdings ein ähnliches Bild. Wie bereits in den vorangegangenen Kapiteln beschrieben, waren in Deutschland sowohl die Lohn- als auch die Einkommensentwicklung der Arbeitnehmer über die letzten beiden Jahrzehnte im internationalen Vergleich äußerst enttäuschend. Die kaufkraftbereinigten Durchschnittslöhne liegen in Deutschland heute marginal über denen des Jahres 1999. Und das gilt nur für die Durchschnittswerte. Die Mehrheit der deutschen Arbeitnehmer hatte in den letzten 15 Jahren gar fallende Reallöhne zu verzeichnen. Selbst in den viel gescholtenen Ländern Italien und Frankreich, die wir gerne für ihren fehlenden Reformwillen kritisieren, gibt es heute durchschnittlich um 10 % oder gar 20 % höhere Reallöhne als noch vor 15 Jahren.

Bei den Konsumausgaben der privaten Haushalte ist Deutschland in den letzten 15 Jahren ebenfalls deutlich zurückgefallen. Obwohl die deutschen Konsumausgaben seit 1999 um durchschnittlich 10 % gewachsen sind, so liegt der Zuwachs doch deutlich unter den fast 15 % der Eurozone insgesamt. In den USA sind kaufkraftbereinigte private Konsumausgaben gar um mehr als 30 % gestiegen. All dies sind Indikatoren dafür, dass sich die große Wettbewerbsfähigkeit und der hohe Exportanteil der deutschen Volkswirtschaft nicht oder nur in einem sehr geringen Maße in einem höheren Wohlstand der deutschen Bürger manifestieren.

Es ist offensichtlich: Diese beiden Sachverhalte passen nicht zusammen. Auf der einen Seite stehen die erfolgreichen deutschen Exportunternehmen, die nicht nur im harten globalen Wettbewerb bestehen, sondern ihre Marktposition weiter verbessern können. Auf der anderen Seite zeigen sich ein geringer Anstieg der Wirtschaftsleistung und eine schwache Entwicklung von Löhnen, Einkommen und Konsum. Um diesen Widerspruch aufzulösen, ist es sinnvoll, die für ein hohes Maß an Wettbewerbsfähigkeit wichtigen Faktoren genauer zu untersuchen. Einige wurden bereits erwähnt: Es sind die hohe Qualität deutscher Produkte, die Fähigkeit, flexibel auf Änderungen in der globalen Nachfrage reagieren zu können, und die Tatsache, dass deutsche Exportunternehmen nicht nur Produkte, sondern auch eine ganze Palette von notwendigen Dienstleistungen anbieten. Weitere Faktoren sind die Produktivität und die Fähigkeit der Unternehmen, Güter und Dienstleistungen zu besseren Konditionen als andere anbieten zu können. Mit anderen Worten: die preisliche Wettbewerbsfähigkeit.

Hier zeigt sich ein überraschendes Bild. Ein ganz wichtiger Indikator ist die Entwicklung der Lohnstückkosten, das heißt, wie sich die Kosten bei fixer Produktionsmenge eines Unternehmens verändern. Man sieht deutlich, dass die Lohnstückkosten in Deutschland im Vergleich zu den europäischen Nachbarländern zwischen 1999 und 2007 um fast 15% gefallen sind. Dagegen sind die Lohnstückkosten vor allem in den Krisenländern deutlich gestiegen. Das ist überraschend: Die Verbesserung der Wettbewerbsfähigkeit der deutschen Wirtschaft kam nicht durch mehr Produktivität zustande, sondern fast ausschließlich durch die niedrigere Entwicklung der in Deutschland gezahlten Löhne.

Das ist eine schlechte Nachricht, denn sie belegt, dass Wettbewerbsfähigkeit und Wohlstand einer Volkswirtschaft nicht zwangsläufig Hand in Hand gehen. Die Wettbewerbsfähigkeit der deutschen Wirtschaft in den vergangenen zehn Jahren hat sich zumindest teilweise auf Kosten eines gesunkenen oder nur wenig gestiegenen Wohlstands verbessert. Während die Löhne in Deutschland seit 2001 nominal kaum stärker gestiegen sind als die Inflationsrate und die Kaufkraft der Arbeitnehmer so über Jahre im Durchschnitt konstant blieb, konnten sich Arbeitnehmer in fast allen anderen europäischen Ländern über doppelt oder dreifach so hohe oder gar noch stärkere Lohnanstiege freuen.

Die Schwierigkeit bei diesen Zahlen und Indikatoren liegt darin, dass sie nur das Gesamtbild einer Volkswirtschaft zeigen, wogegen es zwischen den verschiedenen Sektoren und Teilbereichen eines Landes große Unterschiede und gegensätzliche Entwicklungen geben kann. So zeigt sich in Deutschland, dass sowohl die Lohnentwicklungen als auch die Produktivität in vielen deutschen Exportsektoren in den letzten 15 Jahren hervorragend waren. Gerade in den exportstarken und global umkämpften Sektoren wie Maschinenbau, Automobilbereich, der Pharmazie und der chemischen Industrie zahlen Unternehmen die weltweit höchsten Spitzenlöhne ihrer Branche.

In diesem Zusammenhang wird Deutschland von seinen Nachbarn häufig dafür kritisiert, dass der deutsche Exporterfolg auf Kosten und zum Nachteil anderer Europäer realisiert worden sei. Die deutsche Volkswirtschaft sei zu wettbewerbsfähig, heißt es. Häufig wird die schwache Lohnentwicklung als Beweisführung herangezogen.

Wenn die niedrige Produktivität und die geringe Lohndynamik des letzten Jahrzehnts aber nicht auf die deutschen Exportsektoren zurückzuführen sind, wie kommen die gesamtwirtschaftlichen Zahlen dann zustande? Warum sind Löhne und Produktivität dann insgesamt so geringfügig gestiegen? Es liegt daran, dass Deutschland eine duale Volkswirtschaft ist. Der eine Teil, vor allem die Export- und Industriesektoren, steht sehr gut da und zeichnet sich durch eine hohe Innovationsfähigkeit und Produktivität aus. Aber der andere Teil, das ist vor allem der Dienstleistungssektor, steht sehr viel schlechter da. In diesen Sektoren waren sowohl die Produktivitätsentwicklung als auch die Lohn- und Einkommensentwicklung enttäuschend.

Dies zeigt sich auch in den Zahlen zur Einkommensverteilung, die im letzten Kapitel diskutiert wurden. Arbeitnehmer, die weniger als 8,50 Euro verdienen, sind überwiegend in Klein- oder Kleinstbetrieben im Dienstleistungssektor tätig. Und wie die Diskussion über die Verteilung der Löhne und Einkommen gezeigt hat, ist diese Spaltung der deutschen Volkswirtschaft in den letzten 15 Jahren immer größer geworden. Eine weitere Spaltung zu verhindern und diese entstandenen Unterschiede wieder zu verringern, ist eine der großen Herausforderungen für die deutsche Wirtschaftspolitik. Die folgenden Kapitel werden weitere Aspekte dieser Spaltung zeigen und diskutieren, wie wir damit umgehen sollten.

Der tugendhafte Staat?

Eine der größten und wichtigsten globalen wirtschaftspolitischen Herausforderungen unserer Zeit ist die hohe Staatsverschuldung. Fast alle Industrieländer haben in den letzten 20 Jahren nicht nur ihre Staatsausgaben erhöht, sondern auch die Verschuldung der öffentlichen Hand relativ zur Wirtschaftsleistung gesteigert. Deshalb wird die europäische Krise oft als Staatsschuldenkrise bezeichnet. Wie wir in den kommenden Kapiteln sehen werden, hat Europa nicht nur ein Schuldenproblem, sondern auch ein Banken- und ein Wirtschaftsproblem. Es ist richtig, dass die hohe Schuldenlast in Europa ein ganz zentraler Faktor der Krise ist. Es wäre allerdings zu einfach, dieses Problem nur auf Europa zu beschränken. Weltweit haben viele andere Länder ähnlich große oder noch größere Schuldenlasten zu tragen. In den USA sind die Staatsschulden fast auf 100 % der jährlichen Wirtschaftsleistung gestiegen. In Japan liegen sie bei deutlich über 200 %.

Diese hohe und steigende öffentliche Schuldenlast stellt die Volkswirtschaften vor eine Reihe von Problemen und Herausforderungen. Vor allem in Deutschland scheinen viele Menschen zu glauben, eine Erhöhung der Staatsschulden und ein Defizit im laufenden Haushalt kämen einer Todsünde gleich. Hier muss jedoch differenzierter argumentiert und abgewogen werden. Öffentliche Schulden sind nicht per se schlecht. Die Frage ist vielmehr: Wofür werden sie aufgenommen? Welche öffentlichen Ausgaben sollen mit ihnen getätigt werden? Ausgaben für Bildung können die Fähigkeiten und Qualifikationen von Menschen erhöhen und sind langfristig gesehen notwendig und wünschenswert. Sie verbessern die Produktivität und Innovationsfähigkeit der Wirtschaft und bilden damit die Grundlage für Wachstum und Wohlstand. So kann der Staat höhere Steuern und Abgaben erheben, somit höhere Einnahmen erzielen und seine Schulden abbauen. Höhere Staatsausgaben müssen also langfristig nicht notwendigerweise zu einer höheren öffentlichen Schuldenlast führen. Es kommt darauf an, wofür und wie die öffentlichen Ausgaben getätigt werden. Deshalb ist es von zentraler Bedeutung, zwischen öffentlichen Investitionen zu unterscheiden, die – wenn sie sinnvoll getätigt werden – die Leistungsfähigkeit einer Volkswirtschaft erhöhen, und öffentlichen Konsumausgaben, die darauf abzielen, den heutigen Wohlstand zu verbessern.

Was wir jedoch in den letzten 20 Jahren in den meisten Industrieländern erlebt haben, war ein starker Anstieg von öffentlichen Konsumausgaben, die zwar den Wohlstand kurzfristig verbessert, die Leistungsfähigkeit der Volkswirtschaften jedoch nur sehr begrenzt erhöht haben. Vor allem in den 2000er-Jahren haben viele Industrieländer ihre Staatsausgaben massiv erhöht. Viele der europäischen Länder steigerten hauptsächlich Ausgaben für Subventionen, höhere Löhne im öffentlichen

Sektor und die Sozialausgaben. Sie begingen den Fehler, bedingt durch das hohe Wachstum und die steigenden Einnahmen der öffentlichen Hand, die Ausgaben zu erhöhen – häufig überproportional, also ohne Schulden abzubauen. Dadurch blieb die Schuldenquote, das Verhältnis von Staatsschulden zur Wirtschaftsleistung, in den meisten europäischen Ländern konstant oder stieg an.

Die globale Finanzkrise 2008/2009 hat dann viele Staaten, nicht nur in Europa, in große Bedrängnis gebracht. Zum einen brach die Wirtschaft ein, es gab eine enorm tiefe Rezession. Sie verursachte in den Industrieländern wegen der sogenannten »automatischen Stabilisatoren«, also staatlich finanzierte Maßnahmen zur Sicherung und Unterstützung der Arbeitnehmer und Arbeitgeber, hohe fiskalische Defizite. Zum anderen litten viele Banken und andere Finanzinstitutionen der Industrieländer unter der globalen Finanzkrise. Regierungen sahen sich gezwungen, ihre Banken mit Steuergeldern zu retten, um einen Zusammenbruch des Finanzsystems und damit der gesamten Volkswirtschaft zu verhindern.

Ein dritter Faktor war, dass viele Regierungen ein Konjunkturprogramm aufgelegt und damit ihre Staatsausgaben aktiv erhöht hatten, um den Rückgang privater Ausgaben zumindest teilweise zu kompensieren und der Wirtschaft einen positiven öffentlichen Nachfrageimpuls zu geben. Dies funktionierte in den meisten europäischen Ländern recht gut. Die europäische Wirtschaft und auch die meisten Länder der Eurozone erholten sich daher im Jahr 2009 recht schnell und generell besser als die meisten anderen Industrienationen, etwa die USA oder Japan.

Der Beginn der europäischen Krise, die mit den Problemen Griechenlands Anfang 2010 begann, hat dann allerdings viele Länder der Eurozone überfordert. In Ländern wie Spanien und Irland waren die Finanzsysteme immer noch sehr schwach, die Banken marode. Diese Probleme vertieften sich durch die Turbulenzen an den europäischen Finanzmärkten 2010 weiter. Beide Staaten hatten vor der globalen Finanzkrise eine im europäischen Vergleich relativ niedrige Staatsschuldenquote. Die massiven Kosten, die durch die Abwicklung oder Rekapitalisierung der Banken entstanden, brachten diese beiden Länder jedoch an den Rand eines Staatsbankrotts.

In Portugal und Griechenland lagen die Probleme bereits vor der Krise in der fehlenden Nachhaltigkeit der öffentlichen Ausgaben. Vor allem Griechenland hatte seinen öffentlichen Konsum etwa durch die Erhöhung der Gehälter im öffentlichen Dienst und Subventionen bereits vor 2008 massiv ausgeweitet. Der Wachstumseinbruch und die tiefe Rezession seit 2009 zwangen die griechische Regierung, ihre Ausgaben drastisch zu reduzieren und Hilfsgelder und -programme in Anspruch zu nehmen. Aber diese Schwächen lagen nicht nur in Europa vor. In vielen anderen Industrieländern, zum Beispiel in den USA, waren und sind die Defizite der öffentlichen Hand ähnlich hoch.

Eine zentrale wirtschaftspolitische Frage in den letzten Jahren lautete, wie Regierungen in der Krise ihre Finanzpolitik anpassen sollen. Deutschland ist immer wieder international in die Kritik geraten, weil sich die Bundesregierung für eine fiskalische Konsolidierung starkmachte. Die Bundesregierung hat ihre Partner wiederholt aufgefordert, Staatsausgaben und Defizite stark zu reduzieren. Gegner dieser deutschen Position argumentierten, dass sich eine solche Politik der Konsolidierung während einer Krise als kontraproduktiv erweisen würde. Eine Senkung der öffentlichen Ausgaben würde die Rezession verstärken und sowohl die privaten Investitionen als auch die Nachfrage weiter schwächen.

Der Punkt, in dem sich alle einig sind, ist, dass Fiskalpolitik sich antizyklisch verhalten sollte. Dies bedeutet, dass der Staat in guten Zeiten Ausgaben zurückfahren, Überschüsse erzielen und Staatsschulden abbauen sollte. Dies verschafft ihm Spielraum, während einer wirtschaftlich schwächeren Zeit, in der private Unternehmen und Haushalte ihre Ausgaben reduzieren, den Rückgang zumindest teilweise zu kompensieren und so die Wirtschaft zu stabilisieren.

Diese große wirtschaftspolitische Kontroverse der vergangenen Jahre dreht sich also vor allem um die Frage, bis zu welchem Maße die Staaten der Eurozone, aber auch andere Länder, ihre öffentlichen Ausgaben aufrechterhalten können. Die Antwort wurde häufig von den Finanzmärkten vorgegeben, da sie nicht gewillt waren, den Regierungen von Griechenland, Portugal, Irland und Zypern weiterhin Kredite zu nachhaltigen Konditionen anzubieten. Dies hat diese Länder dann gezwungen, sich über Hilfsprogramme der Europäischen Union und des Internationalen Währungsfonds zu finanzieren.

Wie also soll auf lange Sicht mit den Staatsausgaben und Staatsschulden umgegangen werden? Deutschland ist in dieser Diskussion äußerst isoliert. Denn es ist das einzige größere Land, das mit Nachdruck argumentiert, Ausgaben und Schulden sollten nicht erst langfristig, sondern unverzüglich zurückgefahren werden. Jetzt weiter Schulden zu erhöhen, so das Argument der deutschen Politik, bedeutet in erster Linie, zukünftige Generationen stärker zu belasten. Gleichzeitig müssen auch die Finanzmärkte wieder Vertrauen in die Fähigkeit der Regierungen gewinnen, nachhaltig wirtschaften und auf einen nachhaltigen Pfad der Verschuldung zurückkehren zu können. Nur wenn dieses Vertrauen schnell zurückkehrt, können sich vor allem die Krisenländer wieder leichter finanzieren und aus der Rezession kommen.

Das Gegenargument der internationalen Staatengemeinschaft und vieler internationaler Organisationen ist, dass eine solche Politik kurzfristig der Weltwirtschaft und auch den einzelnen Ländern schaden würde. Denn gerade in einer solch tiefen Rezession muss der Staat eine ganz zentrale, unterstützende Rolle spielen. Ein zu starkes Absenken der öffentlichen

Ausgaben, so die Logik, schwächt die Wirtschaft weiter, reduziert Beschäftigung und Steuereinnahmen und zwingt den Staat damit zu noch stärkerer Ausgabensenkung. Es entstünde ein Teufelskreis, der die Wirtschaft in eine Depression stürzen könne. Diese Diskussion wird sehr emotional geführt, und Deutschland für seine Position heftig kritisiert. Der deutschen Bundesregierung wird die Schuld für die »Austeritätspolitik« gegeben, die viele der europäischen Krisenländer implementieren mussten. Das ist nicht korrekt, denn es sind sowohl die Finanzinvestoren als auch die Rettungsprogramme der Europäischen Union und des Internationalen Währungsfonds, die die Krisenländer auf diesen Pfad zwingen.

Die Kehrseiten der Finanzpolitik

Die Bundesregierung hatte jedoch nicht nur auf eine stärkere fiskalische Konsolidierung seiner Nachbarländer gedrängt, sondern auch selbst Defizite abgebaut. Das überraschende Ergebnis war, dass der deutsche Staat bereits im Jahr 2012 wieder Überschüsse in den öffentlichen Haushalten erzielt hat. Dies ist sehr bemerkenswert, da fast alle Industrieländer zu dem Zeitpunkt noch immer stark unter den Auswirkungen der globalen Finanzkrise 2008/2009 litten. Kaum ein anderes Industrieland hat zu diesem Zeitpunkt fiskalische Überschüsse erzielt. Fast alle versuchten, die Wirtschaftsschwäche durch eine aktive Finanzpolitik zu bekämpfen.

Trotzdem müssen die Konsolidierung des deutschen Staatshaushalts und der Abbau der deutschen Staatsschulden seit 2012 etwas genauer betrachtet werden. Man stellt fest, dass der deutsche Staat in den Krisenjahren seine Ausgaben recht moderat erhöht hat. 2009 wurde ein großes Konjunkturprogramm von mehreren Prozentpunkten der Wirtschaftsleistung aufgelegt, um die Wirtschaft zu stützen. Auch die Rettung deutscher Banken hat die öffentlichen Haushalte massiv belastet. Als Resultat stieg die öffentliche Schuldenquote Deutschlands von über 60 % vor der Krise auf über 80 % der Wirtschaftsleistung im Jahr 2010.

Der Hauptgrund für die erstaunlich schnelle fiskalische Konsolidierung nach 2009 lag jedoch nicht – wie oft fälschlicherweise vermutet – darin, dass die deutschen öffentlichen Haushalte (Bund, Länder und Kommunen) ihre Ausgaben reduzierten. Im Gegenteil, die Ausgaben sind stetig weiter gestiegen. Der Grund für die Konsolidierung lag vielmehr im starken Anstieg der Steuereinnahmen, der in erster Linie mit der hervorragenden Arbeitsmarktentwicklung zu erklären ist. Wie in den letzten Kapiteln beschrieben, erfuhr die deutsche Wirtschaft einen heftigen, wenn auch kurzlebigen Boom in den Jahren 2010 und 2011 durch die hohe Nachfrage nach deutschen Exporten aus den Schwellenländern. Da vor allem im sozialversicherungspflichtigen Bereich Beschäftigung geschaffen wurde, profitierten auch die Sozialkassen sehr deutlich von diesem Aufschwung.

Ein weiterer Faktor, der häufig vergessen wird, sind die seit 2008 massiv gefallenen Finanzierungskosten des deutschen Staates. Zum einen reduzierte die Europäische Zentralbank ihre Leitzinsen von 4,5 % im Jahr 2008 auf heute 0,15 %. Es ist leicht zu errechnen, dass alleine diese Senkung dem deutschen Staat Ausgaben von vielen Milliarden erspart hat. Die Kapitalflucht aus den Krisenstaaten nach Deutschland reduzierte die Finanzierungskosten der öffentlichen Hand weiter. Seit 2009 haben viele europäische und globale Investoren in deutsche Staatsanleihen investiert, die als sicherer Hafen gelten. Mitte 2014 zahlte der deutsche Staat deutlich weniger als 2 % auf eine zehnjährige Anleihe.

Die fiskalische Konsolidierung kam also nicht durch eine Senkung der Staatsausgaben zustande, sondern in erster Linie durch eine Kombination von höheren Einnahmen und deutlich besseren Finanzierungsbedingungen. Auf jeden Fall muss man der Bundesregierung aber Respekt dafür zollen, dass sie eine ausgewogene Balance erreicht hat zwischen fiskalischer Konsolidierung auf der einen Seite und Ausgaben und Konjunkturprogrammen, die die deutsche Wirtschaft stabilisieren und sie bei der konjunkturellen Erholung unterstützen, auf der anderen Seite.

Eine große Schwäche der öffentlichen Finanzpolitik der letzten beiden Jahrzehnte sind jedoch die Kürzungen der öffentlichen Investitionen. Die öffentlichen Haushalte geben immer mehr für Konsum aus und immer weniger für Investitionen. Auch das wird häufig mit Konsolidierungsbemühungen begründet, ist aber in Wirklichkeit eine enorme Schwäche und große Gefahr, denn öffentliche Investitionen sind von fundamentaler Bedeutung für die Leistungsfähigkeit einer Volkswirtschaft. Geringere öffentliche Investitionen bedeuten, dass die Volkswirtschaft in der Zukunft weniger gute Voraussetzungen hat, um Wachstum und Wohlstand zu schaffen. Zu welch enormem Problem die Investitionsschwäche in Deutschland mittlerweile geworden ist, werden wir im nächsten Kapitel im Detail analysieren.

Die Herausforderungen der Zukunft sind groß, und es stellt sich die Frage, wie gut die Haushalte dafür gewappnet sind. Deutschland steht vor einem demografischen Gesellschaftswandel, der die öffentlichen Ausgaben in den kommenden Jahrzehnten deutlich ansteigen lassen wird, wenn der Staat seinen Bürgern weiterhin die gegenwärtigen sozialen Leistungen zur Verfügung stellen möchte. Studien der Organisation für wirtschaftliche Zusammenarbeit und Entwicklung (OECD) und des IWF zeigen, wie enorm hoch diese zusätzlichen Belastungen der öffentlichen Haushalte sein werden: Allein durch die höheren Aufwendungen der Sozialkassen im Bereich der Renten und der Gesundheit werden die zusätzlichen öffentlichen Ausgaben in Deutschland nach diesen Schätzungen bis zum Jahr 2030 jährlich über 2% der Wirtschaftsleistung oder 60 Milliarden Euro pro Jahr betragen.

Die Bundesregierung hat die Weichen bisher nicht gestellt: Noch werden diese zusätzlichen Belastungen in den Planungen der öffentlichen Haushalte kaum berücksichtigt. Im Gegenteil: Einige der jüngsten Entscheidungen der Bundesregierung – wie die »Rente mit 63« nach 45 Versicherungsjahren oder die »Mütterrente« – werden in den kommenden Jahrzehnten zusätzliche Ausgaben der öffentlichen Hand erfordern. Schätzungen zufolge werden sie mehr als zehn Milliarden Euro jährlich kosten. Und sie werden ganz konkrete Auswirkungen auf die Leistungsfähigkeit der deutschen Wirtschaft haben. Kumuliert bis zum Jahr 2030 sind dies etwa 160 Milliarden Euro an zusätzlichen Kosten – eine enorme Summe. Allerdings wird der öffentliche Haushalt durch eine Erhöhung des Bundeszuschusses nur zu einem Teil dadurch belastet. Der andere Teil der Kosten wird direkt über die Rentenversicherung in Form von höheren Rentenbeiträgen beziehungsweise geringeren Rentenzahlungen von den zukünftigen Rentnern getragen. Das zeigt, dass die Rentenreform zu großen Verteilungs- und Einkommenseffekten führen wird.

Die gesellschaftliche Unterstützung für beide Maßnahmen ist groß. Sie sind Anerkennung für erbrachte Arbeits- und Erziehungsleistung und sollen das Risiko der Altersarmut bekämpfen. Aber die Verteilungseffekte vor allem der »Rente mit 63« sind eindeutig: Sie erlaubt vor allem männlichen Facharbeitern aus Industriesektoren – und damit den Besserverdienern – eine abschlagsfreie Verrentung mit 63 Jahren. Menschen mit tendenziell niedrigen Einkommen, die sich beitragslose Jahre nicht anrechnen lassen können – darunter viele Frauen –, werden sehr viel weniger davon profitieren können. Gleichzeitig werden zukünftige Generationen auf Jahrzehnte hinweg belastet. Die Rentenreform führt also zu einer massiven Umverteilung von den jüngeren Generationen zur heute älteren Generation.

Es stellt sich die Frage, welche Konsequenzen die Rentenpolitik für das deutsche Wirtschaftswachstum und die Sozialversicherungskassen haben wird. Die neue Rentenpolitik wird die Perspektiven der deutschen Wirtschaft nicht verbessern. Selbst kurzfristig werden die rentenpolitischen Maßnahmen wohl nicht zu mehr Nachfrage und Wachstum führen, wie manche hoffen, denn die Begünstigten der Reformen sind in der Regel Besserverdiener, die einen größeren Anteil ihres Einkommens sparen.

Mittelfristig entsteht das größte Risiko für die Wirtschaft durch die Beschäftigungseffekte der Reformen. Die »Rente mit 63« ermöglicht vielen Männern, frühzeitig aus dem Arbeitsleben auszuscheiden, was den demografischen Wandel in den nächsten zwei Jahrzehnten weiter verstärken wird. Zudem könnte es den Fachkräftemangel in manchen Bereichen verschärfen, bislang ist allerdings unklar, wie stark. Stehen aber weniger qualifizierte Arbeitskräfte zur Verfügung, sinken das Trendwachstum und mit ihm die Chancen auf eine positive Einkommensentwicklung.

Langfristig bedeuten die Rentenreformen einen stärkeren Anstieg (und kurzfristig kein oder ein geringeres Absenken) der Beitragssätze für die gesetzliche Rentenversicherung – eine Belastung, die vom Arbeitgeber mitgetragen werden muss und ein Risiko für Beschäftigung und Einkommen darstellt. Einigen Berechnungen zufolge könnten die Wachstumseffekte all dieser Mechanismen groß sein und das deutsche Trendwachstum schmälern. Dies gilt vor allem für die Beschäftigungseffekte. Studien zeigen, dass sie durch die Erhöhung der Rentenbeiträge mit im Mittel 30 000 und durch die Frühverrentung mit weiteren bis zu 130 000 zu Buche schlagen könnten. Auch wenn solche Schätzungen immer mit viel Unsicherheit behaftet sind, so unterstreichen sie doch sehr deutlich, wie groß die wirtschaftlichen Auswirkungen dieser Reformen sein werden.

Ähnlich wichtig wie die wirtschaftspolitischen Auswirkungen wird die Signalwirkung der neuen Rentenpolitik sein. Es besteht die Gefahr, dass viele Menschen die hart errungene und notwendige »Rente mit 67« hinterfragen werden. Durch den demografischen Wandel und den zu erwartenden weiteren Anstieg der Lebenserwartung muss entweder das Renteneintrittsalter langfristig weiter erhöht, das Rentenniveau reduziert oder müssen die Beiträge erhöht und möglicherweise auch mehrere Maßnahmen kombiniert werden. Die neue Bundesregierung wäre daher weise, die Weichen so zu stellen, dass sowohl die private Vorsorge gestärkt als auch die Flexibilität und Eigenverantwortung der Menschen gefördert werden.

Das globale Staatsschuldenproblem

Das globale Staatsschuldenproblem ist und wird in den nächsten Jahren eine der wichtigsten wirtschaftspolitischen Herausforderungen sein, auch für Deutschland. Die europäische Krise zeigt, wie wichtig eine mittelfristige Konsolidierung der öffentlichen Haushalte ist. Denn ein überschuldeter und durch zu hohe Risiken handlungsunfähiger Staat kann seine Wirtschaft nicht mehr unterstützen. Für viele europäische Länder ist die hohe Staatsverschuldung zu einer enormen Belastung geworden, die eine wirtschaftliche Erholung verhindert.

Die öffentliche Schuldenlast vieler Industrieländer ist nicht nur bereits heute enorm hoch, sie wird – sofern sich die gegenwärtigen finanzpolitischen Rahmenbedingungen nicht ändern – in den nächsten Jahren und Jahrzehnten sogar noch deutlich weiter steigen. Der Internationale Währungsfonds rechnet damit, dass ein Großteil der Industrieländer durch den demografischen Wandel bis zum Jahr 2030 zusätzlichen Ausgaben von 4% oder mehr ihrer Wirtschaftsleistung entgegensieht.

Um diese entstehenden Zusatzausgaben stemmen zu können, müssen die Industrieländer nicht nur von ihren gegenwärtigen Schulden herunterkommen, sondern ihre derzeitigen Ausgabenfelder langfristig noch viel stärker kürzen. So schätzt der IWF, dass Länder wie England oder Spanien bis zum Jahr 2020 eine zusätzliche fiskalische Anpassung von mehr als 6 % der Wirtschaftsleistung erzielen müssen. Das sind solch riesige Anpassungserfordernisse, dass eine Staatsschuldenkrise in einzelnen Ländern oder einer ganzen Region in den kommenden Jahren ein reales Risiko ist.

Werfen wir zunächst einen Blick auf den Vertrag von Maastricht, zu dem sich alle europäischen Länder verpflichtet haben, die dem Euro beigetreten sind. Er schreibt vor, dass die Staatsschulden der Mitgliedsländer bei weniger als 60 % der Wirtschaftsleistung und das jährliche Defizit nicht höher als 3 % liegen sollten. Wenige Länder der Eurozone haben sich nach ihrem Beitritt zum Euro an diese Vorgaben gehalten. Deutschland brach diese Vorgaben Anfang der 2000er-Jahre als eines der ersten Länder. Das Eingeständnis, dass der Maastricht-Vertrag wenig Biss hat und Länder ihn zu häufig und zu leicht verletzten, hat zu einer Nachbesserung geführt: Der Fiskalpakt verpflichtet die Länder der Eurozone nicht nur zu einem strukturell ausgeglichenen Haushalt, sondern auch dazu, gegenüber den europäischen Partnern regelmäßig Rechenschaft über ihre Finanzpolitik abzulegen.

Zur Thematik der Staatsschuldenquote gibt es auch eine Vielzahl wissenschaftlicher Studien. Sie deuten darauf hin, dass die optimale Staatsschuldenquote deutlich unter 100 % liegen könnte. Bei einer geringen Staatsverschuldung können expansive öffentliche Ausgaben durchaus mehr Wachstum und Wohlstand für eine Volkswirtschaft schaffen. Wird die Schuldenlast jedoch erdrückend, ist die Belastung für die private Wirtschaft zu hoch, und das Vertrauen in die Fähigkeit des Staates sinkt, diese Schulden bedienen zu können. Diese Studien und vor allem die Hypothese, dass die maximale Verschuldung eines Staates bei 90% der Wirtschaftsleistung liegen sollte, wurden im Jahr 2013 von Ökonomen sehr kontrovers diskutiert. Es gibt keinen Konsens über die »ideale Schuldenquote«. Klar ist aber, dass viele der Industrieländer heute eine Schuldenquote haben, die zum Teil deutlich über dem liegt, was wünschenswert oder nachhaltig ist.

Hierzu gehört beispielsweise Griechenland mit einer Staatsverschuldung von fast 180% der Wirtschaftsleistung. Auch Länder wie Italien und Portugal mit Staatsverschuldungen von über 130% können ihre Schulden höchstwahrscheinlich nicht nachhaltig abbauen, ohne in eine Staatsschuldenkrise zu schlittern. Auch wenn wir langsam aus der gegenwärtigen europäischen Krise herauskommen und die Volkswirtschaften wieder zu wachsen beginnen, so besteht doch großer Zweifel daran, dass die Staatsschuldenprobleme in Europa und anderen Industrieländern nachhaltig gelöst sind. Es scheint nur eine Frage der Zeit zu sein, bis dieses Problem zurückkommt – möglicherweise mit noch stärkeren, negativeren Effekten.

Die entscheidende Frage ist also, wie eine nachhaltige Finanzpolitik auszusehen hat. Welcher ist der richtige Pfad, der mittelfristig zu diesem Ziel führt? Und wie sieht der richtige Mix aus Ausgaben- und Steuerpolitik aus, der die Anreize für private Akteure richtig setzt und gleichzeitig eine stabilisierende Wirkung für die Wirtschaft hat?

Prinzipiell gibt es fünf verschiedene Optionen, wie die gewünschte Nachhaltigkeit erreicht werden kann. Die erste ist ein Schuldenschnitt. Er bedeutet, dass private Gläubiger einen Teil ihrer Forderungen aufgeben müssen. Im Fall Griechenlands beispielsweise verloren private Investoren durch den Schuldenschnitt 2012 mehr als 60% ihrer Forderungen. In den letzten 50 Jahren gab es viele solcher Schuldenschnitte. Einige Ökonomen in Deutschland warnen, dass Schuldenschnitte künftig auch für andere europäische sowie außereuropäische Industrieländer notwendig sein werden. Viele Regierungen hätten mit einer Schuldenbelastung von über 100 % ihre Glaubwürdigkeit bereits verloren und könnten von diesen Schulden nicht nachhaltig runterkommen. Tatsächlich ist es in der Vergangenheit nur sehr wenigen Ländern gelungen, eine Schuldenlast in dieser Höhe ohne einen Schuldenschnitt abzubauen. Anfang der 1990er-Jahre war Belgien einer der wenigen Ausnahmefälle.

Die Erfahrung der letzten Jahrzehnte zeigt jedoch, dass ein Schuldenschnitt fast immer mit einer ganz tiefen Rezession oder gar Depression der einheimischen Volkswirtschaft verbunden ist. Häufig sind es gerade die einheimischen Investoren und Bürger, die die Schuldtitel des eigenen Staates halten und bei einem Schuldenschnitt die größte Last zu tragen haben. Die Entschuldung des Staates geht also auf Kosten seiner Steuerzahler, Banken und Unternehmen, für die dann wieder der Staat geradestehen muss – mit neuen Schulden. So ein Schuldenschnitt kann das Staatsschuldenproblem nicht nachhaltig lösen. Die Option des Schuldenschnitts wird vor allem von solchen Ökonomen vorgeschlagen, die einen Austritt der Krisenländer aus dem Euro bevorzugen. Beides hätte ähnliche Folgen: Auch ein Austritt aus dem Euro würde fast unweigerlich zu einem Staatsbankrott und einer Bankrottwelle in Unternehmen und privaten Haushalten führen – ein Punkt, der in den kommenden Kapiteln genauer beleuchtet wird.

Eine zweite Option ist die Inflation. Staatsschulden können nachhaltig reduziert werden, wenn die Preise massiv über kurze Frist steigen. Durch eine hohe Inflation schmilzt der reale Wert der Schulden, der Staat kann seine Schulden sehr viel leichter begleichen. Auch hierfür gibt es einige Befürworter, denn die Inflation hat den Vorteil, dass sie technisch recht leicht umgesetzt werden könnte. Man benötigt nur eine Zentralbank, die gewillt ist, eine höchst expansive Geldpolitik zu betreiben, dadurch die Währung abzuwerten und eine stärkere Preisentwicklung zu generieren.

Aber auch diese Option hat viele Nachteile und Risiken. Zum einen kann eine solche Strategie nur funktionieren, wenn sie sehr schnell umgesetzt wird, das heißt innerhalb weniger Jahre. Denn wenn Investoren, Unternehmen und private Haushalte feststellen, dass die Inflation steigt, werden sie schnell ihre Erwartungen anpassen und Aufschläge auf Staatsanleihen verlangen. Noch negativer sind die Effekte einer solchen Politik für die reale Wirtschaft, denn hohe Inflation bedeutet mehr Unsicherheit. Sie reduziert Investitionen und Nachfrage und damit Wachstum und Wohlstand einer Volkswirtschaft. Wie schädlich eine solche Strategie ist, haben wir in Europa während der letzten 50 Jahre anhand vieler Beispiele erlebt.

Eine dritte Option ist die fiskalische Konsolidierung durch niedrigere Ausgaben und höhere Steuereinnahmen. Sie erfolgt in erster Linie durch eine Umverteilung von finanziellen Ressourcen innerhalb einer Gesellschaft. Denn letztendlich sind es immer vor allem die Steuerzahler eines Landes, die für den eigenen Staat bürgen müssen und zur Kasse gebeten werden, wenn die Staatsschulden nicht nachhaltig sind – sei es durch höhere Steuern oder Leistungskürzungen. Der Vorteil dieser Option ist, dass der Staat bei der Ausgestaltung der Verteilungseffekte Gestaltungsspielraum hat. So haben der IWF und andere Institutionen beispielsweise in diesem Jahr wieder die Möglichkeit einer Vermögensabgabe aufgebracht: Der Staat erhebt eine einmalige Abgabe auf bestimmte Vermögen, beispielsweise auf Immobilien- und Finanzvermögen über einem bestimmten Grenzwert, und belastet damit vor allem die sozial Stärkeren. Da es sich um eine einmalige Abgabe handelt und nicht um eine jährlich wiederkehrende Reichensteuer, sollte sie zu keiner massiven, die Wirtschaft schädigenden Kapitalflucht führen, so die Hoffnung der Befürworter.

Steuer- und Abgabenerhöhungen bringen jedoch vielfältige Nachteile mit sich: Ein Staat hat immer nur eine begrenzte Möglichkeit, Steuern zu erhöhen oder einzutreiben, und die

Erfahrung zeigt, dass eine zu hohe Steuer- und Abgabenlast zu starken Ausweicheffekten führt. Sie schwächen die Wirtschaft, reduzieren das Wachstum und die Steuereinnahmen, somit besteht das Risiko, dass die Konsolidierungsziele nicht erreicht werden.

Eine vierte Option, die vor allem in Europa in den letzten Jahren intensiv diskutiert wurde, wäre eine länderübergreifende Strategie, um die gesamte Schuldenlast der Eurozone zu reduzieren. Eine sehr emotional diskutierte Variante dieser Option ist der Eurobond: Alle Länder der Eurozone geben gemeinsame Staatsanleihen aus, was die Finanzierungsbedingungen deutlich verbessert und die schwächeren Mitgliedsländer in die Lage versetzt, ihre Schuldenlast deutlich zu reduzieren. Stärkere Länder wie Deutschland haben jedoch wenig Lust gezeigt, einer solchen Option zuzustimmen. Denn sie bedeutet eine einseitige Umverteilung von Risiken von den schwächeren zu den stärkeren Ländern. Zudem besteht die Sorge, dass ein solches Instrument die falschen Anreize setzen könnte, und damit eine Konvergenz der Staatsverschuldung und der Belastungen nicht hin zu den Stärksten geschieht, sondern zu den Schwächsten.

Es gibt eine Reihe von abgeschwächten Varianten dieser Option der gemeinsamen Schuldenbewältigung. Dazu gehört der vom Sachverständigenrat vorgeschlagene Schuldentilgungspakt, der gemeinsame Anleihen nur für den Teil der Staatsverschuldung vorsieht, der über den vom Maastricht-Vertrag vorgegebenen 60 % liegt. Diese sollen zudem mit Sicherheiten hinterlegt werden, weitere Sicherungsmechanismen sollen ein Einhalten der finanzpolitischen Vorgaben garantieren. Manche Ökonomen sehen selbst in den von der Europäischen Union und dem IWF gewährten Rettungskrediten eine Form der gemeinsamen Verschuldung. Es gibt jedoch einen entscheidenden Unterschied zwischen einer gemeinsamen Anleihe, bei der alle Mitgliedsländer in der Schuld stehen, und einem Kredit, bei dem es nur einen Schuldner gibt.

Die fünfte Option ist Wirtschaftswachstum. Historisch gesehen ist das Wirtschaftswachstum die wichtigste Einflussgröße für die Staatsverschuldung. Wenn die Wirtschaft eines Landes nicht wächst oder sogar schrumpft, dann wird der Staat langfristig fast keine Chance haben, Schulden abzubezahlen oder neue aufzunehmen, und früher oder später insolvent werden. In dieser Situation investieren die Unternehmen wenig, der Konsum der privaten Haushalte ist niedrig und die Einnahmenseite des Staates wird immer weiter geschwächt. Selbst wenn der Staat seine Ausgaben deutlich reduziert, ist es in einer solchen Situation enorm schwierig, die Schulden nachhaltig abzubauen.

Gelingt es jedoch, eine wirtschaftliche Dynamik in Gang zu bringen, die Beschäftigung schafft, die Nachfrage erhöht und Vermögen generiert, dann entsteht ein positiver Mechanismus, in dem sich die Einnahmen des Staates erhöhen und die Ausgaben deutlich reduzieren, beispielsweise für soziale Leistungen und automatische Stabilisatoren. Diese Option mag trivial klingen. Und sie ist es auch. Trotzdem dreht sich kaum eine der gegenwärtigen Diskussionen in Europa um die Frage, wie es gelingen kann, eine solche wirtschaftliche Dynamik vor allem in den Krisenländern der Eurozone in Gang zu setzen.

Insgesamt steht Deutschland mit seiner Finanzpolitik und seiner öffentlichen Verschuldung im internationalen Vergleich ganz hervorragend dar. Die Konsolidierung, die der Bundesregierung in den letzten zehn Jahren gelungen ist, ist ohne Frage ein wichtiger wirtschaftlicher Erfolg. Dies bedeutet jedoch nicht, dass der deutsche Haushalt auf einem nachhaltigen Pfad ist. Für die Zukunft hat die gegenwärtige Bundesregierung einen großen Teil ihres finanzpolitischen Spielraums bereits durch Transferversprechen wie die Rentenreform aufgebraucht. Noch immer gibt es keine Strategie, wie sie mit den finanzpolitischen Herausforderungen der Zukunft umgehen will. Der demografische Wandel wird die Steuereinnahmen reduzieren und die Sozialausgaben massiv erhöhen. Gerade wegen dieser Schwächen ist es erstaunlich zu sehen, dass die Öffentlichkeit sich ein so positives Bild der deutschen Wirtschaft und seiner Zukunftsaussichten malt.

Die nächsten Kapitel dieses Buches analysieren, wo die deutschen Schwächen liegen, wie das Land die eigene Wirtschaft stärken und seiner Verantwortung für Europa gerecht werden kann.

4 Deutschlands Investitionslücke als wirtschaftspolitische Achillesferse

Wir sollten, bei aller Kritik, die drei großen und wichtigen wirtschaftspolitischen Erfolge Deutschlands anerkennen: erstens den Abbau der Arbeitslosigkeit, zweitens die hohe Wettbewerbsfähigkeit der deutschen Exportsektoren in den globalen Märkten und drittens die Konsolidierung der öffentlichen Haushalte. Wie wir in den vorangegangenen Kapiteln gesehen haben, stehen diesen drei großen Erfolgen, Schwächen und Misserfolge auf dem Arbeitsmarkt, bei den Lohnentwicklungen und bei den Wachstumschancen gegenüber.

Deutschlands riesige Investitionslücke

Wo liegen die Ursachen? Die Antwort ist: Vor allem in den fehlenden Investitionen. Deutschland hat über die vergangenen 20 Jahre eine immense Investitionslücke aufgebaut. Wenn es uns gelingt, diese Investitionslücke zu schließen, können wir viele der genannten Probleme lösen und die deutsche Wirtschaft auf einen nachhaltigen Pfad setzen.

Bevor wir zu den Details der deutschen Investitionslücke kommen, ist es wichtig, zu verstehen, wieso Investitionen für jede Volkswirtschaft von so fundamentaler Bedeutung sind. Jeder Euro, der in einer Volkswirtschaft produziert wird, hat drei verschiedene Verwendungsmöglichkeiten. Eine ist, ihn für öffentlichen oder privaten Konsum zu nutzen. Zweitens kann man ihn investieren, also durch den Kauf oder die Verbesserung von Anlagen, Maschinen oder in anderer Form wieder in den Produktionsprozess schleusen. Dann dient er dazu, die Produktion für die Zukunft aufrechtzuerhalten oder weiter steigern zu können. Die dritte Möglichkeit ist, ihn zu sparen. Für die Volkswirtschaft als Ganzes bedeutet dies nichts anderes, als diesen Euro an ausländische Unternehmen, Staaten oder private Haushalte zu verleihen, in der Hoffnung und Erwartung, dieses Geld in der Zukunft zurückzubekommen und dann entweder für einheimischen Konsum oder Investitionen verwenden zu können.

Investitionen in einer Volkswirtschaft sind deshalb so wichtig, weil sie die Zukunftschancen und den zukünftigen Wohlstand einer Gesellschaft verbessern. Konsum bedeutet, dass ich heute meinen Wohlstand realisiere. Ich kaufe mit dem Euro ein Produkt, das ich dann heute besitze, kann den Euro aber in der Zukunft nicht mehr ausgeben. Er ist weg. Sparen bedeutet, dass ich den Konsum in die Zukunft verschiebe und das Produkt später kaufe. Ob dies für mich sinnvoll ist oder nicht, hängt von den Zinsen und dem künftigen Preis ab. Investitionen aber schaffen Grundlagen, in der Zukunft weitere Euro zu verdienen, das heißt, sie erzeugen Wohlstand für die Zukunft. Niedrige und fallende Investitionen schmälern somit die Chancen der zukünftigen Generationen in Deutschland.

Wirtschaftliches Wachstum und Wohlstand erfordern, dass der Kapitalstock einer Volkswirtschaft – also Maschinen, Infrastruktur und vor allem das Wissen und die Fähigkeiten der Menschen und Unternehmen – nicht nur qualitativ gut, sondern auch quantitativ erhalten und mit der Zeit erhöht werden muss. Nur mit einem ausreichenden Kapitalstock kann ein Arbeitnehmer produktiv sein. Ausreichende Investitionen in den physischen Kapitalstock sind deshalb eine Grundvoraussetzung für die Produktivität einer Volkswirtschaft, also den

Mehrwert, den Arbeitnehmer mit einem gegebenen Arbeitseinsatz schaffen. Aber auch Investitionen immaterieller Art, also in die Qualifikation der Arbeitnehmer oder neue Produktionsprozesse, sind von zentraler Bedeutung, um die Produktivität zu verbessern.

Volkswirtschaften stehen im globalen Wettbewerb. Der Erfolg in diesem Wettbewerb hängt in ganz zentraler Weise davon ab, wie sich die Produktivität und damit die komparativen Vorteile der eigenen Wirtschaft entwickeln. Niedrige Investitionen können deshalb langfristig einen Wettbewerbsverlust bedeuten, der die Volkswirtschaft irgendwann zu Strukturanpassungen zwingt. Genau das sehen wir in den europäischen Krisenländern. So hatte Portugal beispielsweise noch vor 20 Jahren eine große Textilindustrie, die viel Beschäftigung im Land schuf. Mit einer dynamischeren Produktivitätsentwicklung in Asien und Osteuropa verlor Portugal diesen komparativen Vorteil. Viele Unternehmen mussten schließen und ihre Arbeitnehmer entlassen. Das Land hat schwer mit den notwendigen Strukturanpassungen, also dem Aufbau neuer Industrien, in der eigenen Volkswirtschaft zu kämpfen, um Beschäftigung zu schaffen.

Das Gleiche gilt für Deutschland, das über die Jahrzehnte riesige strukturelle Veränderungen durchlebt hat. Die Fähigkeit einer Volkswirtschaft, in diesem Prozess zu bestehen und den Wohlstand der eigenen Gesellschaft nicht nur zu sichern, sondern zu verbessern, erfordert eine hohe Flexibilität und Dynamik der Wirtschaft und Wirtschaftspolitik, vor allem aber materielle und immaterielle Investitionen.

Nicht jede Investition ist per se gut für ein Unternehmen oder eine Volkswirtschaft. Länder wie Spanien verzeichneten vor der globalen Finanzkrise 2008/2009 einen Investitionsboom, der kurzfristig viel Wachstum und Wohlstand im Land schuf. Wir wissen heute jedoch, dass viele dieser Investitionen nicht sinnvoll waren, sondern in Projekten wie regionale Flughäfen, Brücken und Straßen landeten, die kaum jemand braucht und nutzt. Ohne eine gesunde Investitionstätigkeit sind wirtschaftliche Dynamik und die Sicherung von Wachstum und Wohlstand aber langfristig unmöglich.

Gerade hier liegt heute die große Schwäche der deutschen Wirtschaft und der Wirtschaftspolitik. Die Investitionen sind von 23 % der Wirtschaftsleistung Anfang der 1990er-Jahre zunächst auf 20 % im Jahr 2000 und weiter auf heute knapp 17 % gefallen. Damit liegen wir deutlich unter der durchschnittlichen Investitionsquote aller Länder der OECD – also der Industrieländer – von 20 % (siehe Abb. 17 und 18).

Es sind viele Begründungen denkbar, die eine solche Entwicklung rechtfertigen könnten. Generell sind viele Investitionen Ersatzinvestitionen. Sie sollen sicherstellen, dass der existierende und für die Produktion notwendige Kapitalstock aufrechterhalten werden kann. Wenn also nur wenig zusätzliche Investitionen notwendig sind, um diesen Kapitalstock zu erhalten, dann ist eine geringe Investitionsquote ausreichend, um die Leistungsfähigkeit der Wirtschaft aufrechtzuerhalten. Deutschland steht jedoch bei den Nettoanlageinvestitionen, die solche Ersatzinvestitionen herausrechnen, im internationalen Vergleich ebenfalls relativ schlecht da. Natürlich ist ein Vergleich über Länder hinweg immer schwierig und mit Einschränkungen verbunden. Fakt ist jedoch, dass deutsche Investitionen nicht nur vor dem Beginn der globalen Finanzkrise 2008, sondern auch in den vergangenen Jahren im Vergleich zu anderen Industrieländern vergleichsweise schwach gewesen sind.

Man muss zwischen Ausrüstungs- und Bauinvestitionen unterscheiden. Die zweiten sind vor allem Gebäude, die für den gewerblichen oder privaten Gebrauch notwendig sind. Ausrüstungsinvestitionen dagegen sind solche, die sehr viel spezifischer auf den Produktionsprozess ausgerichtet sind, also beispielsweise eine Anschaffung oder Aufrüstung von Maschinen.

Beide Investitionsarten sind seit Anfang der 1990er-Jahre stark gefallen. Hierbei muss man sicherlich berücksichtigen, dass die Bauinvestitionen durch die Wiedervereinigung während der ersten Hälfte der 1990er-Jahre sehr hoch waren. Bemerkenswert ist jedoch, dass auch die Ausrüstungsinvestitionen von 11% im Jahr 1991 auf heute knapp 7% gefallen sind. Zwar sind die Preise für Investitionsgüter in den letzten 20 Jahren ebenfalls gefallen, was niedrigere Investitionen rechtfertigen könnte. Da dies auf alle Länder zutrifft, ändert es nichts an der Tatsache, dass Deutschland im internationalen Vergleich deutlich zurückgefallen ist und eine niedrigere Investitionsquote aufweist als die meisten Industrieländer.

Die niedrigen Investitionen in Deutschland spiegeln sich auch in der Stagnation des Kapitalstocks wider. Seit 2001 nimmt der Wert des Kapitalstocks der deutschen Industrie ab, obwohl die Wirtschaftsleistung im gleichen Zeitraum gewachsen ist. Zu berücksichtigen ist, dass es sicherlich große Unterschiede zwischen den verschiedenen Sektoren der Volkswirtschaft sowie den einzelnen Regionen gibt. Und es ist nicht ganz einfach, diese Unterschiede zu identifizieren. Die Daten zeigen jedoch, dass selbst in den größten und wichtigsten Industriesektoren der deutschen Volkswirtschaft der Wert des Kapitalstocks verfällt: Vier der fünf größten deutschen Industriesektoren, wie die Chemieindustrie und der Maschinenbau, haben heute einen niedrigeren Kapitalstock in Deutschland als noch Anfang der 2000er-Jahre. Nur im Bereich des Fahrzeugbaus ist der Kapitalstock gestiegen. Hier hat er sogar ganz enorm zugelegt – von knapp 40 Milliarden Euro im Jahr 1991 auf heute ca. 65 Milliarden. Eine weitere wichtige Entwicklung ist die steigende Bedeutung des Dienstleistungssektors. Immer mehr Investitionstätigkeit findet in diesem Bereich statt – vor allem in den IT- und Informationsdienstleistungen, aber auch in anderen Dienstleistungssektoren gab es seit 1991 deutliche Zuwächse des Kapitalstocks.

Eine wichtige Unterscheidung muss zwischen materiellen und immateriellen Investitionen gemacht werden. Vor allem immaterielle Investitionen sind häufig schwer zu messen, weil Statistiken diese noch immer nur unzureichend ausweisen. Kaum eine Volkswirtschaft ist jedoch so stark wissens- und forschungsintensiv wie die deutsche. Fast 15% der Wertschöpfung der deutschen Volkswirtschaft werden im Bereich der Hoch- und Spitzentechnologien erzielt. Im Vergleich: In den anderen Ländern der Europäischen Union und den USA ist diese Wertschöpfung nur halb so groß oder geringer.

Betrachtet man aber die Entwicklung der immateriellen Investitionen und des immateriellen Kapitalstocks in Deutschland in den vergangenen 20 Jahren, so wird deutlich, dass diese eher enttäuschend ist. So ist der immaterielle Kapitalstock in Deutschland sowohl im Bereich der Forschung und Entwicklung als auch des Organisationskapitals den jüngsten verfügbaren Daten zufolge zwischen 1995 und 2007 nur um knapp 30% gewachsen. Andere europäische Länder wie Frankreich und Großbritannien, aber auch vor allem der in vielen der wissensintensiven Industrien starke Wettbewerber USA, haben ihren immateriellen Kapitalstock deutlich stärker aufgebaut. Vor allem der Unterschied zu den USA ist mittlerweile bemerkenswert hoch (siehe Abb. 19).

Ein weiterer Punkt, an dem die Investitionsschwäche Deutschlands offensichtlich wird, sind die öffentlichen Investitionen. Die Bruttoinvestitionen des deutschen Staates betrugen 2011 nur 1,6% der Wirtschaftsleistung. In der Europäischen Union insgesamt dagegen lag diese Quote bei 2,5%. Und selbst in den angelsächsischen Ländern, wo der Anteil des öffentlichen Sektors an der Wirtschaft relativ gering ist, liegt diese Quote bei über 2%. Deutschland ist nahezu Schlusslicht, was die öffentlichen Bruttoinvestitionen unter den Industrieländern betrifft – nur Österreich liegt noch hinter uns (siehe Abb. 20).

All diese Zahlen sind mit Vorsicht zu behandeln. Denn viele Ausgaben des Staates, die wir als Investitionen bezeichnen würden, werden in den Statistiken anders behandelt. So zählen Bildungsausgaben beispielsweise in der volkswirtschaftlichen Gesamtrechnung nicht zu den öffentlichen Investitionen. Aber selbst bei diesen wichtigen Ausgaben steht Deutschland im internationalen Vergleich relativ schlecht da. Auf diesen Punkt werden wir in den folgenden Kapiteln zurückkommen (siehe Abb. 21).

Welche Folgen hat diese Investitionsschwäche des Staates? Sie führt in erster Linie dazu, dass der öffentliche Kapitalstock langfristig unter den mangelnden öffentlichen Investitionen leiden wird. Dazu gehört vor allem die Infrastruktur, die in den meisten Fällen öffentliches Eigentum ist, also Straßen, Brücken, Wasserwege, Schienennetze, Stromnetze und Teile der Kommunikationsinfrastruktur. Auch öffentliche Gebäude, wie beispielsweise Schulen und andere Ausbildungsstätten, Bauland und weitere Nutzflächen sind Teil des öffentlichen Kapitalstocks.

Ein dritter Bestandteil ist das Finanzvermögen. Dies können Beteiligungen an Unternehmen oder andere Finanztitel sein. An dieser Stelle sei erwähnt, dass Länder mit einem geringen öffentlichen Kapitalstock hohe Investitionen tätigen müssen, um diesen allmählich aufzubauen, um den Bürgern Leistungen ermöglichen zu können. Deshalb ist die Unterscheidung zwischen öffentlichen Investitionen und dem öffentlichen Kapitalstock wichtig.

Die Entwicklung des öffentlichen Kapitalstocks zeigt seit den 1990er-Jahren einen besorgniserregend negativen Trend auf. So ist der Wert der öffentlichen Infrastruktur von knapp 50 % der jährlichen Wirtschaftsleistung im Jahr 1999 auf weniger als 40 % im Jahr 2011 gefallen. Zwar ist das Geld- und Finanzvermögen des deutschen Staates auch gestiegen, gleichzeitig jedoch auch die Verbindlichkeiten: Sie kletterten zwischen 1999 und 2011 von 60% auf über 80%. Der Wert des Vermögens sank, die Schulden stiegen: Insgesamt ist das Nettovermögen – also sozusagen das Eigenkapital des deutschen Staates – damit von 20% der Wirtschaftsleistung im Jahr 1999 auf heute praktisch null gefallen. In den letzten 15 Jahren gingen also 500 Milliarden Euro an öffentlichem Nettovermögen verloren. Damit steht dieses Nettovermögen nicht mehr zur Verfügung, um den Bürgern Leistungen zu bieten. Andererseits bedeuten die hohen Staatsschulden auch höhere steuerliche Belastungen für die Bürger der Zukunft. Kurzum, wir haben das Nettovermögen des deutschen Staates komplett aufgebraucht und leben nun von der Substanz. Die folgenden Kapitel werden einige spezifische Beispiele herausgreifen und zeigen, wo sich diese Substanzprobleme bemerkbar machen.

Was bedeuten sowohl die Abnahme des öffentlichen und privaten Kapitalstocks als auch die niedrigen Investitionen in Deutschland? Wie oben beschrieben, sind ein ausreichender Kapitalstock und gesunde Investitionen von zentraler Bedeutung für den langfristigen Wohlstand der Gesellschaft. Berechnungen des DIW Berlin zeigen, dass die Investitionslücke in Deutschland heute 3% der Wirtschaftsleistung oder 80 Milliarden Euro jährlich beträgt. Diese Berechnungen der Investitionslücke stammen aus einer Statistik, die die Bestimmungsfaktoren von Investitionsverhalten verschiedener Volkswirtschaften berücksichtigt. Sie spiegelt auch die Differenz zur Investitionsquote in Europa und anderen Industrieländern wider.

Eine Konsequenz der niedrigen Investitionen und der hohen Investitionslücke von heute 3% der Wirtschaftsleistung ist, dass sich die totale Faktorproduktivität, also die Produktivitätsentwicklung der Faktoren Arbeit und Kapital, seit Ende der 1990er-Jahre fast halbiert hat – von über 1,1% auf 0,6% heute. Hätte es diese dreiprozentige Investitionslücke in Deutschland nicht gegeben, so hätte das Pro-Kopf-Wachstum in Deutschland beispielsweise in den Jahren 2005 bis 2008 nicht bei 1,5 % gelegen, sondern bei über 2,5 %. Die Konsequenz ist klar: Höhere Investitionen führen zu größerem Produktivitätswachstum, was wiederum das Wirtschaftswachstum und damit Löhne und Einkommen der Arbeitnehmer verbessert (siehe Abb. 22 und 23).

Diese Resultate belegen, dass Deutschland heute sehr viel besser dastehen könnte – nicht nur im Vergleich zu anderen Industrieländern, sondern absolut gesehen. Die deutsche Wirtschaftsleistung und damit auch die Einkommen der Menschen in Deutschland wären höher. Viele der Misserfolge und Schattenseiten, die wir in den vorangehenden Kapiteln beschrieben haben, gäbe es nicht oder sie wären zumindest nicht so gravierend, wie sie sind.

Die identifizierte Investitionslücke von 3 % der Wirtschaftsleistung oder 80 Milliarden Euro jährlich klingt enorm. Diese Zahl ist jedoch nicht so gravierend und kann von der deutschen Wirtschaft getragen werden. Dieses Kapitel hat gezeigt, dass sowohl private als auch öffentliche Investitionen in Deutschland zu niedrig sind. In welchen Bereichen liegen diese Schwächen und wo genau muss Deutschland investieren? Die öffentliche Diskussion dreht sich immer wieder um die Verkehrsinfrastruktur, den Bildungsbereich und die Energiewende. Genau diese werden wir am Ende dieses Kapitels detailliert vorstellen.

Deutschland, der Sparweltmeister

Deutschland ist nicht nur Exportweltmeister, sondern auch Sparweltmeister. Kaum ein Industrieland hat eine solch hohe private Sparquote. Sie liegt gegenwärtig bei knapp 24 % der deutschen Wirtschaftsleistung. Dies bedeutet, dass gesamtwirtschaftlich von 100 Euro, die die Wirtschaft an Leistungen produziert, 24 Euro von privaten Unternehmen und privaten Haushalten gespart werden. Wieso ist es wichtig, auch diese Perspektive in der Analyse zu berücksichtigen?

In einer Volkswirtschaft gibt es einen wichtigen Zusammenhang zwischen Investitionen und Sparverhalten. Eine mögliche Erklärung der im letzten Kapitel diskutierten Investitionslücke liegt in den fehlenden Finanzmitteln. In der Tat muss ein Unternehmen, um Investitionen tätigen zu können, entweder die Finanzmittel aus eigener, also ersparter Kraft, oder über Kredite aufbringen. Das Gleiche gilt für die privaten Haushalte. Wenn man sich jedoch die langfristige Entwicklung der Spar- und der Investitionsquote in Deutschland anschaut, dann sieht man, dass die niedrigen Investitionen in Deutschland nicht durch eine niedrige Sparquote erklärt werden können.

Im Jahr 2000 hat die deutsche Wirtschaft knapp 20 % der Wirtschaftsleistung für Investitionen verwandt und gleichzeitig weitere 20 % der Wirtschaftsleistung als Ersparnis angelegt. Dies bedeutet, dass das von privaten Haushalten und Unternehmen Ersparte in anderen Teilen der deutschen Volkswirtschaft als Investition verwendet wurde. Gesamtwirtschaftlich war die deutsche Volkswirtschaft deshalb im Jahr 2000 weder auf zusätzliches Kapital aus dem Ausland angewiesen, noch hatte sie einen Überschuss an Erspartem, den sie an das Ausland verleihen konnte. Diese Nettoersparnis wird im Fachjargon als die Leistungsbilanz bezeichnet und war im Jahr 2000 ausgeglichen.

Dies hat sich in den letzten 15 Jahren dramatisch verändert: Heute sammelt Deutschland eine riesige Nettoersparnis von 200 Milliarden Euro jährlich an, das entspricht knapp 7 % der Wirtschaftsleistung. Wie oben beschrieben fiel die Investitionsquote kontinuierlich von 20 % im Jahr 2000 auf heute 17 %. Die private Sparquote dagegen unterlag einem gegenläufigen Trend und registrierte während dieses Zeitraums einen Anstieg von 20 % auf 24 %.

Interessant ist das Verhalten der deutschen Unternehmen und privaten Haushalte. In der Regel funktioniert eine Volkswirtschaft so, dass vor allem die privaten Haushalte sparen, als Vorsorge für die Zukunft. Die Unternehmen hingegen verschulden sich in der Regel. Sie investieren mehr, als sie sparen, um wachsen und damit profitabel sein zu können. Das Überraschende ist jedoch, dass die Sparquote der Unternehmen in Deutschland seit Anfang der 2000er-Jahre höher ist als die Investitionsquote. Deutsche Unternehmen haben in den letzten zehn Jahren riesige Finanzvermögen aufgebaut. Es gibt in Deutschland eine wissenschaftliche Kontroverse über dieses Verhalten. Konsens herrscht darüber, dass viele Unternehmen um die Jahrtausendwende herum zu hohe Schulden aufgetürmt hatten und diese deutlich reduzieren mussten. Aber eine solche Überschuldung liegt seit Langem nicht mehr vor, denn mittlerweile haben deutsche Unternehmen enorm hohe Finanzvermögen akkumuliert.

Ein ähnliches Bild zeigt sich bei den privaten Haushalten in Deutschland: Auch ihre Nettoersparnisse sind in den letzten Jahren deutlich angestiegen. Dafür gibt es sicherlich viele gute Gründe, vor allem wird die private Vorsorge angesichts einer alternden Gesellschaft immer wichtiger. Gerade in unsicheren Zeiten, etwa während der globalen Finanzkrise oder der gegenwärtigen europäischen Krise, wollen sich Privatpersonen durch höhere Ersparnisse absichern. Aber die sogenannte »Niedrigzinsphase«, in der die Sparzinsen auf festverzinsliche Anleihen sehr niedrig sind, stellt Menschen vor die Frage, wie sie diese Vorsorge für die Zukunft gestalten sollen.

Gesamtwirtschaftlich gesehen kann der Grund für die niedrigen Investitionen in Deutschland also nicht in fehlenden binnenwirtschaftlichen Ersparnissen liegen. Im Gegenteil: Die Ersparnisse sind hoch und steigen weiter. Deutschland erhöht seine Nettoersparnisse jedes Jahr, da es sehr viel mehr exportiert als importiert und so netto neue Forderungen an ausländische

Investoren und Staaten aufbaut. Hohe Nettoersparnisse sind für eine Volkswirtschaft per se weder richtig noch falsch. Wie gezeigt, kann eine Volkswirtschaft die eigene Wirtschaftsproduktion entweder für privaten und öffentlichen Konsum nutzen, investieren oder sparen. Deutschland legt gesamtwirtschaftlich eine klare Priorität auf Letzteres. Dies bedeutet, dass Deutschland mit den hohen Ersparnissen und niedrigen Investitionen auf heutigen Wohlstand verzichtet, um mit Vermögensbildung einen höheren Wohlstand in der Zukunft zu ermöglichen.

Haben sich die Erwartungen einer Wohlstandsvermehrung erfüllt? Hat die deutsche Volkswirtschaft erfolgreich Vermögen aufgebaut, um zukünftigen Wohlstand nicht nur zu sichern, sondern auch zu erhöhen? Wie gut haben deutsche Unternehmen und Haushalte ihr Erspartes, ihr Vermögen, angelegt? Wie gut war die Rendite, die sie damit erzielen konnten? Die Antwort ist mehr als ernüchternd: Deutschland hat in den vergangenen 20 Jahren gesamtwirtschaftlich große Teile seines Vermögens verloren. Deutsche Unternehmen und Privatpersonen haben seit 1999 knapp 400 Milliarden Euro oder 17% der jährlichen Wirtschaftsleistung zunichte gemacht. Hätten sie ihre Nettoersparnisse seit 1991 jedes Jahr im Ausland ohne jede Rendite angelegt, so hätte Deutschland heute ein Nettoauslandsvermögen von fast 60% der Wirtschaftsleistung oder 1600 Milliarden Euro. Jedoch beträgt das tatsächliche Nettoauslandsvermögen nur knapp 1200 Milliarden Euro. Diese 400 Milliarden Euro Differenz sind der Verlust, den die gesamte Volkswirtschaft seit 1991 im Ausland gemacht hat. Umgerechnet entspricht dies für den gleichen Zeitraum einem Verlust von 5000 Euro für jeden deutschen Bürger oder 20000 Euro für eine vierköpfige Familie (siehe Abb. 24).

Wie sind diese Verluste zustande gekommen? Einen Teil dieser Gelder haben deutsche Investoren während der globalen Finanzkrise 2008/2009 und der europäischen Krise seit 2010 verloren. Aber es wäre zu einfach, die hohen Verluste nur auf diese beiden Finanzkrisen zu schieben. Denn auch in anderen Perioden, wie während vieler Jahre in den 1990ern, haben deutsche Investoren Nettoverluste realisiert. Vor allem in der zweiten Hälfte der 1990er-Jahre kauften viele deutsche Unternehmen beispielsweise Technologieunternehmen in den USA zu völlig überhöhten Preisen, was nach dem Platzen der Technologieblase 2000 bis 2002 zu hohen Verlusten führte. Gegenwärtig hört man in Deutschland immer wieder die Klage, dass vor allem Investitionen in den europäischen Krisenländern zu hohen Verlusten geführt hätten. Aber das ist nur die halbe Wahrheit: Es stimmt, auch in den Krisenländern verloren deutsche Investoren – aber ebenso im Rest der Welt. Wenn man sich die Verteilung der in den vergangenen zwei Jahrzehnten angehäuften Verluste nach Ländern und Regionen anschaut, dann haben deutsche Unternehmen und Investoren in den allermeisten Regionen Verluste realisiert.

Wichtig ist, sich auch die Nettoverluste genau anzuschauen. Sie entstehen, wenn die Rendite, die deutsche Investoren mit ihren Auslandsanlagen erzielen, geringer ist als die Rendite, die ausländische Investoren in Deutschland erwirtschaften. In den vergangenen 20 Jahren waren vor allem Direktinvestitionen ausländischer Investoren in deutsche Unternehmen höchst profitabel – profitabler als in den meisten anderen Industrieländern. So konnte ein ausländischer Investor mit Direktinvestitionen in Deutschland in diesem Zeitraum im Durchschnitt eine Rendite von fast 15 % erzielen. Deutsche Investoren erwirtschafteten mit ihren Direktinvestitionen im Ausland lediglich 10 % Rendite (siehe Abb. 25–28).

Eine Berechnung der Nettorenditen auf deutsche Auslandsinvestitionen pro Jahr zeigt, dass deutsche Investoren in fast jedem einzelnen Jahr der letzten beiden Jahrzehnte niedrigere Renditen auf ihr Vermögen im Ausland erwirtschafteten als Ausländer in Deutschland. Zwischen 1993 und 1999 betrug diese negative Rendite −2,9 %, zwischen 2000 und 2006 − 0,5 % und zwischen 2007 und 2012 −1,0 % (siehe Abb. 29).

Ein ähnliches Bild ergibt sich, wenn man die in verschiedenen Ländern erzielten Renditen auf Investitionen über verschiedene Länder miteinander vergleicht, beispielsweise indem man das Wachstum berechnet, das jeder investierte Euro an Investitionen in einer Volkswirtschaft generiert. Dieser sogenannte ICOR (incremental capital output ratio) zeigt, dass in den 2000er-Jahren in Deutschland getätigte Investitionen zu den rentabelsten gehörten (siehe Abb. 30).

Es stellt sich daher die Frage, wieso die Investitionen deutscher Unternehmen in Deutschland so niedrig waren, wenn sie doch eine wesentlich höhere Rendite boten als die stattdessen getätigten Auslandsinvestitionen. Eine mögliche Erklärung wäre, dass die Investitionen deutscher Unternehmen und Finanzanleger im Ausland ganz anderer Art sind als die, die Ausländer in Deutschland tätigen. In der Tat ist es so, dass deutsche Investoren im Ausland eher riskantere Anlageformen wählen – etwa Bankkredite oder Direktinvestitionen. Ausländische Investoren in Deutschland halten dagegen in der Regel relativ sichere Anleihen, vor allem deutsche Staatsanleihen.

Was bedeutet dies? Prinzipiell verlangt jeder Investor eine höhere Rendite für eine riskantere Anlageform. Höheres Risiko bedeutet, dass eine Investition in guten Jahren eine relativ höhere und in schlechten Jahren eine relativ niedrigere Rendite bietet als eine sichere Anlage. Deutsche Investoren sollten also langfristig auf ihre relativ riskanten Investitionen eher eine höhere Rendite erzielen als ausländische Investoren auf ihre sichereren Anlageformen.

Genau das sehen wir etwa bei den US-Investitionen: Zwar haben amerikanische Investoren während der globalen Finanzkrise Nettoverluste erlitten, langfristig jedoch haben sie hohe Nettorenditen auf ihre Nettoauslandsvermögen erzielt. Ökonomen reden deshalb von einem »exorbitanten Privileg«, das die Amerikaner in guten Zeiten haben, und einer »exorbitanten Pflicht«, die sie in Krisenzeiten haben. Deutsche Auslandpositionen haben eine sehr ähnliche Struktur wie die USA. Dies bedeutet, dass Deutschland langfristig auch eine hohe Nettoauslandsrendite hätte erzielen sollen und nicht wie geschehen eine negative Rendite beziehungsweise hohe Nettoverluste.

Wieso waren deutsche Investoren, Unternehmen und private Haushalte so enorm schlecht darin, ihre hohen Ersparnisse und Vermögen im Ausland rentabel anzulegen? Zwei Punkte sind wichtig, um die Antwort zu finden. Der erste ist, dass die Rendite sehr stark von der Fähigkeit der jeweiligen Investoren abhängt, gute Investitionsmöglichkeiten im Ausland zu identifizieren. Viele US-amerikanische Banken und Finanzinstitutionen sind global aufgestellt und eng verflochten. Dies hat US-amerikanischen Unternehmen und privaten Haushalten ermöglicht, gute Investitionsmöglichkeiten profitabel zu nutzen.

Für Deutschland scheint dies anders auszusehen. Die hohen Verluste vieler deutscher Banken auf ihre Auslandsinvestitionen während der globalen Finanzkrise zeigen, dass viele das falsche Geschäftsmodell hatten und dass es an der notwendigen Erfahrung mangelte, solche Auslandsinvestitionen rentabel zu tätigen.

Ein zweiter wichtiger Punkt dieser Analyse ist: Deutsche Investoren lagen mit ihren Renditeerwartungen im Ausland in den letzten 20 Jahren falsch. Obwohl man in Deutschland im internationalen Vergleich äußerst rentabel investieren konnte, waren diese Investitionen nicht nur sehr niedrig, sondern sind sogar gefallen. Unternehmen und Wirtschaftspolitik müssen kritisch hinterfragen, wie eine Wiederholung dieser Fehlallokation deutscher Investitionen in Zukunft verhindert werden kann.

Der Verfall der Verkehrsinfrastruktur

Die Probleme der deutschen Verkehrsinfrastruktur wurden in den letzten Jahren sehr intensiv und kontrovers diskutiert. In vielen Investitionsbereichen ist es für den Normalbürger schwierig, die Schwächen und Lücken zu erkennen. Nicht so bei der Verkehrsinfrastruktur. Fast jeder hat eigene Erfahrungen mit maroden Straßen, Brücken oder Bahnlinien gemacht. Viele hören die Klagen der Unternehmen, deren Kosten durch Probleme in der Verkehrsinfrastruktur steigen. In der Tat ist eine leistungsfähige Verkehrsinfrastruktur von fundamentaler Bedeutung für eine offene und dynamische Volkswirtschaft. Gerade durch seine zentraleuropäische Lage und seine stark international verflochtene Volkswirtschaft benötigt Deutschland ein leistungsfähiges Verkehrssystem.

Aber was bedeutet das konkret? Wo muss die Verkehrsinfrastruktur verbessert werden, und wie viel wird es kosten? Eine Reihe von Studien, auch vom DIW Berlin, zeigt, dass Deutschland heute eine Investitionslücke von mehr als zehn Milliarden Euro jährlich in der Verkehrsinfrastruktur hat. Wir müssten also zehn Milliarden Euro mehr investieren, um unsere Infrastruktur zu erhalten und zu verbessern. Da diese Investitionen nicht erfolgen, wird einerseits die Qualität der bestehenden Verkehrsinfrastruktur immer schlechter. Andererseits werden bereits bestehende Engpässe durch die erforderlichen Erweiterungen nicht behoben. Wie werden diese Zahlen berechnet?

Diese Zahlen stammen aus Berechnungen der Altersstruktur des Vermögensbestandes der existierenden Verkehrsinfrastruktur in Deutschland. Aber auch im internationalen Vergleich steht Deutschland im Bereich der Investitionen in die Verkehrsinfrastruktur schlecht da. Als internationale Zielgröße gelten jährliche Investitionen von 1% der Wirtschaftsleistung. So empfiehlt es beispielsweise die OECD. Länder mit einer schwachen Infrastruktur benötigen zum Ausbau teilweise noch höhere Summen, für andere mit einer guten Verkehrsinfrastruktur sollten sie ausreichend sein. Deutschland investiert zurzeit aber nur etwa 20 Milliarden Euro oder 0,75 % seiner Wirtschaftsleistung in seine Verkehrsinfrastruktur. Die deutsche Verkehrsinfrastruktur ist zwar generell recht groß, ihre Qualität nimmt jedoch bereits seit vielen Jahren deutlich ab.

Der Wert der deutschen Verkehrsinfrastruktur liegt bei rund 780 Milliarden Euro, ist also von beträchtlicher Größe und Bedeutung für die deutsche Volkswirtschaft. Deutschland hat über 12 800 Kilometer Autobahnen, 39 700 Kilometer Bundesstraßen, ca. 600 000 Kilometer Landes-, Kreis- und Gemeindestraßen, 33 600 Kilometer Bundesschienenwege und 7300 Kilometer Bundeswasserstraßen. Knapp die Hälfte des Vermögenswertes der Verkehrswege liegt in der Verantwortung des Bundes, die andere Hälfte verteilt sich auf Länder, Kreise und Gemeinden.

Die Qualität dieser Verkehrsinfrastruktur hat sich deutlich verschlechtert. Rund 20 % der Autobahnstrecken und 41 % der Bundesstraßen gelten als qualitativ problematisch. Bei den Autobahnbrücken hat fast die Hälfte den gültigen Warnwert überschritten. Dies ist nicht überraschend, denn die Investitionen sind seit knapp 20 Jahren rückläufig. Nach einem Jahrzehnt mit recht hohen Infrastrukturinvestitionen in Westdeutschland in den 1980er-Jahren sind vor allem die Investitionen in Straßen und Brücken deutlich zurückgegangen, von über zwölf Milliarden Euro jährlich Anfang der 1990er-Jahre auf heute unter zehn Milliarden Euro. Die Investitionen in anderen Bereichen haben sich in den letzten Jahren stabilisiert, so beispielsweise bei den Schienennetzen, wo Investitionen seit 2005 real zwischen 2,3 und 2,7 Milliarden Euro liegen, wie auch bei den Bundeswasserstraßen. Nicht nur die Investitionen des Bundes, sondern vor allem auch die Investitionen in die Verkehrsinfrastruktur von Ländern, Kreisen und Kommunen sind in den letzten beiden Jahrzehnten deutlich gefallen (siehe Abb. 31–33).

Immer mehr Unternehmen beklagen den Verfall der deutschen Verkehrsinfrastruktur und sehen die Attraktivität des deutschen Wirtschaftsstandorts deshalb gefährdet. Was muss getan werden, um diesem Trend entgegenzuwirken? Zum einen muss der sogenannte Ersatzbedarf gedeckt werden. Das sind die Investitionen, die dem Erhalt der Infrastruktur dienen. Berechnungen des DIW Berlin zeigen, dass hierfür jährlich zusätzliche 3,8 Milliarden Euro benötigt werden. Als zweite Komponente kommt der Nachholbedarf hinzu: Mängel, die durch in den vergangenen Jahren und Jahrzehnten unterlassene Ersatzinvestitionen entstanden sind, benötigen zusätzliche Investitionen. Schätzungen zufolge werden dafür über einen Zeitraum von 15 Jahren jährlich 2,65 Milliarden Euro benötigt.

Bei der dritten Komponente handelt es sich um erforderliche Erweiterungen. Eine sich verändernde Volkswirtschaft stellt wachsende Anforderungen an die Verkehrsinfrastruktur: Durch erhöhte Nachfragen entstandene Engpässe müssen behoben oder einem veränderten Mobilitätsbedarf muss Rechnung getragen werden. Für solche Erweiterungsinvestitionen sowie für Fahrzeuge der Anbieter des öffentlichen Verkehrs müssten Schätzungen zufolge jährlich mindestens 3,5 Milliarden Euro zusätzlich zur Verfügung gestellt werden. Addiert man diese drei Komponenten zusammen, sind also mindestens zehn Milliarden Euro jährlich an zusätzlichen Investitionen in Deutschlands Verkehrsinfrastruktur notwendig.

Die große und schwierige Frage ist, wie das Schließen der Investitionslücke von zehn Milliarden Euro jährlich finanziert werden soll. Fast die komplette Verkehrsinfrastruktur ist in öffentlicher Hand. Wenn dies so bleiben soll, muss der Staat den Großteil der zusätzlichen Investitionen von zehn Milliarden Euro finanzieren. Die Bundesregierung hat in ihrer Koalitionsvereinbarung 2013 beschlossen, dass der Bund für die gesamte Legislaturperiode zusätzliche fünf Milliarden Euro – also ca. 1,25 Milliarden Euro jährlich – für die Verkehrsinfrastruktur zur Verfügung stellen will. Dies füllt nur einen Bruchteil der Investitionslücke, zumal nach Berechnungen des sogenannten »Wegekostengutachtens« des Bundes wegen der niedrigeren Zinskosten auch die Mautgebühren für Lkws sinken müssen. Das wird die Einnahmen um 600 bis 800 Millionen Euro im Jahr reduzieren und Teile dieses zusätzlichen Budgets aufzehren. Völlig offen ist die Frage, wie die Länder, Kreise und Gemeinden ihren Teil der Investitionslücke in den kommenden Jahren füllen wollen.

Das Problem des Substanzverfalls der deutschen Verkehrsinfrastruktur ist allseits bekannt. Auch die Politik ist sich des Problems bewusst. Jedoch fehlt nach wie vor ein ausgewogenes, schlüssiges Konzept, wie das Investitionsproblem behoben werden kann. Es gibt hierfür verschiedene Finanzierungsmodelle und -optionen. Eine Möglichkeit sind Veränderungen auf der Einnahmenseite, beispielsweise durch eine Ergänzung der bestehenden Lkw-Maut, Einführung einer Pkw-Maut oder die Erweiterung existierender Mautnetze. Aber auch andere Formen der Nutzergebühren – etwa Wasserstraßenabgaben oder Trassenpreise – sollten zu einem solchen Finanzierungskonzept gehören. Nutzergebühren können dazu beitragen, die Überlastung der Verkehrsinfrastruktur zu verringern und damit die Kosten für die Instandhaltung zu reduzieren. Theoretisch denkbar wäre zusätzlich, die Verwendung verkehrsträgerspezifischer Steuern oder Abgaben wie Energie- und Kraftfahrzeugsteuer für solche Zwecke festzuschreiben.

Als Fazit: Es ist unstrittig, dass die Verkehrsinfrastruktur zwar gut ausgebaut ist, jedoch die Qualität seit Langem abnimmt. Wir benötigen deutlich höhere Investitionen, allein um den Wert und die Qualität der existierenden Infrastruktur zu gewährleisten. Die Investitionslücke in der Verkehrsinfrastruktur beläuft sich auf geschätzte zehn Milliarden Euro jährlich oder mehr. Dies mag nach einer großen Summe klingen, jedoch sind dies nur 0,4 % der jährlichen Wirtschaftsleistung, also eine Größenordnung, die von einer so großen Volkswirtschaft wie der deutschen leicht zu stemmen sein sollte, wenn es dafür einen politischen und gesellschaftlichen Willen gibt.

Die Bildungslücke

Ein zweiter wichtiger Bereich, in dem sich die mangelnden Investitionen stark auswirken, ist der Bildungssektor. Auch wenn dieser Bereich in der strikten volkswirtschaftlichen Gesamtrechnung nicht zu den Investitionen gerechnet wird, so zeigen sich doch eine große Lücke und ein großer Aufholbedarf. Es ist gar nicht so leicht, die Investitionslücke genau zu quantifizieren und zu bestimmen, wie viel an zusätzlichen Investitionen in Deutschland im Bildungsbereich in den kommenden Jahren getätigt werden sollten. Der internationale Vergleich ist auch hier sehr aufschlussreich. Industrieländer investieren durchschnittlich 6,2 % ihrer Wirtschaftsleistung in Bildung, vom Elementarbereich (vor Schulbeginn) bis hin zum Tertiärbereich. Deutschland hingegen investiert hier nur 5,3 % seiner Wirtschaftsleistung. Dies sind 0,9 % oder knapp 25 Milliarden Euro jährlich weniger als bei anderen OECD-Ländern. Unter den westeuropäischen Ländern gibt nur Italien noch weniger für seinen Bildungsbereich aus als Deutschland.

Diese Summe ist sicherlich – absolut betrachtet – beträchtlich. Berücksichtigt man jedoch, dass Deutschland im Jahr 2009 ein Bildungsbudget von 165 Milliarden Euro hatte, dann relativiert sich die Summe etwas. Zudem sind die öffentlichen Ausgaben für Bildung zwischen 1995 und 2009 um 24 Milliarden Euro gestiegen. Trotzdem hinkt Deutschland im internationalen Vergleich deutlich hinterher (siehe Abb. 34).

Was diese Zahlen nicht berücksichtigen, sind die Effizienz

und Effektivität der Bildungsausgaben. Nur weil der deutsche Staat weniger Geld für Bildung ausgibt, muss das nicht heißen, dass die Qualität des Bildungssystems gezwungenermaßen schlechter ist als in anderen Industrieländern. Viele wissenschaftliche Studien analysieren die Bildungsrenditen verschiedener öffentlicher Bildungsausgaben. Die einflussreiche Arbeit des Nobelpreisträgers James Heckman und seiner Koautoren zeigt eindeutig, dass Ausgaben für frühkindliche Bildung die höchsten Renditen im gesamten Bildungssektor erzielen. Je früher also ein Euro in die Bildung eines Kindes investiert wird, desto höher ist generell gesprochen die mit ihm erzielte Rendite.

Dies bedeutet nicht, dass Ausgaben für Universitäten keine Renditen für eine Gesellschaft generieren würden. Aber eine höhere Rendite erwirtschaften sie meist, wenn sie im frühkindlichen Bereich und im Elementar- oder Primärbereich getätigt werden. Das hat vor allem zwei wichtige Gründe: Bildungsinvestitionen in frühkindliche Förderangebote erhöhen die Selbstproduktivität von Fähigkeiten. Die in sehr jungem Alter erlangten Fähigkeiten sind häufig die Voraussetzung dafür, dass ein Mensch seine Fähigkeiten mit zunehmendem Alter ausbauen kann. Wenn diese Chance verpasst wurde, sind die Entwicklungsmöglichkeiten eines Menschen sehr viel beschränkter. Damit ist auch die Rendite für die Gesellschaft niedriger. Zudem gibt es eine wichtige Komplementarität von verschiedenen beruflichen Fähigkeiten, die Bildungsinvestitionen über den gesamten Lebensverlauf eines Menschen erfordern. Hiermit können Bildungsinvestitionen gesellschaftlich die größten Renditen erzielen.

Angesichts der großen Bedeutung der frühkindlichen Bildung ist es bemerkenswert, dass viele Länder hier noch immer sehr wenig investieren. Im Durchschnitt zahlen alle OECD-Länder für den frühkindlichen Bildungsbereich rund 0,3 % ihrer Wirtschaftsleistung, Deutschland sogar nur 0,1 %. Allerdings hat sich vor allem im frühkindlichen Bereich in den letzten Jahren in Deutschland wirklich viel getan. So haben Bund, Länder und Kommunen in den Ausbau von Kindertagesstätten investiert, mit dem Ziel, jedem Kind ab dem zweiten Lebensjahr einen Platz garantieren zu können. Trotzdem besteht weiterhin großer Bedarf an öffentlichen Investitionen.

Die Empfehlungen für die Bildungspolitik sind vielfältig und können hier in Kürze nicht annähernd ausreichend behandelt werden. Wissenschaftliche Studien deuten wiederholt darauf hin, dass die Qualität der Bildung von zentraler Bedeutung ist, um die Rendite von Bildungsinvestitionen zu erhöhen. Dies bedeutet beispielsweise, dass es nicht nur darum gehen kann, jedem Kind einen Kitaplatz zu garantieren. Das Ziel muss auch sein, die Qualität dieses Bildungsangebots deutlich zu verbessern, zum Beispiel durch eine gezielte Weiterbildung von Fachkräften. Zudem zeigt sich, dass hauptsächlich Kinder aus bildungsfernen und sozial schwächeren Familien stark von solchen Bildungsangeboten profitieren. Das macht die gesellschaftliche Rendite dieser Investitionen besonders hoch und wertvoll.

Hinsichtlich der Finanzierung muss über neue Wege nachgedacht werden, um sowohl die Breite als auch vor allem die Qualität des Bildungsangebots zu verbessern. Eine stärkere Beteiligung des Bundes an der Finanzierung der Kindertagesbetreuung ist ebenfalls erstrebenswert. Auch ein verbesserter und gleichberechtigter Wettbewerb für alle qualitätsgeprüften Anbieter und eine stärkere Einbeziehung zentraler Zielgruppen sind wichtige Elemente einer bildungspolitischen Strategie.

In die Energiewende investieren

Die Energiewende ist ohne Frage eines der größten wirtschaftspolitischen Experimente und eine der größten Herausforderungen unserer Generation. Nach dem atomaren Desaster im japanischen Fukushima im Jahr 2011 beschloss die Bundesregierung einen beschleunigten Ausstieg aus der Kernenergie und forcierte die Umsetzung der bereits 2010 gesetzten Ziele für den Ausbau von erneuerbaren Energien und die Verbesserung der Energieeffizienz. Es ist wichtig, sich bewusst zu machen, dass die Energiewende ein Experiment ist. Es gibt keine Erfahrungen mit einer solchen wirtschaftspolitischen Maßnahme, weder in Deutschland noch global. Deutschland ist unter den Vorreitern bei der Entwicklung, Produktion und Anwendung vieler dieser Technologien. Dadurch trägt es einen größeren Anteil der Lerninvestitionen, hat aber auch die Möglichkeit, große wirtschaftliche Vorteile zu erschließen, wenn sich diese Investitionen als erfolgreich erweisen sollten.

Es gibt viele unbekannte Größen bei diesem Unterfangen. Wir wissen nicht, wie sich die Technologien in den verschiedenen Bereichen der erneuerbaren Energien entwickeln werden. Eine zweite zentrale Frage in der gegenwärtigen Debatte über die Reform des Erneuerbare-Energien-Gesetzes (EEG) ist, wie die wirtschaftspolitischen Eingriffe und Anreize marktkompatibel gemacht werden. In anderen Worten, es ist enorm wichtig, dass private Investoren und Haushalte die Führung bei der Energiewende annehmen und umsetzen. Es bleibt offen, wie die enormen Investitionen, die notwendig sind, damit die Energiewende ein Erfolg wird, finanziert werden können.

Gegenwärtig bereitet die Energiewende große Sorgen. Konsumenten fürchten einen Anstieg der Stromkosten, Unternehmen um ihre globale Wettbewerbsfähigkeit und die Politik, dass die Ziele der Energiewende zu ambitioniert und die Versorgungssicherheit gefährdet sein könnten. Diese Bedenken müssen ernst genommen werden. Die sehr emotional geführte Diskussion wird jedoch mit einer zu kurzfristigen Perspektive geführt. Die langfristigen Chancen der Energiewende für Deutschland und seinen Wirtschaftsstandort sind enorm. Die gegenwärtige Reformdiskussion muss deshalb diese langfristige Perspektive sehr viel stärker berücksichtigen. Dazu gehört auch, dass wir nicht ignorieren, dass die Klimapolitik und die Verringerung von CO_2-Emissionen ganz zentrale Ziele der Energiewende sind. Es ist wenigen bewusst, dass Deutschland unter den großen europäischen Ländern das Land mit den höchsten Pro-Kopf-Emissionen an Treibhausgasen ist. Wir sind daher noch weit davon entfernt, unsere Ziele und Ambitionen zu realisieren.

Die Eckpunkte der langfristigen Ziele der Energiewende sind klar. Der Anteil erneuerbarer Energien am gesamten Bruttoendenergieverbrauch soll von derzeit 11% auf mindestens 18% im Jahr 2020 steigen und auf 60% im Jahr 2050. Die Stromerzeugung aus erneuerbaren Energien soll einen Anteil von 35% im Jahr 2020 und von 80% im Jahr 2050 erreichen. Auch wenn diese Eckdaten die meiste Aufmerksamkeit in der Debatte um die Energiewende bekommen, so darf man nicht ignorieren, dass gleichzeitig die Energieeffizienz eine ganz wichtige Komponente ist. So soll der Primärenergieverbrauch bis 2050 um 50% gegenüber 2008 sinken.

Dies sind zweifelsohne ambitionierte Ziele. Sie können nur erreicht werden, wenn in den nächsten Jahren und Jahrzehnten die Investitionstätigkeit im Bereich der erneuerbaren Energien massiv erhöht wird. Welche zusätzlichen Investitionen werden benötigt? Ein erster wichtiger Bereich sind Investitionen in die Technologie und Anlagen der Strom- und Wärmeerzeugung. Solche Investitionen sind in den letzten zehn Jahren massiv gestiegen, von weniger als zehn Milliarden Euro im Jahr 2004 auf heute ca. 20 Milliarden Euro. Obwohl die erforderlichen Investitionen in Forschung und Entwicklung sehr schwer zu messen und zu prognostizieren sind, können wir mittlerweile einschätzen, was an zusätzlichen Anlagen für die Strom- und Wärmeerzeugung in den kommenden Jahren notwendig ist. Damit die Ziele bis 2020 erreicht werden können, muss Deutschland bis 2020 jährlich zwischen 17 und 19 Milliarden Euro investieren (siehe Abb. 35).

Ein zweiter wichtiger Bereich sind die Stromnetze, also die Übertragungs- und Verteilnetze. Die Einspeisung findet zum größten Teil über Verteilnetze statt, wogegen der großräumige Stromtransport über die Übertragungsnetze erfolgt. Die Schwierigkeit ist – und hier wird kontrovers diskutiert –, dass erneuerbare Energie häufig dort produziert wird, wo die Nachfrage gering ist und die Energie über größere Strecken transportiert werden muss. Auch die große Vielfalt der erneuerbaren Energiequellen macht den Einspeiseprozess komplex. Nach Berechnungen der Deutschen Energie-Agentur (dena) gibt es einen Investitionsbedarf in die Verteilnetze von insgesamt 18,4 Milliarden Euro zwischen 2010 und 2020, oder jährlich durchschnittlich 1,8 Milliarden Euro. Dazu kommen weitere 4,3 Milliarden Euro pro Jahr bis 2020, die in Übertragungsnetze an Land und auf See investiert werden müssen. Insgesamt sind also Investitionen in die Stromnetze von knapp 6,1 Milliarden Euro notwendig (siehe Abb. 36).

Ein dritter für das Gelingen der Energiewende wichtiger Bereich ist die Systemintegration erneuerbarer Energien. Dies bedeutet, dass die verschiedenen Formen der Energieerzeugung systemkompatibel gemacht werden müssen. Dazu gehören Investitionen in Energiespeicher, die Flexibilisierung thermischer Kraftwerke, nachfrageorientierte Maßnahmen und ein aktives Einspeisemanagement. Wie hoch die Kosten für die Systemintegration sein werden, ist immer noch sehr unsicher. Schätzungen zufolge erfordert dies jedoch Investitionen von fast einer Milliarde Euro pro Jahr.

Der vierte Bereich umfasst die energetische Gebäudesanierung. Ziel der Energiewende ist, wie erwähnt, nicht nur ein starker Anstieg der erneuerbaren Energien, sondern auch eine deutliche Effizienzverbesserung und eine Reduktion des Primärenergieverbrauchs. Gebäude verbrauchen in Deutschland 40 % der gesamten Energieproduktion und sind für ein Drittel der CO_2-Emissionen verantwortlich. Bereits im Jahr 2011 lagen die Ausgaben für die energetische Sanierung von Gebäuden bei ca. 25 Milliarden Euro. Hiervon entfielen auf energiebedingte Mehrkosten rund sieben bis zehn Milliarden Euro. Um das vorgegebene Ziel einer Reduktion des Primärenergiebedarfs von 20 % bis 2020 erreichen zu können, wird die gegenwärtige Sanierungsrate von Gebäuden deutlich erhöht werden müssen, auf ca. 3 % aller Gebäude jährlich. Deshalb müssen auch die Investitionen in die energetische Gebäudesanierung in den kommenden Jahren deutlich steigen, nämlich auf ca. 13 Milliarden Euro jährlich (siehe Abb. 37).

Hierbei spielt die Finanzierungsunterstützung der Kreditanstalt für Wiederaufbau (KfW) eine ganz wichtige Rolle. Allein im Jahr 2010 hat die KfW Investitionen zur Sanierung von Wohngebäuden mit knapp sieben Milliarden Euro unterstützt. Auch die 2014 diskutierten steuerlichen Anreize, zum Beispiel für Teilsanierungen, sind eine sinnvolle, wenn auch nicht günstige wirtschaftspolitische Maßnahme, die erwogen werden muss, um diese Ziele zu erreichen.

Wenn man diese vier Bereiche – Anlagen und Technologie, Stromnetze, Systemintegration und energetische Gebäudesanierung – zusammennimmt, dann hat Deutschland bis zum Jahr 2020 einen jährlichen Investitionsbedarf zwischen 31 und 38 Milliarden Euro. Um es noch mal klar zu unterstreichen: Damit die bereits gemachten Vorgaben und Ziele der Energiewende erfüllt werden können, sind solche Investitionen unabdingbar.

Diese Zahlen mögen den Eindruck wecken, dass die Energiewende vor allem ein großer Kostenfaktor ist. Sie stellt aber auch eine große Chance für Deutschland dar. Gelingt sie, kann die deutsche Wirtschaft in diesem Bereich global die Führung übernehmen und sich durch Innovation und Technologieentwicklung ein weiteres Standbein aufbauen.

Deshalb ist eine wichtige Frage, wie die Energiewende die gesamte deutsche Wirtschaft in den nächsten Jahren und Jahrzehnten beeinflussen wird. Bereits heute sind in Deutschland durch die Energiewende viele Unternehmen entstanden, die es sonst nicht gegeben hätte. Heute arbeiten fast 400 000 Arbeitnehmer in Deutschland im Bereich der erneuerbaren Energien. Und dies sind nur die Arbeitsplätze, die direkt durch die Produktion von Anlagen, Forschung und Entwicklung, Netzwerke oder andere Dienstleistungen entstanden sind. Dazu kommen viele andere Jobs, etwa bei Zulieferern, die indirekt durch die Energiewende geschaffen wurden. Es gibt sicherlich auch Schattenseiten. Die gegenwärtigen Schwierigkeiten der Solarbranche zeigen die Risiken der Energiewende. Trotzdem gilt es zu betonen, dass die Energiewende bisher Beschäftigung geschaffen hat und dies auch in Zukunft tun wird (siehe Abb. 38 und 39).

Ein zweiter, makroökonomischer Aspekt der Energiewende ist die Frage, wie sie sich langfristig auf die deutsche Wirtschaftsleistung auswirken wird. Simulationen des DIW Berlin zeigen, dass im Jahr 2020 die Wirtschaftsleistung der gesamten deutschen Volkswirtschaft 2,8 % höher sein wird als im Jahr 2000 – allein durch die Investitionen und Umsetzung der Energiewende. Neue Investitionen in Technologie, Anlagen, Forschung und Entwicklung sowie andere Bereiche bedeuten zunächst einmal einen positiven Nachfrageimpuls. Wenn sich diese Investitionen als erfolgreich herausstellen, wird sich dies auch auf die Angebotsseite, also auf die Größe und Produktivität der Volkswirtschaft, auswirken. Natürlich ist es wegen der Unsicherheiten und möglichen Verdrängungseffekte extrem schwierig, genaue Prognosen zu den gesamtwirtschaftlichen Effekten abzugeben. Trotzdem gibt es gute Argumente dafür, dass langfristig die Energiewende das Wachstum und die Dynamik der deutschen Volkswirtschaft verbessern wird.

Ein weiterer wirtschaftlicher Vorteil der Energiewende ist, dass Deutschland seine hohe Abhängigkeit von der Einfuhr fossiler Brennstoffe wie Öl und Gas deutlich reduzieren kann.

Noch importiert Europa jedes Jahr 350 Milliarden Euro an fossilen Brennstoffen. Die Energiewende sollte langfristig einen großen Teil dieser Importe überflüssig machen und damit auch die politische und wirtschaftspolitische Abhängigkeit von Ländern wie Russland oder dem Mittleren Osten deutlich reduzieren.

Den positiven Aspekten und Chancen der Energiewende stehen Kosten und Risiken gegenüber. Viele der gegenwärtigen Bedenken sind sicherlich gerechtfertigt. Sie darf die Wettbewerbsfähigkeit der deutschen Wirtschaft nicht schädigen und die Versorgungssicherheit nicht gefährden, denn dies würde gleichzeitig die Ziele der Energiewende unerreichbar machen. Viele Diskussionsbeiträge beruhen jedoch auf falschen Fakten und Annahmen.

So muss Deutschlands wirtschaftliche Wettbewerbsfähigkeit durch die Energiewende nicht gefährdet sein. Wenigen ist bewusst, dass der Großhandelspreis für Energie in Deutschland derzeit niedriger ist als in den USA, das mit seinen Schiefergasvorkommen enorm große, neue Ressourcen erschließt. Dies bedeutet, dass die energieintensiven deutschen Unternehmen, die von der EEG-Umlage, also der Abgabe auf den Energieverbrauch, um erneuerbare Energien zu fördern, ausgenommen sind, keinen Wettbewerbsnachteil haben. Zudem liegt für die restlichen 92 % der industriellen Produktion der Anteil der Energiekosten am Umsatz im Durchschnitt bei 1,6 %, stellt also keinen entscheidenden Kostenfaktor dar. Es gibt sicherlich auch in diesen Sektoren Unternehmen, die deutlich stärker betroffen sind und für die man Wege finden muss, um ihre Wettbewerbsfähigkeit zu schützen. Jedoch ist es eine wichtige Kernbotschaft, dass für die große Mehrzahl der Unternehmen in Deutschland der Faktor Energiekosten nicht über die Zukunftschancen entscheidet.

Eine weitere, sehr reale Gefahr ist, dass Deutschland durch eine verfehlte Energiepolitik seine Vorreiterrolle im Bereich der erneuerbaren Energien gefährdet. Studien des DIW Berlin zeigen, dass Deutschland von einigen asiatischen Ländern sowie den USA hinsichtlich Technologie bereits eingeholt oder sogar überholt wurde. Eine verzögerte Umsetzung der Energiewende oder halbherzige Reformen gefährden Deutschlands Vorreiterrolle, erhöhen die Kosten und reduzieren die Chancen, wirtschaftliche Vorteile daraus zu ziehen.

Als Fazit: Die Energiewende kann nur durch sehr viel höhere Investitionen von privaten Akteuren gelingen. Dies erfordert bessere Rahmenbedingungen und Anreize seitens der Politik. So bedarf es im Bereich der energetischen Gebäudesanierung angemessener Zertifizierungen und ergänzender Finanzierungskonzepte. Für energieintensive Industrien brauchen wir eine spezifische Förderung der innovativen Technologien und eine Reform des europäischen Emissionshandels. Im Stromsektor müssen die angedachten Reformen des EEG regulatorische Risiken vermeiden und unvollständige Vertragsmärkte berücksichtigen, sodass breite Gruppen von Investoren beteiligt werden können.

All dies sind wichtige Herausforderungen für die neue Bundesregierung. Zudem muss sie diese Reform nicht nur in Deutschland, sondern auch auf EU-Ebene voranbringen. Ein Zögern, ein Verzögern oder eine bruchstückhafte Umsetzung der Reformen gefährden Deutschlands Vorreiterrolle und führen langfristig zur Abwanderung von Investitionen und Innovationen in andere Regionen der Welt.

Was kann die Wirtschaftspolitik tun?

Deutschland hat eine riesige Investitionslücke. Sie spiegelt sich in vielen Bereichen der Wirtschaft und des öffentlichen Lebens wider. Man kann sicherlich über die Größe und die spezifische Zusammensetzung dieser Investitionslücke diskutieren und streiten. Jedoch steht es außer Frage, dass diese Investitionslücke der deutschen Wirtschaft in den letzten beiden Jahrzehnten geschadet hat. Ich habe gezeigt, dass es in erster Linie diese Investitionsschwäche ist, die für die Schwachpunkte und die enttäuschende Entwicklung der deutschen Wirtschaft in den letzten beiden Jahrzehnten verantwortlich ist.

Wichtiger als diese Vergangenheitsbetrachtung ist jedoch die Frage, was die Investitionsschwäche für unsere Zukunft bedeutet. Denn es sind die Investitionen, die wir heute tätigen, die die Produktivität, die Dynamik, das Wirtschaftswachstum, das Einkommen und den Wohlstand der Zukunft bedeuten. Investitionen brauchen häufig viele Jahre, um sich positiv auf eine Volkswirtschaft auszuwirken. Am offensichtlichsten ist dieser Punkt im Bereich der Bildung, wo einer Gesellschaft die Investitionsrenditen häufig erst in einem oder mehreren Jahrzehnten zugutekommen. Aber auch andere Investitionen, wie beispielsweise in die Verkehrsinfrastruktur, entfalten ihre volle Wirkung erst nach mehreren Jahren.

Es ist deshalb höchste Zeit, dass Deutschland seine Investitionsschwäche angeht und den Investitionsrückstand aufholt, um das Wirtschaftswachstum und den Wohlstand Deutschlands in der Zukunft zu sichern. Die Berechnungen des DIW Berlin zeigen, dass ein Schließen der deutschen Investitionslücke von 3% oder 80 Milliarden Euro jährlich das Trendwachstum in Deutschland von gegenwärtig um 1% um mehr als die Hälfte auf 1,6% erhöhen würde (siehe Abb. 40).

Es ist wichtig, dass Deutschland jetzt die Weichen für ein Schließen der Investitionslücke stellt, denn die Früchte und Erfolge solcher Investitionen brauchen Zeit. Angesichts derzeit günstiger Finanzierungsmöglichkeiten des Staates und zu erwartender leichter Überschüsse im öffentlichen Haushalt hat die Bundesregierung – trotz Schuldenbremse – genügend Spielraum, um öffentliche Investitionen zu tätigen, die die Zukunft des Wirtschaftsstandorts Deutschland sichern. Zudem würde eine aktive Investitionsagenda auch kurzfristig positive Nachfrageeffekte auslösen, was vor allem das Wirtschaftswachstum Deutschlands unterstützen würde.

Wichtig ist jedoch die Frage, wie die Politik eine erhöhte private Investitionstätigkeit in Deutschland in Gang setzen und die Investitionslücke mittelfristig schließen kann. Zum einen wird eine verstärkte öffentliche Investitionstätigkeit in Bereichen wie Bildung und Verkehrsinfrastruktur die inländischen Produktionsbedingungen verbessern. Die erhöhte Standortattraktivität kann dann als treibender Faktor für private Investitionen wirken. Neben diesen indirekten Investitionsstimulanzien müssen die direkten Maßnahmen in Betracht gezogen werden, mit welchen der Staat positiv auf die Investitionstätigkeit im Privatsektor Einfluss nehmen kann.

Kurzfristig ließe sich die steuerliche Attraktivität von Investitionen durch Verbesserung der Abschreibungsbedingungen, eine Senkung der tariflichen Steuersätze oder eine symmetrische Behandlung von Gewinnen und Verlusten erhöhen. Kontraproduktiv sind Steuererhöhungen. Sie erhöhen die Risikokosten der Unternehmen (Substanzbesteuerung) und lösen zusätzlichen Verwaltungs- und Befolgungsaufwand aus. Eine Senkung der tariflichen Steuersätze ist fiskalisch teuer, selbst wenn man »Selbstfinanzierungseffekte« durch zusätzliche Investitionen und Wertschöpfung berücksichtigt. Daher bietet sich aus unserer Sicht insbesondere eine Überprüfung der Abschreibungsbedingungen sowie der Verlustverrechnungsmöglichkeiten an.

Der zusätzliche Investitionsbedarf ist über die wirtschaftlichen Sektoren hinweg sehr unterschiedlich. Anhaltspunkte dafür, wie Anreize für höhere Investitionen im jeweiligen Unternehmenssektor geschaffen werden können, lassen sich aus der Branchenstruktur der Investitionslücke im Unternehmenssektor gewinnen. So kann aus der Gegenüberstellung von sektoralen Investitionen und sektoraler Wertschöpfung die sektorale

Investitionsquote und durch Gegenüberstellung der deutschen Investitionsquote mit der der Eurozone die sektorale Investitionslücke ermittelt werden. Das Gesamtausmaß des jeweiligen sektoralen Investitionsrückstands über einen Zeitraum hinweg ergibt sich durch Aufsummierung der jährlichen Investitionslücken.

Für die Periode 1999 bis 2007 findet sich für fast alle Bereiche des Unternehmenssektors ein deutlicher Investitionsrückstand. Neben der Energie- und Wasserversorgung sind es die Sektoren Verkehr und Kommunikation, verarbeitendes Gewerbe, Bau- und Immobilienwirtschaft, die einen besonders niedrigen Investitionspfad aufweisen. Der Umfang der deutschen Investitionslücke sowie das Ausmaß und die Rangfolge der sektoralen Lücken variieren jedoch in Abhängigkeit von dem gewählten Zeitraum und dem genutzten Ansatz.

Deutschland ist eines der Länder mit den höchsten privaten Forschungs- und Entwicklungsausgaben. Sie liegen bei über 2 % der Wertschöpfung. Das ist inzwischen eine höhere Quote als in den USA und in den meisten europäischen Ländern. Die staatliche Förderung von Forschung und Entwicklung (FuE) für Unternehmen basiert in Deutschland traditionell auf einer Projektförderung mit Zuschüssen. Analysen zeigen, dass in den letzten Jahren sowohl deutsche als auch ausländische multinationale Unternehmen zunehmend in deutsche FuE investiert haben.

Darüber hinaus zeigt sich, dass kleine und mittlere Unternehmen in besonderem Maße auf die Kooperation mit Hochschulen und Forschungseinrichtungen angewiesen sind. Die Ausweitung der technologieoffenen Projektförderung hat zu einer Intensivierung des Wissenstransfers beigetragen. Die Förderung von FuE und Innovation ist auch in Zukunft eine zentrale wirtschaftspolitische Aufgabe. Anzuraten ist, dass Deutschland auf dem erfolgreichen Weg der Projektförderung bleibt und auf eine zusätzliche steuerliche Förderung verzichtet.

Auch das menschliche Risikoverhalten spielt für Investitionen eine wichtige Rolle. Innovation erfordert häufig nicht nur hohe Forschungs- und Entwicklungsausgaben, sondern auch großen Wagemut von Unternehmen und Unternehmern, denn nicht jede Investition in Forschung und Entwicklung zahlt sich aus. Ein solcher Mut zum Risiko ist gesellschaftlich wünschenswert. Der Staat sollte solches Verhalten – in Maßen – fördern. Er sollte Menschen ermutigen, sich selbständig zu machen und unternehmerisches Risiko einzugehen. Deshalb ist eine staatliche Förderung von Gründungen neuer Unternehmen prinzipiell sinnvoll.

Allerdings ist nach der letzten Reform des Gründungszuschusses Ende 2011 das Gründungsgeschehen auf das niedrigste Niveau seit der Wiedervereinigung gefallen. Gleichzeitig gibt es in Deutschland einen Mangel an schnell wachsenden Unternehmen. Vor diesem Hintergrund gilt es, sowohl die institutionellen Rahmenbedingungen zur Unternehmensgründung als auch die gesamte Gründungsförderung auf den Prüfstand zu stellen und die Ausgestaltung der Förderinstrumente sowohl in der Breite als auch in der Spitze neu zu diskutieren.

In Bezug auf die Investitionen bleibt der Knackpunkt die Finanzierung. Für große Investitionsvorhaben ist es häufig schwierig, ausreichend privates Kapital zu finden. Dies gilt vor allem für sogenanntes Risikokapital, das Jungunternehmern die Chance gibt, innovative Ideen zu realisieren. Die Wirtschaftspolitik kann und sollte Einfluss darauf nehmen, dass sich private Investoren in ausreichendem Maße mit Eigenkapital an langfristigen Investitionsprojekten beteiligen. Infrastrukturprojekte wie Offshore-Windparks oder Stromtrassen müssen sich auf einen hohen Anteil an Eigenkapitalfinanzierung stützen können. Eine Möglichkeit ist, dass Private-Equity-Fonds, also solche Finanzinvestoren, die bewusst in innovative, aber auch riskante Projekte investieren, eine stärkere Rolle bei solchen Investitionen spielen.

Ein weiterer Bestandteil der Fremdfinanzierung könnten nachrangige Anleihen sein. Diese fließen nicht unmittelbar in die Jahresverluste mit ein, behalten also ihren Zinsanspruch. Im Falle der Insolvenz werden sie jedoch nachrangig bedient. Eigenkapitalinvestitionen bilden das Rückgrat dieser Finanzierungsmodelle. Deswegen sollte die Scheu vor privaten Investoren, und auch sogenannten »Heuschrecken« (Private-Equity-Investoren), abgelegt und deren Potenzial zur Eigenkapitalfinanzierung genutzt werden. Hilfreich könnte dabei ein »runder Tisch« mit Vertretern der Politik und unterschiedlicher Investorenklassen sein.

II DIE ZWEITE ILLUSION

Deutschland braucht Europa und den Euro nicht

5 Wieso wir den Euro geschaffen haben

Europa befindet sich in seiner schwersten wirtschaftlichen und politischen Krise seit den 1940er-Jahren. In vielen europäischen Ländern und Regionen herrscht tiefe Massenarbeitslosigkeit. Jeder vierte Erwachsene in Spanien und Griechenland sucht nach Beschäftigung, bei den unter 20-Jährigen ist es sogar jeder zweite. Das Wirtschaftswachstum ist eingebrochen, sodass die Volkswirtschaften Italiens und Spaniens heute fast 10 % kleiner sind als zu Anfang 2008.

Ganze Wirtschaftssektoren sind zusammengebrochen, viele Unternehmen bankrott. Regierungen sind der Zahlungsunfähigkeit nahe und können viele Sozialleistungen nicht mehr bereitstellen, sei es im Gesundheitssektor, beim Wohngeld oder der Arbeitslosenunterstützung. Die Krise trifft vor allem die sozial Schwächsten und junge Europäer am härtesten und erweist sich als sehr langlebig. Auch wenn die Volkswirtschaften Südeuropas im Jahr 2014 nicht weiter schrumpfen, ist eine nachhaltige Erholung noch lange nicht in Sicht. Heute ist klar, dass viele Länder Europas die fast sechs Jahre ununterbrochener Krise mit ein, wenn nicht sogar zwei verlorenen Jahrzehnten bezahlen werden. Die Wahrscheinlichkeit steigt, dass eine ganze Generation ihre Zukunftschancen verliert.

Welcher Weg führt aus der Krise hinaus? Was müssen nationale und europäische Institutionen und Regierungen tun? Diese Fragen werden in ganz Europa äußerst kontrovers diskutiert. In Deutschland sehen viele im Euro einen Hauptschuldigen der Krise. Wie konnte es nach 60 Jahren starken wirtschaftlichen Wachstums und Stabilität zu einer so tiefen europäischen Krise kommen, während andere Regionen der Welt sich positiv entwickeln?

Wir müssen uns einer offenen und kritischen Debatte über die Zukunft Europas stellen, um Antworten auf diese Fragen zu finden. Für eine konstruktive Diskussion müssen wir verstehen, wie wir in diese Krise gekommen sind. Wir werfen einen Blick zurück in die Vergangenheit und ergründen, wieso Europa den Weg der wirtschaftlichen und politischen Integration eingeschlagen hat und wie es zur Schaffung des Euro kam.

Grundlage der europäischen Integration

Der in den 1950er-Jahren begonnene europäische Integrationsprozess war in erster Linie politischer Natur. Seine Grundlage war der nach dem Zweiten Weltkrieg vorherrschende Wunsch, einen nachhaltigen Frieden zu schaffen. Ein erneuter europäischer Krieg sollte unmöglich gemacht werden. Die wachsende Erkenntnis, dass jedes einzelne Land für sich zu klein und unbedeutend sei, um seinen Einfluss in der Welt langfristig behaupten und geltend machen zu können, drängte die Regierungen zu stärkerer Integration und Kooperation. Nur ein geeintes Europa mit gemeinsamen Positionen und Institutionen, so die Vorstellung, könne langfristig die Interessen der europäischen Nationen global effektiv vertreten.

Die europäische Integration hatte von Anfang an eine starke wirtschaftspolitische Komponente: Ein vereintes Europa kann erfolgreicher Wohlstand für seine Bürger schaffen als jedes Land isoliert für sich selbst – so die seit den 1950er-Jahren vorherrschende Vision. Die ersten europäischen Integrationsschritte erfolgten durch die Schaffung der Europäischen Gemeinschaft für Kohle und Stahl (Montanunion) 1952 und der Europäischen Wirtschaftsgemeinschaft (EWG) Ende der

1950er-Jahre. Im Lauf der Jahre kamen eine gemeinschaftliche Landwirtschaftspolitik, gefolgt von gemeinsamer Industriepolitik vieler verschiedener Sektoren, verbesserte Wettbewerbspolitik und -regulierung und zuletzt die Schaffung eines gemeinsamen Markts für Güter und Dienstleistungen hinzu. Die Anzahl der Länder, die sich am europäischen Integrationsprozess beteiligen, stieg von anfangs sechs (Belgien, Deutschland, Frankreich, Italien, Luxemburg und Niederlande) auf 28 Länder im Jahr 2014.

Die Kooperation zwischen souveränen Nationen, in Fachkreisen »Intergouvernmentalismus« genannt, wurde jedoch über die Jahre immer schwieriger, da der Integrationsprozess sowie die damit verbundenen Fragen und Herausforderungen immer komplexer wurden. Dies führte zur Schaffung europäischer Institutionen, die die Interessen aller europäischen Nationen berücksichtigen und sie miteinander in Einklang bringen sollten.

Damit verbunden war die Abgabe und Übertragung nationaler Souveränität. Heute tragen die Europäische Kommission und andere europäische Institutionen die Verantwortung für viele wirtschaftspolitische Bereiche, etwa die Industrie- und Wettbewerbspolitik, die Handelspolitik, die Landwirtschaft und zunehmend für die Finanzmärkte und Regulierung von Finanzinstitutionen.

Der europäische Wechselkursmechanismus als Vorläufer des Euro

Der Zusammenbruch des Systems fixer Wechselkurse, des sogenannten Bretton-Woods-Systems, Anfang der 1970er-Jahre beschleunigte den europäischen Integrationsprozess erheblich und führte letztlich zur Schaffung des Euro im Jahr 1999. Die meisten Industrieländer hatten nach dem Zweiten Weltkrieg ihre Währungen gegenüber anderen Währungen fixiert. Dieses System geriet ab Mitte der 1960er-Jahre immer stärker unter Druck. Eine expansive Geldpolitik der USA, die den Vietnam-Krieg finanzieren sollte, wurde zum Problem. Ende der 1960er- und Anfang der 1970er-Jahre entstand ein großer Abwertungsdruck auf den US-Dollar. Der zusätzliche Verlust von Goldreserven führte zur Entscheidung von US-Präsident Richard Nixon, den US-Dollar aus dem System herauszunehmen.

Ohne die größte Volkswirtschaft USA und ihrer globalen Leitwährung machte es für viele Länder wenig Sinn, sich weiterhin an das System fixer Wechselkurse zu binden. Stabile Wechselkurse sind wichtig für Handel und Kapitalströme. Änderungen im Wechselkurs machen es für Unternehmen enorm schwierig, Kosten und Einnahmen für die Produktion ihrer Güter zu berechnen.

In den 1970er-Jahren wurden einige Versuche unternommen, ein neues System fixer Wechselkurse zu schaffen. Aber sie waren nicht von Erfolg gekrönt, zumal der Beginn der ersten Ölkrise 1974 einen Währungsschock verursachte. Da ein globaler Mechanismus fehlte, musste Europa einen regionalen Mechanismus schaffen, um die Währungen zu stabilisieren und die negativen Effekte volatiler Wechselkurse auf das Wachstum zu reduzieren. Das Ende des Bretton-Woods-Systems war eine Chance für Europa. Man begann, ein eigenes System zu entwickeln, das die Finanzmarktpolitik enger miteinander koordinierte, die Integration Europas vorantrieb und auf andere wirtschaftspolitische Bereiche ausdehnte.

Die europäischen Finanzminister und Zentralbankgouverneure versuchten deshalb in den 1970er-Jahren durch eine Reihe von Systemen – zuerst mit der sogenannten Schlange, darauf folgte dann der Wechselkursmechanismus (Exchange Rate Mechanism oder ERM) –, die europäischen Wechselkurse zu stabilisieren beziehungsweise sie in einer bestimmten Spanne zu halten. In manchen Zeiten funktionierte dies gut. Finanzmarktakteure forderten die Zentralbanken jedoch zunehmend heraus, indem sie Gegenpositionen zu ihnen in den Finanzmärkten einnahmen und es ihnen dadurch schwermachten, ihre währungspolitischen Ziele zu erreichen. Durch dieses spekulative Verhalten von Finanzmarktakteuren kam es zu regelmäßigen Anpassungen der Wechselkurskorridore. Trotzdem traten in den 1980er- und 1990er-Jahren immer mehr Länder dem gemeinsamen Wechselkursmechanismus bei, denn die Vorteile stabiler Wechselkurse für die einheimische Wirtschaft überwogen zumeist.

Die monetäre Dominanz Deutschlands und der Bundesbank

Deutschland nahm in diesem System fixer Wechselkurse und der Koordinierung der Geldpolitik in Europa eine privilegierte Position ein. Es hatte nicht nur eine der größten und dynamischsten Volkswirtschaften Westeuropas, sondern mit der Deutschen Mark auch eine der stärksten und stabilsten Währungen. Deren Stärke und Stabilität waren in erster Linie das Resultat der glaubwürdigen und erfolgreichen Geldpolitik der Deutschen Bundesbank. Als eine Institution mit einer sehr viel höheren Unabhängigkeit als die der meisten anderen Zentralbanken der Welt verfolgte die Bundesbank über viele Jahrzehnte einen rigorosen Kurs der monetären Stabilität.

Diese Geldpolitik führte zu dem, was als »deutsche monetäre Dominanz« bezeichnet wurde. Die Bundesbank bestimmte durch ihren großen Einfluss nicht nur die Geldpolitik für Deutschland immer mehr, sondern auch für andere europäische Länder. In einem zunehmend integrierten Europa, in dem Kapital immer freier über nationale Grenzen hinweg floss, konnte die Bundesbank ihre Geldpolitik auf die Bedürfnisse der deutschen Volkswirtschaft ausrichten. Den Zentralbanken anderer Länder fehlte diese Fähigkeit. Sie mussten sich der Geldpolitik der Bundesbank anpassen und ihr recht eng folgen. Versuchten die anderen Zentralbanken, sich dem Bundesbank-Kurs zu verweigern, zogen Investoren ihr Kapital ab, brachten die schwächeren Währungen unter Druck und zwangen dadurch die Zentralbanken zum Handeln. Die anderen Länder und Zentralbanken konnten ihre Geldpolitik nicht mehr nur auf die Bedürfnisse der eigenen Volkswirtschaft ausrichten, sondern mussten die Zinssätze und Entwicklungen in der Geldmenge zwischen den Nationen koordinieren, die am europäischen Wechselkursmechanismus teilnahmen. Eine solche Anpassung stellte kein Problem dar, solange die verschiedenen Volkswirtschaften sich relativ ähnlich entwickelten. Das Problem der Koordinierung wurde akut, als die wirtschaftlichen Entwicklungen auseinanderliefen.

Die deutsche Wiedervereinigung 1990 veränderte das ökonomische und geldpolitische Gleichgewicht Europas grundlegend. Während sich viele europäische Länder 1990 und 1991 in einer Rezession befanden und deshalb Zinsen sowie geldpolitische Bedingungen in ihren Ländern lockern wollten, löste die Wiedervereinigung in Deutschland einen ökonomischen Boom aus, der einen zunehmenden Inflationsdruck verursachte. Die Bundesbank sah sich daher gezwungen, die Zinsen zu erhöhen. Dies führte zu einem geldpolitischen Konflikt und Dilemma innerhalb des Wechselkurssystems. Durch ihre monetäre Dominanz entschied die Bundesbank effektiv über die Geldpolitik und die Zinsen in ganz Europa. Dies zwang andere Länder trotz Rezession, ihre Zinsen zu erhöhen und damit die wirtschaftliche Leistungsfähigkeit ihrer Volkswirtschaften weiter zu verschlechtern. Investoren fuhren deshalb spekulative Attacken gegen die schwächeren Währungen des Systems. Eine konträre Haltung zu den Zentralbanken sollte deren Willen testen, die schwachen Währungen im ERM zu halten.

Der europäische Wechselkursmechanismus beruhte auf einer Reihe von Regeln und Absprachen. Dazu gehörte die Zusicherung aller Zentralbanken, bei Bedarf einzugreifen, um das Währungssystem zu stabilisieren. Wenn also das britische Pfund im System unter Druck geriet, war es sowohl die Aufgabe der englischen Notenbank als auch der Bundesbank, zu intervenieren, um die Währungen innerhalb des Systems zu stabilisieren.

Der politische Wille Großbritanniens und der Bank of England, die eigene Währung durch Interventionen zu stabilisieren, schwand jedoch seit 1992, und die spekulativen Attacken gegen das britische Pfund häuften sich. Auch die Bundesbank tat wenig, um das britische Pfund zu stabilisieren. Als Resultat entschied die britische Regierung im September 1992, das Pfund aus dem europäischen Wechselkursmechanismus herauszunehmen. Italien folgte dieser Entscheidung. Weitere Länder fanden es enorm schwierig, ihre Währungen im System zu halten. Sie waren zu massiven Eingriffen in die Währungsmärkte gezwungen und mussten ausländische Währungsreserven verkaufen, um die einheimische Währung zu stützen. Vor allem die französische Nationalbank, unter ihrem damals neuen Präsidenten Jean-Claude Trichet, zeigte einen eisernen Willen, den französischen Franc zu verteidigen. Auch wenn die Mitgliedschaft im Wechselkursmechanismus mit Kosten und Risiken verbunden war, sahen doch viele die Vorteile als sehr viel gewichtiger an. Selbst Italien trat dem System nach einigen Jahren wieder bei.

Die deutsche Wiedervereinigung – mit einer nun noch stärkeren Bundesbank und einer noch dominanteren Geldpolitik – und die Erfahrung der tiefen Währungskrisen Anfang der 1990er-Jahre machten überdeutlich, dass der europäische Währungsmechanismus keine permanente Lösung sein konnte. Er ermöglichte es nicht, die Wechselkurse in Europa erfolgreich zu stabilisieren und die Geldpolitik effektiv zu koordinieren. Die Wiedervereinigung und die Krise verstärkten deshalb den

Wunsch nach einer gemeinsamen europäischen Währung. Erste Analysen und Vorschläge für eine solche Gemeinschaftswährung waren bereits in den 1970er-Jahren erarbeitet worden.

Die ursprüngliche Motivation, eine gemeinsame Währung zu schaffen, war sicherlich zu einem großen Teil politisch. Europa stand Anfang der 1990er-Jahre plötzlich einem größeren und geldpolitisch noch dominanteren Deutschland gegenüber, dessen Bundesbank effektiv die Geldpolitik für ganz Europa bestimmte. Zudem war die Deutsche Mark praktisch der Anker des europäischen Wechselkursmechanismus. Der Wunsch nach einer gemeinsamen europäischen Währung wurde deshalb immer stärker unter europäischen Regierungen, und auch der deutschen. Die Bundesregierung unter Helmut Kohl stimmte dem Projekt der gemeinsamen Währung zu, auch ausgehend von dem Wunsch, eine tiefere politische und wirtschaftliche Integration Europas voranzutreiben. Dieses Bedürfnis wurde auch von der großen Mehrheit der deutschen Bevölkerung getragen.

6 Die Stärken und Schwächen des Euro

Für die Schaffung des Euro sprachen und sprechen also wichtige, überzeugende ökonomische Gründe. Das theoretische Konstrukt, das die Grundlage des Euro bildet, nennen Ökonomen den »optimalen Währungsraum«: Wenn verschiedene Volkswirtschaften sehr stark miteinander verflochten sind – etwa durch Handel, gemeinsame Regeln und Standards sowie durch Kapitalströme in Finanzmärkten –, dann kann es für alle von Vorteil sein, wenn diese Volkswirtschaften eine gemeinsame Währung haben, so das Argument.

Volatile Wechselkurse bedeuten für Unternehmen eine große Unsicherheit, welchen Preis sie durch den Verkauf ihrer Güter und Dienstleistungen ins Ausland in der Zukunft erzielen können. Gleichzeitig ist ungewiss, welchen Preis sie künftig für wichtige Vorleistungen in ihrem Produktionsprozess zahlen müssen. Denn viele davon, wie beispielsweise Rohstoffe und vorgefertigte Komponenten, müssen aus dem Ausland importiert werden. Diese Unsicherheit führt dazu, dass Unternehmen vorsichtiger agieren müssen und es zudem schwieriger haben, an Finanzierungskredite zu kommen. Die Folge sind niedrigere Investitionen von Unternehmen und damit weniger Beschäftigung, Wachstum und Wohlstand.

Die wissenschaftliche Forschung belegt, dass eine gemeinsame Währung zu einem massiven Anstieg des bilateralen Handels führt und damit zu einer höheren Wirtschaftsleistung und mehr Wohlstand. Schätzungen zeigen, dass sich der Handel in einigen Fällen sogar verdoppeln kann. So hat zum Beispiel in der Eurozone die Euroeinführung nachweislich zu einem starken Anstieg des Handels geführt. Vor allem Deutschland ist einer der größten Nutznießer, da unsere Volkswirtschaft sehr viel stärker vom internationalen Handel abhängt als die anderer Länder. Dieser Tatsache sollten wir uns in der Diskussion über den Euro immer bewusst sein.

Der Nutzen einer gemeinsamen Währung hat auch viele andere Dimensionen: Sie verstärkt und intensiviert den Wettbewerb zwischen Unternehmen. Ein gemeinsamer Markt mit einer einheitlichen Währung erlaubt Konsumenten eine sehr viel größere Auswahl zwischen Produkten und Leistungen. Dies führt zu mehr Vielfalt und effizienteren Produktionsprozessen und damit zu niedrigeren Preisen für die Menschen in einer Währungsunion. Eine höhere Beschäftigung und bessere Einkommen gehören ebenfalls zu den positiven Effekten.

Auch die Vereinheitlichung von Standards und Regeln in der Wirtschaft verbessert Wettbewerb, Einkommen und Beschäftigung. Sicherlich hat eine solche Vereinheitlichung nicht nur positive Effekte, sondern birgt auch Risiken, wie die gegenwärtige Diskussion um die Freihandelszone mit den USA zeigt. Eine Freihandelszone erfordert deshalb genau wie eine Währungsunion Kompromissbereitschaft und Anpassungsfähigkeit von allen beteiligten Volkswirtschaften. Kurzfristig mag dies bedeuten, dass nicht jeder Mensch in einem Land sofort profitieren kann, sondern sich in einem manchmal schwierigen Anpassungsprozess wiederfindet. Langfristig jedoch gibt es keinen Zweifel und überwältigende Belege, dass sowohl ein Freihandelsabkommen, aber vor allem auch eine Währungsunion die Wirtschaft stärkt, mehr Menschen in Beschäftigung bringt und die Einkommen deutlich erhöht.

Ein weiterer Vorteil einer Währungsunion ist die Finanzmarktintegration. Genauso wie für den Handel von Gütern und Dienstleistungen, so ist auch die Mobilität von Kapital über Grenzen hinweg enorm wichtig und vorteilhaft. Die Möglichkeit, Ersparnisse oder Investitionen international zu diversifizieren, bringt sowohl privaten Haushalten als auch Unternehmen große Vorteile, denn es erlaubt ihnen, sich gegen negative Entwicklungen abzusichern, das Risiko zu reduzieren und die Renditen zu erhöhen.

Höhere Renditen durch Investitionen im Ausland lassen sich nicht immer realisieren, doch es ist prinzipiell richtig, dass eine breite Verteilung von Kapital im Ausland für eine Volkswirtschaft von Vorteil ist. Volatile Wechselkurse machen solche Auslandsinvestitionen schwieriger und reduzieren diesen Nutzen erheblich. Die Einführung des Euro hat deshalb auch zu einer starken Zunahme der finanziellen Integration in der Eurozone geführt. Deutschland ist wiederum auch hier einer der größten Nutznießer des Euro. Deutsche Unternehmen und Haushalte investieren knapp 4000 Milliarden Euro im Ausland. Dies sind ca. 50 000 Euro für jeden deutschen Bürger.

Diese Finanzmarktintegration ist für Exportunternehmen und Importeure ungeheuer wichtig, denn häufig muss der Handel durch Finanzdienstleistungen unterstützt werden, was einen einheitlichen Finanzmarkt erfordert. Um nach Asien, Lateinamerika oder Osteuropa exportieren zu können, müssen deutsche Unternehmen dort investieren – beispielsweise in Vertriebsnetzwerke, Joint Ventures oder Tochterunternehmen. Die Schaffung des Euro hat dies für deutsche Unternehmen sehr viel leichter und attraktiver gemacht.

Eine wirklich neue, globale Währung zu sein, ist ein weiterer wichtiger Nutzen des Euro. Auch wenn die Deutsche Mark vor 1999 eine wichtige regionale Rolle in Europa gespielt hat, so war sie keine globale Währung. Der Euro dagegen wird sehr viel stärker von Unternehmen und in Finanzmärkten genutzt, als dies für die Deutsche Mark je der Fall war. Diese globale Akzeptanz des Euro bedeutet, dass deutsche Unternehmen zunehmend Güter und Dienstleistungen in Euro kaufen oder verkaufen können. Dies reduziert die Unsicherheit über die Kosten und Erlöse, und fördert Investitionen und Wachstum.

Die Schaffung des Euro hat auch die Nachfrage aus Staaten außerhalb der Eurozone nach Finanzanleihen in Euro gestärkt. Dies hat in den ersten Jahren nach der Einführung des Euro zu sehr viel günstigeren Finanzierungsbedingungen für Unternehmen, Haushalte und Regierungen in allen Ländern der Eurozone geführt. Vor allem die, die zuvor eine weniger stabile Währung hatten, konnten profitieren.

Diese günstigen Finanzierungsbedingungen haben in den ersten Jahren das Wachstum und die Investitionen steigen lassen. Wie später in diesem Buch ausgeführt werden wird, hatte diese Verbesserung der Finanzierungsbedingungen allerdings nicht nur positive Konsequenzen, sondern provozierte bei Unternehmen und Regierungen Exzesse. Prinzipiell gilt jedoch, dass der Euro wegen der günstigen Finanzierungsbedingungen einen enormen Nutzen für die Eurozone geschaffen hat. Die Frage, ob Regierungen und Unternehmen diese Vorteile auch weise genutzt haben, steht auf einem anderen Blatt.

Eine globale Währung hat nicht nur wirtschaftliche Vorteile für die Länder dieses Währungsraumes, sondern sichert ihnen auch einen großen geopolitischen Einfluss. Der Euro ermöglicht es allen Ländern der Eurozone, sich in der einheimischen Währung zu finanzieren. Länder ohne eigene globale Währung sind auf Finanzströme in anderen Währungen angewiesen, und daher sehr viel stärker der Volatilität globaler Finanzmärkte ausgesetzt. Vor allem in Krisenzeiten bietet sie große Vorteile. Aufgrund ihrer Stabilität und der Liquidität der Finanzmärkte flüchten Investoren weltweit gerade dann in globale Währungen.

Daher gelang es den USA und der Eurozone, also den beiden einzigen Wirtschaftszonen mit globalen Währungen, während der globalen Finanzkrise 2008/2009 Kapital aus dem Ausland anzuziehen und damit die negativen Konsequenzen der Krise zumindest etwas abzufedern. Diese Investoren aus praktisch allen Ländern der Welt sind durch ihre Investitionen in Euroanleihen stark abhängig von der Stabilität und den Entwicklungen in der Eurozone. Sie können ihre Investitionen nicht einfach abziehen, denn es gibt neben dem US-Dollar keine globale Alternative. Dies gibt allen Ländern der Eurozone einen großen geopolitischen Einfluss. Auch in der europäischen Krise ab 2010 hat die globale Reputation des Euro eine wichtige Rolle gespielt, um eine Kapitalflucht aus Europa und damit einen Kollaps der Wirtschaft der Eurozone zu verhindern.

7 Die Ursprünge der europäischen Krise

Wie konnte es nach vielen Jahren der Euphorie und des Optimismus zur aktuellen europäischen Krise kommen? Welche Rolle haben der Euro und die wirtschaftspolitischen Entscheidungen der einzelnen Mitgliedsländer gespielt? Es ist wichtig, die Ursachen zu verstehen, um Lösungsansätze und einen nachhaltigen Weg aus der Krise finden zu können.

Die ersten zehn Jahre des Euro

Der Ursprung der europäischen Finanz- und Schuldenkrise liegt sicherlich in der Erfahrung der ersten zehn Jahre des Euro, und vor allem in der Periode zwischen 2003 und 2007. Diese erste Dekade des Euro nach 1999 wurde praktisch von allen als großer wirtschaftspolitischer Erfolg gewertet. Die Kritiker im In- wie Ausland verstummten, als die 2000er-Jahre in den meisten europäischen Ländern einen wirtschaftlichen Aufschwung brachten. Vor allem die ärmeren Länder der Eurozone aus Südeuropa konnten sich über hohe Kapitalzuflüsse freuen. Investoren aus der ganzen Welt, vor allem aber auch aus Deutschland, wollten am Aufholprozess der Südländer teilhaben.

Diese Investitionen in den Peripherieländern waren genau das, was sich viele von der Währungsunion erhofft hatten. Durch höheres Wachstum schossen die erwarteten Renditen dieser Länder in attraktive Höhen. Von den resultierenden

Kapitalströmen versprach man sich eine Angleichung der verschiedenen Volkswirtschaften. In der Tat kam es zu einer Konvergenz bei Einkommen und Löhnen, aber auch in vielen anderen Bereichen, etwa im Bildungssystem, bei den Armutsraten und einer Reihe von sozialen Indikatoren. Es kam zwar nicht zur kompletten Angleichung, aber doch einer, von der vor allem die schwächsten Länder der Eurozone besonders stark profitierten.

Die hohe Glaubwürdigkeit der Geldpolitik der Europäischen Zentralbank, die in den 1990er-Jahren bewusst nach den Prinzipien der Deutschen Bundesbank geplant und geschaffen wurde, verschaffte Unternehmen, Regierungen und Haushalten Zugang zu günstigen Krediten. Auch hier profitierten die schwächsten Länder sehr. Die Glaubwürdigkeit der Europäischen Zentralbank, also das Vertrauen der Finanzmärkte und Unternehmen in ihre Fähigkeit, ihrem Mandat der Preisstabilität gerecht zu werden, trug entscheidend dazu bei, dass die Zinsen niedrig blieben.

Vor allem die Länder, deren Zentralbank und Geldpolitik vor der Währungsunion ein deutlich niedrigeres Ansehen hatten, profitierten von der hohen Glaubwürdigkeit des Euro und der EZB. Die auf die Staatsanleihen zu zahlenden Zinsen fielen in den 1990er-Jahren um teilweise mehr als 5 %, so lange, bis sie sich kaum mehr von denen deutscher Staatsanleihen unterschieden.

Der Konvergenzprozess bescherte den schwächeren Ländern hohe Kapitalzuflüsse, einen Boom an Investitionen und eine gestärkte Nachfrage. Durch den Euro waren Investitionen in Ländern wie Portugal und Griechenland sehr viel attraktiver geworden. Denn die Angleichung dieser Länder an die Verhältnisse in Deutschland und den stärkeren nordeuropäischen Ländern führte zu einer zum Teil deutlich höheren Rendite. Die gemeinsame Währung hatte das Investitionsrisiko deutlich gesenkt. Zudem hatten sich die Regierungen mit dem dem

Euro zugrunde liegenden Maastricht-Vertrag zu einem verantwortungsvolleren Verhalten und einer Vermeidung exzessiver Verschuldung verpflichtet. Dass die nationalen Zentralbanken den einzelnen Regierungen im Notfall nicht mehr mit einer expansiven Geldpolitik unter die Arme greifen konnten, sollte zu mehr Disziplin in der Fiskal- und Strukturpolitik führen.

Der Investitions- und Wachstumsboom in Südeuropa bot zunächst keinerlei Anlass zur Sorge. Er war erwartet und gewünscht worden. Denn die gemeinsame Währung und die gemeinsame Geldpolitik sollten ja gerade den schwächeren Ländern einen Aufholprozess ermöglichen. Zudem ging in vielen Ländern der Eurozone die Staatsverschuldung graduell zurück. Dies wurde allerdings nicht durch ein Absinken der öffentlichen Ausgaben erreicht, sondern dadurch, dass das starke Wachstum neue Steuergelder in die öffentlichen Kassen spülte. Viele Regierungen nutzten dies, um öffentliche Ausgaben, Gehälter im öffentlichen Sektor und Sozialleistungen deutlich zu erhöhen. Auch dies wurde in Europa aber nicht als exzessiv betrachtet. Da noch Anfang 2000 ein permanent höheres Wachstum und damit permanent höhere Steuereinnahmen prognostiziert wurden, schien diese Politik nicht weiter bedrohlich.

Viele sahen eine enge Parallele zu der Erfahrung der im Zuge der Wiedervereinigung erfolgten deutschen Währungsunion im Jahr 1990. In den neuen Bundesländern in Ostdeutschland mussten riesige Summen in Infrastruktur, Bildung und die Schaffung neuer wirtschaftlicher Strukturen investiert werden. Wieso sollte die Entwicklung nach der Europäischen Währungsunion nicht ähnlich verlaufen? Dies war das Argument vieler Ökonomen.

Mit dem Einsetzen der globalen Finanzkrise 2008 zeigte sich jedoch, dass viele dieser Angleichungserwartungen übertrieben oder falsch, viele der Investitionen und Ausgaben in Südeuropa zum Teil exzessiv und fehlgeleitet waren. Entstanden war eine riesige Blase etwa im spanischen Immobilienmarkt und in den irischen Finanzmärkten. Der Wirtschaftseinbruch ließ diese Blasen platzen und die Finanzierungskosten für viele Unternehmen und private Haushalte in untragbare Höhen schnellen.

Auch die gesamtwirtschaftlichen Ungleichgewichte waren in den Boomjahren 2003 bis 2007 deutlich größer geworden. Die Leistungsbilanz, in der sich die Nettoersparnisse einer Volkswirtschaft spiegeln, war um das Jahr 2000 herum in den meisten Ländern ausgeglichen. Das änderte sich während der ersten zehn Jahre des Euro dramatisch. Länder wie Portugal, Spanien, Irland und Griechenland verzeichneten große Importzuwächse, während die Exporte in die Eurozone und den Rest der Welt nur moderat stiegen. In Deutschland passierte genau das Gegenteil. Während das Land im Jahr 2000 ein geringes Leistungsbilanzdefizit aufwies, stiegen die Exporte vor allem nach Südeuropa in der Folgezeit dramatisch an. Bis zum Jahr 2007 hatte Deutschland einen Leistungsbilanzüberschuss von mehr als 6 % des Bruttoinlandsprodukts angehäuft. Dieser Überschuss war nahezu komplett im Handel mit anderen Euroländern entstanden.

Dieser Leistungsbilanzüberschuss wird in Deutschland sehr kontrovers diskutiert. Er spiegelt auch einen großen Kapitalexport wider. Die deutschen Banken vergaben Kredite an die Banken anderer europäischer Länder, an Immobilienfirmen im boomenden Süden oder an Privathaushalte. Deutschen Firmen erschienen Investitionen in Südeuropa vielversprechender als Investitionen im eigenen Land. Kurz gesagt: Dem Exportüberschuss, der viel Geld in die deutsche Wirtschaft spülte, stand ein ungeheurer Kapitalexport gegenüber.

Während der Rest Europas boomte, stagnierte die deutsche Wirtschaft in den späten 1990er-Jahren und zu Beginn der 2000er-Jahre. Das Wirtschaftswachstum war kraftlos, die Investitionen gingen weiter zurück, die Lohn- und Produktivitätsentwicklung enttäuschten und die Arbeitslosigkeit stieg fortlaufend. Deutschland wurde in dieser Zeit zum »kranken Mann Europas«. Allerdings lag die Ursache dieser Schwäche nicht darin, dass Deutschland wie zehn andere Länder im Jahr 1999 den Euro eingeführt hatte, vielmehr war eine Dekade nicht erfolgter Wirtschaftsreformen der Grund. Einige argumentieren heute noch, die deutsche Wirtschaftsschwäche Anfang der 2000er-Jahre sei einem zu eng an die D-Mark angelehnten Wechselkurs geschuldet gewesen. Das ist falsch. Auch lag es nicht an der fehlenden internationalen Wettbewerbsfähigkeit der deutschen Unternehmen. Das Problem war vielmehr, dass die Struktur der deutschen Wirtschaft unflexibel geworden war. Die Wirtschaft war nicht in der Lage, sich den schnellen Veränderungen der Weltwirtschaft anzupassen.

Der Teufelskreis der vier Krisen

Was diese tiefe europäische Krise so speziell und schwer zu lösen macht, ist, dass es sich in Wirklichkeit nicht um eine, sondern um vier Krisen handelt. Sie ist Banken-, Staatsschulden-, Wirtschafts- und Vertrauenskrise zugleich. Eine zentrale Fehlentscheidung der südeuropäischen Staaten war, dass sie während der Boomphase ihre Verschuldung im privaten wie im öffentlichen Sektor ausbauten. Die globale Finanzkrise machte diese Schwäche offensichtlich. Die europäische Krise begann zunächst als Rezession, die in der Eurozone nicht sehr viel schwerwiegender zu sein schien als in den meisten anderen Industriestaaten im Rest der Welt. Tatsächlich sah die Erholung im Jahr 2009 in Europa vielversprechender aus als etwa in den USA, England und anderen Staaten.

Mitten in diese Erholungsphase platzten dann aber Anfang 2010 die Finanzturbulenzen in Griechenland. Viele Finanzmarktsegmente begannen einzufrieren, und die Vermögenspreise fielen deutlich. Das erschwerte es den Banken zunehmend, sich zu refinanzieren und über Kredite von anderen Banken an Liquidität zu kommen. Der Preisverfall der Finanzanlagen blockierte den Interbankenmarkt weiter. Die Banken wussten nicht mehr, wie vertrauenswürdig ihre Partnerinstitute waren. Angesichts des freien Falls der griechischen Wirtschaft und des griechischen Finanzmarkts fragten sie sich, welches Land das nächste sein würde. Es gab nur wenig Kenntnis darüber, wie stark verschiedene europäische Banken in Griechenland oder anderen Ländern, denen eventuell ein ähnliches Schicksal bevorstand, engagiert waren.

Diese Atmosphäre der Unsicherheit machte es auch für Unternehmen und Privatpersonen immer schwieriger, an Kredite zu kommen. Die Volkswirtschaften waren von der tiefen Rezession weiterhin geschwächt und die Unternehmen zu Entlassungen gezwungen. Die Regierungen versuchten, sich gegen diese Panik zu stemmen, indem sie die Nachfrage über öffentliche Ausgabensteigerungen stabilisierten. Aber ihr Handlungsspielraum beschränkte sich immer weiter.

So wurde aus der tiefen Rezession im Jahr 2010 eine Bankenkrise. Deutschland und die meisten anderen europäischen Länder hatten bereits nach dem Zusammenbruch von Lehman Brothers 2008 und 2009 Probleme mit ihren Banken gehabt. Die deutsche Regierung musste eine Reihe von Banken rekapitalisieren oder abwickeln und viele Milliarden in die Vermeidung einer systemischen Bankenkrise pumpen. Anderen europäischen Ländern war es nicht besser ergangen, und ihre Banken erlebten 2010 einen weiteren Schock. Die EZB griff ein und stellte diesen Banken Liquidität zur Verfügung, um weitere Finanzmarktturbulenzen zu vermeiden. Allerdings mit nur mäßigem Erfolg.

Der Einbruch des Wirtschaftswachstums und die sich ausweitende Bankenkrise überforderten die Regierungen vieler Eurostaaten. Angesichts sinkender Einnahmen und steigender

Sozialleistungen waren viele Regierungen nicht mehr in der Lage, ihre Wirtschaft und ihr Bankensystem zu stützen. So wurden viele in eine Staatsschuldenkrise gestürzt, die die Finanzmarktteilnehmer zunehmend daran zweifeln ließ, dass die Regierungen ihre Banken- und Wirtschaftskrise in den Griff bekommen würden.

Eine große Sorge war die Ansteckungsgefahr, also das Risiko, dass sich diese Krisen auf die Nachbarstaaten ausbreiten würden. Die tiefe Integration der Volkswirtschaften und Finanzmärkte, die das Rückgrat des europäischen Wirtschaftsraumes darstellt, wurde plötzlich zur Schwäche. Über diese engen Handelsverbindungen und Verzahnungen der Finanzmärkte drohte die Krise nun von so einer kleinen Nation wie Griechenland auf die anderen Eurozonenstaaten überzuspringen.

Tatsächlich erfolgte eine Ansteckung über viele verschiedene Kanäle. Eine direkte Verbindung waren die großen Investitionen in den Krisenstaaten, die von den Banken teilweise abgeschrieben werden mussten. Dadurch brachten sie sich in Schwierigkeiten. Zusätzlich begannen die Finanzmärkte, sehr viel genauer auf die wirtschaftlichen Stärken und Schwächen der Länder zu achten. Die Finanzmarktteilnehmer realisierten, dass sich die Krise in Griechenland auch in anderen Eurostaaten wiederholen könnte, da die Wirtschaft dieser Länder gar nicht so unterschiedlich war und sie vor 2008 einen ähnlichen Investitions- und Ausgabenboom hatten. In der Folge wurden die Finanzmarktteilnehmer wesentlich vorsichtiger und straften solche Fehlentwicklungen wesentlich deutlicher ab als vor der Krise.

So entstand letztlich die vierte, die Vertrauenskrise. Märkten, Investoren und Unternehmen wurde klar, dass viele Länder an der sogenannten Peripherie der Eurozone in Wirklichkeit keinen Handlungsspielraum mehr hatten. Die Regierungen waren im Umgang mit der Banken- und Wirtschaftskrise überfordert. In ganz Europa gab es kaum eine Regierung, die wirklich durchgreifen und der Krise ein Ende setzen konnte oder wollte. Auf europäischer Ebene blieb nur die EZB, die versuchte, das Funktionieren der Finanzmärkte zu sichern und dafür zu sorgen, dass solvente Banken Zugang zu genug Liquidität hatten. Manche sagen, die EZB habe nicht genug getan und hätte noch drastischere Maßnahmen zur Rettung des europäischen Finanzsystems ergreifen sollen. Sie verweisen auf die USA oder andere Staaten, in denen die Zentralbanken wesentlich weiter gingen, als es die EZB bislang getan hat. Aber in einer Währungsunion, die weiterhin aus souveränen Mitgliedsstaaten besteht, ist der Handlungsspielraum einer Zentralbank wesentlich eingeschränkter. Ich werde darauf in späteren Kapiteln noch detaillierter zurückkommen.

Natürlich ist die europäische Krise sehr viel komplexer als das hier skizzierte Bild. Die verschiedenen Länder der Eurozone haben ganz unterschiedliche Erfahrungen gemacht. In Irland, Spanien und Zypern wütete die Krise hauptsächlich als Bankenkrise. In Griechenland entstanden die ursprünglichen Probleme vor allem durch eine Fiskalpolitik, die die vorhandenen Mittel deutlich überstieg.

Was aber alle europäischen Nationen gemein haben, und was die europäische Krise so hartnäckig und schwer zu lösen macht, ist die Anhäufung aller vier Krisenelemente und die Tatsache, dass sie sich alle gegenseitig verstärken und so einen Teufelskreis bilden. Ein schwaches Bankensystem verschärft eine Wirtschaftskrise, weil es Unternehmen und Individuen den Zugang zu Krediten versperrt. Das verschärft die Wirtschaftskrise, schwächt das Bankensystem weiter und bringt so viele Regierungen in Schwierigkeiten. Wenn sich dann die Finanzierungsbedingungen für die Regierungen verschlechtern und der Wert der Staatsanleihen sinkt, leidet besonders das heimische Bankensystem, da ein großer Teil der Staatsanleihen von einheimischen Banken gehalten wird. Das führt zu einer immer stärkeren Fragmentierung des Finanzmarkts in Europa und so zu einer weiteren Schwächung des einheimischen Bankensektors, was wiederum die Realwirtschaft schwächt und die Rezession vertieft.

Die Rolle der Troika

Dieser Teufelskreis aus vier sich verstärkenden Krisen führte dazu, dass keine der vier für sich allein gelöst werden konnte. Die nationalen Regierungen waren auf fremde Hilfe angewiesen. Das war der Grund für die 2010 geschaffenen gemeinsamen Hilfsprogramme der Europäischen Union und des Internationalen Währungsfonds. Diese beiden bilden gemeinsam mit der Europäischen Zentralbank die sogenannte Troika. Aufgabe der Troika ist es, gemeinsam mit den nationalen Regierungen festzulegen, welche Reformprogramme notwendig sind, um ein Land aus der Krise zu ziehen, die Staatsfinanzen wieder auf einen nachhaltigen Pfad zu setzen, die heimische Wirtschaft zu reformieren, das Finanzsystem zu stabilisieren und in- und ausländischen Investoren wieder Vertrauen einzuflößen.

Das, was die Troika in den vergangenen vier Jahren getan hat, gleicht dem, was der IWF seit fünf Jahrzehnten tut. Der IWF hat in den vergangenen 50 Jahren Hunderte solcher Hilfsprogramme aufgelegt, meist für Schwellen- und Entwicklungsländer, aber auch für Industriestaaten, etwa für Großbritannien in den 1970er-Jahren. Die Idee dieser Programme ist, Kredite im Austausch gegen wirtschaftspolitische Reformen zu gewähren und den Regierungen Zeit zur Umsetzung dieser Reformen zu erkaufen, indem sie sie von der Refinanzierung über private Kapitalmärkte unabhängig machten.

Mit diesen Hilfsprogrammen hat sich der IWF selten große Sympathien erarbeiten können. Aber das war auch nie seine Absicht. Seine Aufgabe war es, den Ländern mit seiner technischen Expertise und seinen finanziellen Mitteln bei der Umsetzung zu helfen. Gleichzeitig erwarten die Mitgliedsstaaten des IWF, zu denen nahezu alle Länder der Welt gehören, dass die IWF-Kredite von den Programmländern zurückgezahlt werden. Das bedeutet, es werden Ländern nur dann Hilfsprogramme gewährt, wenn die Reformen so ausgestaltet sind und umgesetzt werden, dass sie die Probleme lösen und die Rückzahlung der Kredite an den IWF sicherstellen. Nicht alle Programme waren erfolgreich. In den meisten Fällen hat der IWF sein Geld jedoch vollständig zurückerhalten.

Vor diesem Hintergrund wird deutlich, dass sich die Troika mit ihren Programmen bei den EU-Staaten nicht beliebt macht. Einerseits beschweren sich Staaten, dass die Konditionen, die die Troika ihnen auferlegt, zu hart und unrealistisch sind. Andererseits klagen die Geberländer und Beobachter, dass die Troika mit den Krisenstaaten zu zimperlich umgeht. Die Troika wandert also auf einem schmalen Grat, da sie sicherstellen muss, dass die Reformen für die Krisenstaaten realistisch und umsetzbar sind. Gleichzeitig drängt sie die Kreditnehmer dazu, sich an die gemachten Absprachen zu halten und die Kredite letztendlich zurückzuzahlen.

Es besteht kein Zweifel daran, dass die Programme für Griechenland, Irland, Portugal, Spanien und Zypern alles andere als perfekt waren. Besonders in Griechenland beruhten beide Programme auf zu optimistischen Annahmen, was die wirtschaftlichen Perspektiven anging. Zudem unterschätzten sie den Reformbedarf. Darüber hinaus waren einige Reformelemente zu ambitioniert und konnten nicht in voller Form umgesetzt werden. Es ist klar, dass der Europäischen Union und der EZB zu Beginn die Fachkenntnis zur Erstellung und Umsetzung fehlte und sie stark von den Erfahrungen des IWF abhingen. Und es bleibt strittig, ob die EZB als Zentralbank aller Eurostaaten Teil dieser Troika sein sollte.

Das Entscheidende ist aber ohne jeden Zweifel, dass all diese Programme notwendig waren und auch aus heutiger Sicht ohne jede Alternative. Einige haben Erfolg gehabt. Irland und Portugal haben ihre Programme erfüllt und erfolgreich abgeschlossen. Die irische Regierung konnte sich Anfang 2014 erfolgreich wieder selbst an den Kapitalmärkten finanzieren. Auch Portugal hat dies 2014 geschafft. Es hat die meisten Reformen erfolgreich umgesetzt, und die ersten Anzeichen von Erfolg und wirtschaftlicher Gesundung zeigen sich bereits. Das Zypern-Programm befindet sich noch in einem relativ frühen Stadium, aber auch hier sind die Erfolgsaussichten ordentlich. Umstritten sind die zwei griechischen Programme und die Frage, ob das Land Ende 2014 ein weiteres Programm und eine erneute Umstrukturierung seiner Staatsschulden benötigt.

Fehlende gemeinsame Regeln

Damit eine Währungsunion funktionieren kann, müssen die Mitgliedsstaaten und ihre Regierungen von Beginn an ein großes Maß an Flexibilität und Integration zeigen. In Europa wurde dies teilweise über den gemeinsamen Binnenmarkt erreicht. Er stellt sicher, dass Arbeitnehmer und Privatpersonen überall in Europa arbeiten und wohnen können und dass Güter, Dienstleistungen und Kapital über nationale Grenzen hinweg verfügbar sind. Notwendige Voraussetzung einer Währungsunion ist aber auch, dass sich die Staaten an die gemeinsamen Regeln halten und so sicherstellen, dass der Angleichungsprozess fortschreiten kann.

Es war bereits vor 1999 klar, dass Europa kein optimaler Währungsraum ist und eine gemeinsame Geld- und Wirtschaftspolitik nötig sein würde, um den Angleichungsprozess zu unterstützen. Ebenso notwendig ist aber, dass sich die Wirtschaftspolitik der einzelnen Länder angleicht und somit die gemeinsame Geldpolitik für alle Staaten angemessen ist. Wichtig hierfür ist die Fiskalpolitik. Dahinter steht folgende Logik:

Die gemeinsame Währungs- und Geldpolitik kann nur zu stabilen Preisen führen, wenn die Fiskalpolitik aller Länder verantwortungsvoll ist. Steigern die Regierungen hingegen ihre Ausgaben stark und häufen sie große fiskalische Defizite an, dann bringen sie die gemeinsame Währung unter Druck und erschweren es der EZB, ihr Mandat zu erfüllen.

Um solch ein verantwortungsloses Verhalten zu unterbinden, verpflichtet der der Währungsunion zugrunde liegende Vertrag von Maastricht die Regierungen, ihre Defizite und die Schuldenaufnahme zu beschränken. Er sollte auch sicherstellen, dass die Verantwortung für ihr Verhalten bei den Regierungen verbleibt und sie im Falle einer Insolvenz alle Kosten tragen muss. Diese »No-Bailout-Klausel« versagte, weil die Finanzmarktteilnehmer ihr keinen Glauben schenkten. Das führte dazu, dass es für die Finanzmärkte keinerlei Anreiz gab, zum Beispiel für griechische oder italienische Staatsanleihen einen höheren Aufschlag zu verlangen als für deutsche. Kritikern zufolge haben die Investoren korrekt vorhergesehen, dass – falls Regierungen in Schwierigkeiten geraten sollten – die gesamte Eurozone mit all ihren Mitgliedsstaaten zur Rettung der Staaten bereitstehen würde.

Tatsächlich sind die Staatsausgaben von Ländern wie Italien, Spanien, Portugal und anderen seit Schaffung der Währungsunion deutlich gestiegen. Es war der Zusammenbruch von Lehman Brothers im September 2008, der die weltweiten Finanzmärkte in Schockstarre versetzte, zum Beginn einer tiefen Rezession und Ausbruch der europäischen Krise führte. Der Zusammenbruch traf auch die europäischen Volkswirtschaften hart. Die Krise legte die Schwächen vieler europäischer Wirtschaftsmodelle offen und führte dann Anfang 2010 zu den Turbulenzen in Griechenland und zum Ausbruch der europäischen Krise.

8 Deutschlands und Europas globales Gewicht

Der Trend hin zu einer stärkeren Internationalisierung von wichtigen wirtschaftspolitischen Entscheidungen findet nicht nur in Europa statt, sondern ist eine weltweite Erscheinung. Eine entscheidende Rolle hierbei spielen das internationale Währungssystem und der globale Handel. Aber auch auf politischer Ebene werden zunehmend wichtige Entscheidungen global getroffen, wie beispielsweise in den Vereinten Nationen oder internationalen Foren wie den G 8 der größten Industrieländer plus Russland und den G 20, die zudem die wichtigsten Schwellenländer enthalten.

Nach vielen Jahrzehnten der globalen Hegemonie der USA sehen wir nun einen immer stärkeren Trend hin zu einem bipolaren oder tripolaren Gleichgewicht im globalen politischen und wirtschaftspolitischen System. Politisch übernahmen die USA die Führungsrolle spätestens nach dem Zweiten Weltkrieg. Auch wenn die Sowjetunion bis in die 1980er-Jahre ihr wichtigster Widersacher war, so haben die USA das globale politische Gleichgewicht doch zunehmend zu ihren Gunsten verändert. Auf der wirtschaftlichen Seite war diese Dominanz der USA noch offensichtlicher. Sie wurden nicht nur bereits 1872 zur größten Volkswirtschaft, sondern sie dominierten auch zunehmend die wichtigsten wirtschaftspolitischen Fragen. So beruhen das heutige internationale Währungssystem und viele globale wirtschaftspolitische Institutionen, wie der Internationale Währungsfonds und die Weltbank, auf Entscheidungen, die vor allem nach dem Zweiten Weltkrieg durch die USA geprägt wurden.

Im Weltwirtschaftssystem kommt der Währung eine besondere Bedeutung zu. Mit ihr werden Transaktionen – sei es im Handel von Gütern und Dienstleistungen oder von Finanzprodukten – abgewickelt. Bereits in den 1920er-Jahren übernahm der US-Dollar vom britischen Pfund die Dominanz bei solchen Transaktionen. Nach dem Zweiten Weltkrieg verstärkte sich die Dominanz des US-Dollar weiter. So war er auch die bei Weitem wichtigste Währung im Bretton-Woods-System fixer Wechselkurse. Diese Dominanz des US-Dollar bedeutete ein Privileg für den US-amerikanischen Staat, aber auch für amerikanische Unternehmen. Sie konnten sich in der eigenen Währung verschulden und damit die Finanzierungsbedingungen deutlich verbessern. Dies sparte dem Staat, den Unternehmen und den Steuerzahlern enorm viel Geld. Valéry Giscard d'Estaing klagte deshalb in den 1960er-Jahren als französischer Finanzminister über das »exorbitante Privileg« der Amerikaner, verbunden mit der Sorge eines möglichen Missbrauchs gegenüber anderen Staaten.

Vor allem in Krisenzeiten erweist sich eine globale Währung als enormer Vorteil. So wollten viele Investoren weltweit während der globalen Finanzkrise 2008/2009 ihr Risiko reduzieren und in sichere Anleihen einer stabilen Währung investieren. Dies bedeutete eine massive Kapitalflucht aus der ganzen Welt in US-amerikanische Finanzprodukte, vor allem in US-Staatsanleihen. Ohne diese massiven Kapitalflüsse in die USA hätte die globale Finanzkrise die US-Wirtschaft sehr viel stärker geschädigt.

Wie in den vorhergehenden Kapiteln beschrieben, so hat auch der Euro seit 1999 zunehmend eine regionale Rolle in Europa und auch global gewonnen. Ein großer Teil des Handels von deutschen Unternehmen wird heute in Euro abgewickelt, nicht nur die Exporte, sondern zunehmend auch Importe. Das ist ein enormer Vorteil gerade auch für die sehr offene Volkswirtschaft Deutschlands. Und die regionale und globale Bedeutung des Euro ist heute sehr viel stärker, als die der Deutschen Mark vor 1999 je war.

Eine bedeutende Entwicklung in den vergangenen Jahren ist der Versuch Chinas, die eigene Währung, den Renminbi (RMB) oder Yuan, ebenfalls als eine globale Währung zu etablieren. Es gibt viele Anzeichen dafür, dass der Renminbi bereits heute eine sehr wichtige Rolle im Handel innerhalb Asiens spielt. Aber China überlässt diese Entwicklung der eigenen Währung nicht nur den Marktkräften. Sondern es unterstützt äußerst aktiv den Gebrauch des Renminbi in globalen Transaktionen. So hat China mit einigen Ländern Handelsabkommen darüber geschlossen, dass der Handel in Zukunft in Renminbi abgewickelt wird. Auch drängt die chinesische Regierung immer stärker auf europäische Kapitalmärkte vor und hat 2014 zum ersten Mal in Europa Finanzanleihen in Renminbi ausgegeben. China hat dafür Frankfurt als Finanzplatz gewählt. Ähnliche Pläne verfolgt Chinas Regierung mit Paris und London.

Wir haben heute also einen klaren Trend entweder zu einem bipolaren oder zu einem tripolaren globalen Währungssystem. Die Frage, die Europa entscheiden muss, ist, ob es sich in ein bipolares System aus US-Dollar und chinesischem Renminbi einordnen möchte, oder ob mittelfristig die eigene Währung, der Euro, als wichtiger Teil eines tripolaren globalen Finanz- und Währungssystems etabliert werden soll. Deutschland wiederum braucht Europa und den Euro. Denn die Deutsche Mark war zwar stabil und international hoch angesehen, hatte jedoch durch die zu geringe Größe der deutschen Volkswirtschaft nie wirklich eine Chance, sich je als globale Währung neben dem US-Dollar und dem chinesischen Renminbi etablieren zu können.

Im internationalen Währungssystem und bei globalen politischen Entscheidungen waren die USA in den vergangenen 70 Jahren die dominante Hegemonialmacht. Mittlerweile drängen China und auch andere Schwellenländer immer stärker darauf, ihr eigenes Gewicht einzubringen und ihre nationalen Interessen durchzusetzen. So hat China einen permanenten Sitz im UN-Sicherheitsrat und spielt auch eine immer wichtigere Rolle in internationalen Institutionen wie dem Internationalen Währungsfonds und der Weltbank.

Eigentümlich ist, dass Europa in vielen wichtigen globalen Institutionen und Gremien zahlenmäßig sehr viel stärker vertreten ist als andere Regionen und auch als die USA. So hat Europa zwei permanente Sitze im UN-Sicherheitsrat. Im Internationalen Währungsfonds ist diese Überlegenheit sogar noch sehr viel deutlicher, denn den knapp 17% der Stimmen der USA stehen über 30% Stimmenanteil von EU-Ländern gegenüber. Mit ihrem Stimmenanteil haben die USA damit bei allen wichtigen Entscheidungen des IWF ein Vetorecht. Das würde auch auf die 28 EU-Länder und selbst auf die 18 Länder der Eurozone zutreffen. Ein großes Problem ist jedoch, dass sich die europäischen Nationen viel zu selten einigen und deswegen keine gemeinsamen Positionen bei den Abstimmungen vertreten.

Selbst kleinere Länder wie Belgien und die Niederlande kämpfen hartnäckig um die Beibehaltung ihrer eigenen nationalen Sitze im 24-köpfigen Entscheidungsgremium. Es ist ihnen wichtiger, den eigenen nationalen Platz im Entscheidungsgremium zu wahren, als die europäischen Stimmen zu bündeln und damit selbst auch mehr Einfluss auf die Entscheidungen nehmen zu können.

Kurzum, Europa ist zahlenmäßig stark in globalen Institutionen und Foren vertreten und gibt häufig sehr viel mehr Geld aus als die USA oder andere Regionen. Der Einfluss in den globalen Institutionen und bei globalen Entscheidungen ist allerdings fast immer deutlich geringer, als Europas Stimmenanteil oder die finanziellen Beiträge vermuten lassen.

Deutschland allein ist noch sehr viel schwächer, als dies Europa bereits in den internationalen Gremien ist. Und der globale Einfluss Deutschlands wird unweigerlich weiter schrumpfen. Einige Beispiele zeigen dies überdeutlich: Deutschland hat heute mit seinen 80 Millionen Einwohnern einen Anteil von knapp 1 % in der Weltbevölkerung. Dagegen steht ein Wirtschaftsanteil der deutschen Volkswirtschaft in der Welt von knapp 4 bis 5 %. Schwellenländer wie China, Indien, Brasilien und Indonesien holen wirtschaftlich sehr stark auf. China ist mit einer durchschnittlichen Wachstumsrate von fast 10 % pro Jahr praktisch zehnmal so schnell gewachsen wie Deutschland während der vergangenen zehn Jahre. China hat im Jahr 2014 die USA als größte Volkswirtschaft der Welt abgelöst, zumindest wenn die Wirtschaftsleistung nach der Kaufkraft von Unternehmen und Haushalten bewertet wird und nicht nach Marktwechselkursen.

Dieser Trend der Schwellen- und Entwicklungsländer wird sich in den nächsten Jahrzehnten weiter fortsetzen, möglicherweise sogar noch beschleunigen. Auch wenn es nie eine komplette Konvergenz des Pro-Kopf-Einkommens in allen Ländern der Welt geben wird, so ist doch klar, dass der Anteil der deutschen Wirtschaft in der Welt langfristig von den heutigen 4 bis 5 % hin zu 1 bis 2 % sinken wird. Dies bedeutet nicht gezwungenermaßen weniger Wohlstand in Deutschland, aber Deutschlands wirtschaftliches und politisches Gewicht wird langfristig abnehmen.

Die einzige Chance für Deutschland, seiner Stimme in internationalen Entscheidungen Gewicht zu verleihen, ist als Teil eines gemeinsamen, starken Europas. Nur wenn es Europa gelingt, sich zu einigen und global mit einer Stimme aufzutreten, haben die Interessen aller europäischen Nationen – und vor allem Deutschlands – langfristig eine Chance, gehört zu werden und ein Gewicht zu haben. Gerade für Deutschland, das wie kein zweites Land in Europa durch seine Offenheit auf die Weltwirtschaft angewiesen ist, ist ein gemeinsames, starkes Europa von existenzieller Bedeutung.

III DIE DRITTE ILLUSION

**Europa will nur an
Deutschlands Geld**

9 Deutschland, das Opfer und der Zahlmeister Europas?

Einer der berühmtesten Sätze von US-Präsident Ronald Reagan lautet: »The nine most terrifying words in the English language are: ›I'm from the government and I'm here to help.‹« Es scheint, als ob in Europa derzeit ein ganz ähnlicher Satz – »Ich bin von der Europäischen Union und will Ihnen helfen« – die gleiche abschreckende Wirkung hervorruft.

Die Europäer sind sich heute in fast keiner Frage einig. Sie streiten über die richtige Krisenpolitik, über die Frage, welches Land die größte Schuld an der Misere trägt, und wie die Zukunft Europas aussehen soll. In einer Frage jedoch scheinen sie sich alle einig zu sein: Europa mischt sich zu stark in nationale Angelegenheiten ein und ist hauptverantwortlich für die Krise, die Erfolge hingegen können sich allein die Nationalstaaten auf ihre Fahnen schreiben.

Viele unserer Nachbarn geben gerade Deutschland eine Mitschuld an der europäischen Krise und daran, dass sie noch immer keinen nachhaltigen Weg aus ihrer Notlage gefunden haben. Sie beklagen, dass Deutschland den Kurs der europäischen Rettungspolitik bestimmt habe, dieser jedoch falsch und irreführend sei. Deutschland dagegen versteht sich als Opfer, als Sündenbock für die verfehlte Wirtschaftspolitik seiner Nachbarn. Es wertet die Klagen als einen Versuch, Deutschland unter Druck zu setzen und mehr Geld und Hilfe von deutscher Seite zu erpressen.

Eine eingehende kritische Einschätzung der Rettungspolitik und der wirtschaftspolitischen Maßnahmen der EU zeigt, dass die Bundesregierung alle wichtigen seit 2010 auf europäischer Ebene gefällten Entscheidungen geprägt hat. Jede einzelne trägt die deutsche Handschrift. Sowohl Europas Wirtschaftspolitik als auch seine Institutionen sähen heute sicherlich sehr anders aus, wenn es nach dem Willen anderer europäischer Nationen gegangen wäre. Das ist allen Europäern bewusst, nur Deutschland will sich selbst diese Wahrheit nicht eingestehen. Deutschland ist der unwillige Hegemon Europas, der den europäischen Entscheidungen seinen Stempel aufgedrückt hat, aber sich scheut, die volle Verantwortung dafür zu übernehmen.

Was sind die Ursachen der gegenseitigen Schuldzuweisungen in Europa? Wieso fühlt sich Deutschland als Opfer und als Zahlmeister Europas? Ist diese Wahrnehmung korrekt? Und vor allem: Welche Konsequenzen und Risiken birgt dieser Konflikt für Deutschland und für Europa?

Die Rolle des Sündenbocks

Die gegenseitigen Schuldzuweisungen sind enorm. Für einige der Krisenländer trägt Deutschland die Hauptschuld an ihren Problemen. Viele werfen Deutschland fehlende Solidarität vor. Sie glauben, Deutschland habe ihnen falsche wirtschaftspolitische Reformen aufgezwungen, die die Krise noch verschlimmert haben und sie in einer wirtschaftspolitischen Falle gefangen halten, aus der sie sich nur schwer befreien können. Die deutsche Bundesregierung wird beschuldigt, für die »Austeritätspolitik« verantwortlich zu sein, also für die Konsolidierungs- und Sparmaßnahmen der anderen Regierungen und damit für die sozialen und wirtschaftlichen Tragödien, die sich in den Krisenländern abspielen.

Deutschlands Wirtschaftspolitik wird zudem als eine der

Ursachen für das große ökonomische Ungleichgewicht in Europa angesehen, das zur Krise geführt hat. Die wirtschaftspolitischen Reformen der Agenda 2010 haben die Löhne in Deutschland fallen und die Wirtschaft auf Kosten seiner Nachbarn massiv an Wettbewerbsfähigkeit gewinnen lassen. Jetzt weigert sich Deutschland, seine Löhne und Preise anzuheben und damit wieder einen ausgewogenen Wettbewerb in Europa zu ermöglichen, so die Argumentation.

Außerdem wird Deutschland vorgeworfen, im Zuge der Reformierung der europäischen Wirtschaftspolitik und der Institutionen den anderen Europäern sehr eigensinnig und egoistisch seinen Willen aufgezwungen zu haben, sodass die große Mehrheit der Reformen ausschließlich den Wünschen und Bedürfnissen Deutschlands, aber nicht denen seiner europäischen Nachbarn entspricht. So habe Deutschland auf der Implementierung des Fiskalpakts bestanden, der den Ländern strikte Vorgaben zur Verschuldung macht und Kontrollmaßnahmen zur Disziplinierung von Regierungen enthält. Deutschland habe zudem die Bankenunion so verwässert und abgeschwächt, dass ihr nun ein glaubwürdiger fiskalischer Backstop, das heißt ein gemeinsamer paneuropäischer Fonds, über den Banken rekapitalisiert werden können, fehlt und die Union zudem nur eine kleine Zahl an Banken betrifft. Außerdem sei Deutschland zu geizig, um die Rettungsmechanismen finanziell so auszustatten, dass sie die Krisenländer ausreichend unterstützen und ihnen wirklich aus der Krise helfen können.

Deutschland dagegen sieht sich als Opfer, nicht als Täter. Es weist die Vorwürfe weit von sich. Nicht die Bundesregierung, sondern die Troika aus Europäischer Kommission, Internationalem Währungsfonds und Europäischer Zentralbank sei für die Reformprogramme der Krisenländer verantwortlich. Es sei diese Troika, die auf fiskalischer Disziplin und tief gehenden Strukturreformen bestehe. Deutschland mangelt es nicht an Solidarität mit seinen europäischen Nachbarn, so das deutsche

Echo, sondern trägt im Gegenteil einen großen Teil der finanziellen Risiken der Rettungsprogramme. Berlin hat sogar zusätzlich viele weitere Kredite bilateral oder durch die Rettungsmechanismen vergeben.

Die Reformen, die Deutschland seit Mitte der 2000er-Jahre implementiert hat, waren schmerzvoll und hatten hohe soziale Kosten. Aber sie waren notwendig, damit die Menschen wieder Arbeit finden, die Volkswirtschaft wieder an Dynamik gewinnen und global wettbewerbsfähig werden konnte, und um die private und öffentliche Verschuldung wieder auf einen nachhaltigen Pfad zu setzen. Viele Deutsche glauben, dass nun die Krisenländer an der Reihe sind, dem Beispiel Deutschlands zu folgen und diese schmerzvollen Reformen entschieden umzusetzen.

Was sind die Gründe für die Haltung und die Schuldzuweisungen der Krisenländer? Ein Teil der Antwort besteht darin, dass jedes Land in einer Krise einen Sündenbock braucht. Nach zwei Jahrzehnten starken Wachstums, steigender Löhne sowie einer Zunahme des Wohlstands ist es enorm schwierig, zu akzeptieren, dass sich die Erfolge und die harte Arbeit in so kurzer Zeit in nichts auflösen. Was war so falsch an der Wirtschaftspolitik und den wirtschaftlichen Erfolgen der Vergangenheit, dass diese Länder nun ein solches Schicksal erfahren? Es ist unmöglich, auf eine solche Frage eine rationale Antwort zu finden. Auch wenn man sich wirtschaftspolitische Fehler eingesteht, so scheint die Strafe exzessiv. Die Schuld kann also nicht nur im Land selber liegen, sondern andere, externe Kräfte müssen zumindest eine Mitverantwortung haben, so das Empfinden vieler Europäer.

Zudem sind die in den Krisenländern erforderlichen und in vielen Ländern bereits auf den Weg gebrachten Strukturreformen von enormer Tragweite und Tiefe. Sie verändern die Strukturen der Gesellschaft so grundlegend, dass es unmöglich ist, einen politischen Konsens für sie zu finden. Die Reformen verlangen ein gewaltiges Maß an nationaler Solidarität, vor allem zwischen Sozialpartnern, Tarifpartnern, gesellschaftlichen Gruppen und der Politik. Eine solche Solidarität zu schaffen, ist schwierig, und die Versuchung ist groß, sich einen Feind von außen zu suchen, gegen den man gemeinsam Widerstand leisten und für »nationale Interessen« kämpfen kann.

Ein Sündenbock erleichtert Reformen

Dieses Phänomen, sich einen externen Sündenbock zu suchen, ist nicht ungewöhnlich, sondern war in vielen Finanz- und Wirtschaftskrisen der letzten Jahrzehnte zu beobachten. Besonders deutlich zeigte es sich während der Asienkrise 1997/98. Die am 2. Juli 1997 erfolgte Abwertung der thailändischen Währung, des Baht, löste eine ganze Abwertungsserie in weiteren asiatischen Währungen aus. Vor allem westliche Investoren zogen damals nicht nur Kapital aus Thailand ab, sondern verloren auch ihr Vertrauen in andere Volkswirtschaften in der Region, die ähnliche wirtschaftliche Strukturen und Probleme hatten.

Die Kapitalflucht und die Abwertung der nationalen Währungen verursachten dann den finanziellen Kollaps vieler Finanzsysteme und Banken, was letztendlich zu einer tiefen Rezession führte. Die Länder verloren ihre Währungsreserven sehr schnell und konnten einen freien Fall ihrer Währungen nicht mehr verhindern. So fiel beispielsweise die indonesische Rupiah auf weniger als ein Sechstel ihres ursprünglichen Werts: Kostete ein US-Dollar vor der Krise 2500 Rupiah, so war er danach 18 000 Rupiah wert.

Nicht nur viele Staaten, auch viele Banken und Unternehmen standen vor dem Bankrott und konnten ihren Zahlungsverpflichtungen nicht nachkommen. Indonesiens Wirtschaft brach nach der Abwertung der Rupiah innerhalb eines Jahres um über 20 % ein. Millionen von Indonesiern rutschten in die Armut ab. Die daraus resultierenden sozialen und politischen Spannungen führten 1998 zu bürgerkriegsähnlichen Zuständen und kosteten vielen Tausenden Menschen ihr Leben und Millionen ihre Lebensgrundlage.

Alle Hoffnungen auf einen Ausweg ruhten damals – wie auch in vielen anderen Finanzkrisen – auf der Hilfe des Internationalen Währungsfonds. Die Aufgabe des IWF ist es, Ländern gerade in solchen Finanzkrisen durch gezielte Programme zu helfen. Diese Programme beinhalten Kredite in ausländischer Währung, meist US-Dollar, im Gegenzug für die Umsetzung von wirtschaftlichen Reformen, um die Ursachen der Krise zu beheben. 1997 legte der IWF solche Programme für Thailand, Indonesien und Südkorea auf und vergab milliardenschwere Hilfskredite.

Trotzdem nutzen viele Politiker in Indonesien, Südkorea und Thailand den IWF als Sündenbock für die eigene Krise und die eigenen wirtschaftlichen Probleme. Die Geste des damaligen Managing Director des IWF Michel Camdessus, der während der Vertragsunterzeichnung des Programms im Dezember 1997 mit verschränkten Armen über einem entwürdigt aussehenden indonesischen Präsidenten Suharto stand, wurde für eine massive Diskreditierungskampagne gegen den IWF genutzt. Es kam zu Straßenprotesten in Jakarta und anderen indonesischen Städten gegen die Reformbedingungen des IWF. Die Regierung unterstützte und nutzte die Proteste, um ein Gefühl der nationalen Einheit zu generieren und den IWF als Sündenbock und Verantwortlichen für die Krise hinzustellen.

Die Regierung hatte die Reformen in der Öffentlichkeit nicht unterstützt, sondern sie als vom IWF aufgezwungen dargestellt. Einige der Reformen, wie die der restriktiven Geld- und Fiskalpolitik, erwiesen sich nicht als hilfreich und waren sogar schädlich. Viele andere waren jedoch notwendig und richtig, auch wenn sie kurzfristig schmerzvoll für die Wirtschaft waren. Die Notwendigkeit vieler Reformen war der indonesischen Regierung bewusst. Aber die populistische Strategie, sich selbst als Opfer dazustellen und dem IWF die Verantwortung für die kurzfristigen Kosten der Reformen zu geben, hat es der Regierung erleichtert, die in Wahrheit auch von ihr selbst befürworteten Reformen umzusetzen. Ähnliches gilt für die Regierungen in Thailand und Südkorea. Letztendlich haben diese Reformen viel Positives bewirkt: In Indonesien haben sie dazu beigetragen, nicht nur die Wirtschaft zu reformieren, sondern auch das politische System grundlegend zu verändern. Präsident Suharto wurde im Mai 1998 aus seinem Amt verdrängt. Heute ist das Land ökonomisch und politisch stärker als je zuvor.

Sich einen Feind von außen zu suchen, um seine internen Probleme zu lösen, ist also keineswegs eine neue Strategie – auch nicht in Europa. Sie ist aber nicht ungefährlich und für viele militärische Konflikte verantwortlich. Zum Glück hat der gegenwärtige Streit über die richtige Krisenpolitik und die gemeinsame Zukunft Europas bisher vergleichsweise milde stattgefunden. Das ist auch dem hohen Maß an wirtschaftlicher und politischer Integration in Europa zu verdanken.

Wie dem IWF während der Asienkrise, so kommt Deutschland heute in der europäischen Krise die Rolle des Sündenbocks für die Krisenländer zu. Ein Sündenbock muss immer konkret sein, eine klare Identität, am besten ein Gesicht haben. »Den Finanzmärkten« die Schuld zu geben, ist schwierig, sie sind schwer zu verstehen, zu fassen und zu attackieren. Deutschland dagegen ist der nahezu perfekte Sündenbock: der große, einflussreiche Nachbar, dem es gut geht und der vergleichsweise wohlhabend ist. Und es ist ein Land, das eine dunkle Vergangenheit hat und sich auch aktuell diplomatisch nicht immer sehr geschickt anstellt. Das macht es leicht, alte Rechnungen aufzumachen und Vorurteile wiederzubeleben. Diese Strategie, Deutschland und die Troika als Sündenbock darzustellen, hat es einigen der Krisenländer zudem ermöglicht, ein noch stärkeres Aufleben von politischem Extremismus im eigenen Land zu verhindern.

Ähnlich wie die IWF-Programme in der Asienkrise sind auch viele der Reformen der Troika heute für die europäischen Krisenländer richtig und notwendig. Sicherlich sind in diesen Programmen viele Fehler gemacht worden. Vor allem im Falle Griechenlands waren sie anfangs zu optimistisch, die Ziele bei Weitem zu hochgesteckt und unrealistisch. Aber die Grundausrichtung hin zu tief gehenden Strukturreformen und institutionellen Reformen stimmt und ist die einzige Option, die Volkswirtschaften auf einen nachhaltigen Pfad zu setzen und den Ländern langfristig wieder eine Perspektive zu eröffnen.

Ein großer Teil der Kritik an Deutschland ist somit vielleicht auf nationalstaatlicher Ebene hilfreich, aber nicht gerechtfertigt. Denn Deutschland ist nicht Teil der Troika. Durch seine finanziellen Beiträge zu den europäischen Rettungsschirmen und durch bilaterale Kredite hat es entscheidend dazu beigetragen, dass die Gelder der Hilfsprogramme so hoch ausfallen konnten. Auch der IWF, der anfänglich ca. ein Drittel der finanziellen Last der Programme getragen hat, ist mit der Höhe der Kredite vor allem für Griechenland weit über seine üblichen Grenzen hinausgegangen. Kein Land zuvor hat je eine im Verhältnis zu seiner eingezahlten Quote beim IWF so große Kreditsumme erhalten wie Griechenland.

Falsch ist auch der Vorwurf, Deutschlands wirtschaftlicher Erfolg der letzten zehn Jahre sei zulasten seiner europäischen Nachbarn gegangen. Die europäischen Länder haben nicht an Wettbewerbsfähigkeit verloren, weil Deutschland so erfolgreich war, sondern weil sie eine zu expansive Fiskalpolitik verfolgten, die Löhne und Einkommen ihrer Arbeitnehmer deutlich stärker gestiegen sind als die Produktivität der Wirtschaft, oder weil sie keine nachhaltigen Finanz- und Bankensysteme hatten.

Im Gegenteil: Deutschland ist während der europäischen Krise ein Pol der Stabilität geblieben. Als größte Volkswirtschaft der Eurozone mit fast einem Drittel der gesamten Wirtschaftsleistung hat Deutschland es den Krisenländern ermöglicht, weiterhin nach Deutschland zu exportieren, es hat maßgeblich dazu beigetragen, dass der Euro stabil geblieben und das Vertrauen in die gemeinsame Währung nicht verloren gegangen ist. Dadurch wurde eine noch tiefere Krise verhindert. Es besteht kein Zweifel, dass die Krise für alle Europäer sehr viel tiefer gewesen wäre, wenn Deutschland nicht so stabil und wirtschaftlich erfolgreich auf dem Weltmarkt gewesen wäre.

Europas Krisenpolitik trägt einen Deutschland-Stempel

Es ist jedoch auch einiges wahr an der Kritik der Europäer an Deutschland. Die Bundesregierung verfolgte in der Krise eine »Strategie der kleinen Schritte«. Viele ihrer wirtschaftspolitischen Antworten waren minimalistisch und kamen zum spätestmöglichen Zeitpunkt. Erst als Europa mit dem Rücken zur Wand stand, stimmte die deutsche Bundesregierung weiteren Reformen und Hilfen zu. So zwang eine sich rasant entwickelnde Krise in Griechenland die europäischen Regierungen Anfang Mai 2010 zu einem hastig einberufenen Treffen, um eine weitere Eskalation zu verhindern. Ähnlich lief es im Juni 2012, als der Druck der Finanzmärkte auf die Krisenländer so massiv angestiegen war, dass die Staats- und Regierungschefs Europas gezwungen waren, über weitere Hilfen nachzudenken. Erst bei diesem Treffen stimmte die deutsche Bundeskanzlerin einer Bankenunion und einem Rettungsschirm (Europäischer Stabilitätsmechanismus oder ESM) zu, der – nun auch nach deutschem Willen – die Möglichkeit haben sollte, Banken ebenfalls direkt rekapitalisieren zu können.

Viele – wenn auch nicht alle – wichtigen Entscheidungen der europäischen Krisenpolitik sind aus der Not geboren und waren in fast allen Fällen nur eine direkte Antwort auf den Druck der Finanzmärkte. In vielerlei Hinsicht gleicht diese Strategie dem, was im Englischen als »game of chicken« bezeichnet wird – also dem Versuch aller Regierungen, auch der deutschen, selbst so wenig wie möglich zu einer gemeinsamen Lösung der Krise beizutragen, wohingegen die Krisenländer tief greifende Hilfen und europäische Reformen anstrebten.

Das vorsichtige und zögernde Verhalten der Bundesregierung spiegelt sicherlich auch das Fehlen einer breiten öffentlichen Mehrheit hinter sich wider, welche für Entscheidungen dieser Tragweite notwendig ist, wie auch die Sorge, dass die Krisenländer ohne den Druck der Märkte und ohne harte Auflagen nicht entschieden genug notwendige Reformen umsetzen.

Zutreffend ist, dass die politischen Antworten meist nur minimalistische Maßnahmen enthielten, selten einen langfristigen Plan, geschweige denn eine Vision, wie Europa nachhaltig aus der Krise herauskommen könnte. Viele der Probleme wurden deshalb nicht gelöst. Es wurden Versprechungen gemacht, Symptome behandelt und nachhaltige Lösungen verschoben. Leidtragende waren in erster Linie die Krisenländer, die durch diese kleinteiligen Krisenmaßnahmen und -hilfen nur sehr begrenzt handlungsfähig wurden. Sicherlich lässt sich trefflich über die richtige Krisenpolitik streiten – und in Europa und in Deutschland wird dies noch immer getan. Ein Blick auf den katastrophalen Zusammenbruch der Volkswirtschaften und Gesellschaften der Krisenländer, aber auch die enttäuschende Entwicklung in ganz Europa und in Deutschland lässt wenig Zweifel, dass die europäische Krisenpolitik als Ganzes als gescheitert bezeichnet werden muss.

Trotzdem wurden seit 2010 zumindest einige erste grundlegende europäische Reformen auf den Weg gebracht. Bei all diesen Reformen ist die deutsche Handschrift überdeutlich zu erkennen. Vor allem die Krisenpolitik und die Rettungsschirme EFSF (Europäische Finanzstabilisierungsfazilität) und ESM betonen sehr entschieden das Prinzip, dass Hilfe immer nur an strikte Bedingungen geknüpft sein kann. Es war letztendlich vor allem Deutschland, das den Internationalen Währungsfonds als Teil der Rettungsprogramme an Bord bringen wollte. Nicht nur fehlte es nach Meinung der Bundesregierung in Europa an Expertise, wie solche Programme aussehen und umgesetzt werden sollten. Ihre Sorge war auch, dass die Europäische Kommission und die EZB den Fokus nicht ausreichend auf die Bedingungen legen würden, die an Rettungskredite geknüpft werden sollten. Heute legt die Troika aus IWF, Europäischer Kommission und EZB sehr starken Wert auf Strukturreformen und fiskalische Austerität.

Ein zweites Beispiel ist der europäische Fiskalpakt. Die Maßnahmen mit dem sogenannten Twopack und Sixpack und dem Europäischen Semester zielen in erster Linie auf eine stärkere Disziplin der Staaten und verbesserte Kontrollmöglichkeiten ab. So müssen nun alle Länder der Eurozone ihr Budget der Europäischen Kommission vorlegen, bevor es Gesetz werden kann. Zudem haben einige Länder Schuldenbremsen eingeführt, die gesetzlich verankern, dass zukünftige Regierungen die öffentliche Verschuldung nur schwer weiter erhöhen können.

Auch beim Fiskalpakt ist der deutsche Einfluss deutlich auszumachen. Viele Ökonomen argumentieren, eine Währungsunion könne nur mit einer nachhaltigen Fiskalunion auf europäischer Ebene funktionieren. Der gemeinsamen Geldpolitik müsse auch eine gemeinsame oder zumindest koordinierte Finanzpolitik gegenüberstehen, so ihr Argument. Eine solche Fiskalunion bedeutet generell, dass es gemeinsame Regeln und Grenzen für die Budgethoheit und die fiskalische Souveränität der Nationalstaaten sowie eine gemeinsame Haftung gibt.

Viele Formen einer solchen gemeinsamen Haftung sind möglich. Der deutsche Sachverständigenrat hat einen Schuldentilgungspakt vorgeschlagen, bei dem der Teil der Staatsverschuldung vergemeinschaftet wird, der über 60 % der Wirtschaftsleistung liegt. Für diesen Teil der Staatsschulden würden alle Staaten der Eurozone also gemeinsam haften. Zudem soll ein klarer Pfad anvisiert werden, wie diese »übermäßige« Verschuldung über die nächsten 20 Jahre glaubwürdig abgebaut werden kann. Es gibt jedoch auch viele andere Vorschläge, die vor allem den Finanzmärkten eine disziplinierende Rolle auf die Regierungen zuschreiben würden. Andere Ökonomen, vor allem in den Krisenländern, bevorzugen dagegen eine vollständige Haftungsgemeinschaft, in der die gesamten Staatsschulden aller Länder zusammen ausgegeben und zusammen garantiert werden. Der sogenannte Eurobond, bei dem alle Länder für die gesamten Schulden in der Eurozone haften, ist dafür ein Beispiel.

Die deutsche Bundesregierung hat eine solche gemeinsame Haftung immer strikt ausgeschlossen. Viele erinnern sich an den berühmten Satz von Bundeskanzlerin Merkel, dass es solche Eurobonds nicht geben wird. Alles in allem haben wir heute eine sehr seltsame Form der europäischen Fiskalpolitik: Der Fiskalpakt soll in erster Linie die fiskalische Disziplin der Staaten verbessern. Gleichzeitig gibt es jedoch keinen glaubwürdigen Sanktionsmechanismus, der Länder dazu zwingen könnte, sich an diese gemeinsamen Vorgaben zu halten. Bricht ein Land die Vorgaben des Fiskalpakts, so ist es enorm schwierig für die europäischen Nachbarn, dieses Land dazu zu bringen, die gemeinsamen Regeln wieder einzuhalten. Zudem gibt es keinerlei direkte fiskalische Transfermechanismen im Fiskalpakt, durch die die Länder mit wirtschaftlichen Problemen mehr oder weniger automatisch finanzielle Unterstützung der Staatengemeinschaft im Krisenfall erhalten.

Fakt ist, dass sich die Bundesregierung auch in diesem Punkt weitgehend durchgesetzt hat: Wenn es nach den Wünschen und Vorstellungen vieler Krisenländer und wohl auch Frankreichs gegangen wäre, hätten wir heute in der Eurozone einen sehr ausgeprägten fiskalischen Transfermechanismus. Viele Befürworter argumentieren, dass gemeinsame Schuldanleihen, beispielsweise Eurobonds, die Krise sehr viel früher und grundlegender beendet hätten. Eurobonds hätten den Krisenländern mehr finanziellen Handlungsspielraum verschafft, um ihren Volkswirtschaften einen positiven Nachfrageimpuls zu geben und eine bessere soziale Sicherung der Bevölkerung zu gewährleisten. Das so ermöglichte Mehr an Wachstum und Beschäftigung in den Krisenländern wäre auch im deutschen Interesse gewesen, da die Verwerfungen der Finanzmärkte und die negativen Konsequenzen damit auch für Deutschland geringer ausgefallen wären, so die Logik.

Ein drittes Beispiel für die deutsche Durchsetzungskraft zeigt sich bei der Bankenunion. Ab Ende 2014 wird die Europäische Zentralbank nun für die Aufsicht der knapp 130 größten Banken der Eurozone verantwortlich sein. Zudem wird es einen gemeinsamen Abwicklungsmechanismus geben, der regelt, wie mit Risikobanken verfahren wird – also solchen, die nicht nachhaltig wirtschaften und zu hohe Risiken für das Finanzsystem als Ganzes verursachen. Auch hier hat sich die Position der deutschen Bundesregierung zum größten Teil durchgesetzt. Denn es war die Bundesregierung, die darauf bestand, dass die Bankenunion nur für die größten Banken gilt und zudem die nationalen Behörden weiterhin einen großen Einfluss auf die Entscheidungen haben werden. So wird die Bundesregierung wohl nach wie vor praktisch ein Vetorecht darüber haben, ob und wie eine deutsche Bank abgewickelt wird. Auch hat der deutsche Finanzminister in den Verhandlungen durchgesetzt, dass der Rettungsschirm ESM in Schieflage geratene Banken nicht, wie ursprünglich vorgesehen, direkt rekapitalisieren kann.

Deutschland als Hegemon wider Willen

Die Wahrnehmung in Deutschland ist jedoch eine ganz andere. Kaum ein Deutscher glaubt, dass Deutschland die Entscheidungen der europäischen Krisenpolitik dominiert und seine Nachbarn mit viel Nachdruck von seinen Positionen überzeugt hat. Vielmehr herrscht die Überzeugung, dass Deutschland hohe Risiken für seine Nachbarn auf sich genommen hat und die Nutznießer in erster Linie die anderen Länder sind. Deutschland habe unter der Krise der anderen Europäer gelitten, denn ohne deren Probleme und Fehler wäre die wirtschaftliche Entwicklung seit 2010 auch in Deutschland sehr viel positiver verlaufen. Kurzum, das Bild, das einige deutsche Ökonomen und Politiker zeichnen, zeigt uns als Opfer der europäischen Krisenpolitik.

Manche Ökonomen beispielsweise präsentieren einen Haftungspegel, durch den gemessen werden soll, mit wie viel Geld der deutsche Steuerzahler für seine Nachbarn haftet. Hierzu zählen die Einlagen in die Rettungsschirme EFSF und ESM, die Kredite, die die EZB an europäische Banken vergeben hat, sowie Anleihen, die die Zentralbank direkt am Markt gekauft hat. Und auch die im Rahmen der Hilfprogramme der EU und des IWF an die Krisenländer vergebenen Kredite gehören dazu. Viele stellen die Situation so dar, als ob Deutschland von seinen Nachbarn wider besseres Wissen und gegen sein eigenes Interesse gedrängt wurde, diese Gelder und Garantien bereitzustellen. Sie argumentieren häufig gar, die gemeinsamen Rettungsschirme und die Geldpolitik der EZB würden einen Transfermechanismus beinhalten, der Gelder aktiv aus Deutschland in die Krisenländer umverteilt.

Das Hauptargument dieser Kritiker ist, dass Regierungen, Unternehmen und Banken keine solchen Hilfen aus europäischen und nationalen Quellen hätten erhalten sollen, sondern dass der Markt diese Probleme hätte regeln sollen. So hätten Länder wie Portugal, Spanien und Irland und auch sehr viel mehr Banken pleitegehen sollen, anstatt Rettungskredite zu erhalten. Ein funktionierender und disziplinierender Marktmechanismus wurde durch die Rettungspakete ausgehebelt, so die Kritiker. Es ist richtig, dass eine nachhaltige Lösung der Krise funktionierende Märkte erfordert. Eine solche Erklärung der Krise ist jedoch zu engstirnig, denn sie beruht auf der falschen Annahme, dass die Finanzmärkte funktionsfähig waren. Das Gegenteil trifft zu: Dysfunktionale Finanzmärkte waren eine der Ursachen für die Krise, und sie machen eine nachhaltige Lösung nach wie vor so schwierig. Gerade deshalb ist eine korrigierende Politik so wichtig – um sowohl Fehler der Wirtschaftspolitik zu beheben als auch das Funktionieren von Marktmechanismen zu gewährleisten.

Auch das Argument, Deutschland sei der Leidtragende, ist meist falsch und verdreht die Wahrheit. Deutschland ist nicht Opfer der europäischen Krisenpolitik, sondern ihr wichtigster Architekt und einer der größten Nutznießer. Durch diese Hilfsprogramme konnten die Krisenländer eine noch tiefere Rezession ihrer Volkswirtschaften verhindern. Die Hilfsprogramme haben ihnen Zeit für notwendige strukturelle und fiskalische Reformen verschafft. Damit hat sich die europäische Volkswirtschaft besser entwickeln können, die Risiken für Unternehmen und für das Finanzsystem sind deutlich gesunken. Am meisten hat Deutschland von dieser Entwicklung profitiert. Denn es waren und sind vor allem deutsche Investoren, deutsche Banken, deutsche Unternehmen und deutsche Privatpersonen, deren Interessen und Investitionen durch diese Politik geschützt wurden. Es ist also nicht nur unsere wirtschaftliche Stärke, die die deutsche Volkswirtschaft wesentlich besser durch die Krise kommen ließ als die der europäischen Nachbarn.

Auch haben die Krisenmaßnahmen nicht – wie von einigen Politikern und Ökonomen und von verschiedenen Medien verbreitet – riesige Mengen an deutschen Steuergeldern unwiederbringlich in die Krisenländer transferiert. Europäische und deutsche Institutionen haben, durch Gelder und Garantien der deutschen Bundesregierung, lediglich Kredite vergeben. Mit sehr wenigen Ausnahmen hat Deutschland damit weder finanzielle Transfers geleistet noch Schulden seiner Nachbarn übernommen. Im Gegenteil: Der deutsche Staat hat Nettoeinnahmen durch seine Beteiligung an Hilfskrediten erzielen können, vor allem da die Zinszahlungen von Regierungen und Finanzinstitutionen in den Krisenländern höher sind als die Kosten für die Kreditvergabe des deutschen Staates.

Natürlich würde ein Staatsbankrott eines europäischen Nachbarn auch hohe Verluste für Deutschland bedeuten. Immens große Verluste wären aber auch entstanden, wenn es keine Hilfskredite gegeben hätte und die Staaten pleitegegangen wären. Deutschland wolle – so sehen es die Kritiker in anderen europäischen Ländern – mit seiner Hilfe nicht die Krisenländer schützen, sondern deutsche Interessen und Investitionen. Selbst der griechische Schuldenschnitt im Jahr 2012 traf hauptsächlich griechische Banken und griechische Investoren, wohingegen deutsche Investoren zum größten Teil ausgenommen blieben. Auch die EZB wurde geschützt. Sicher ist: Die Krisenpolitik hat Staatsbankrotte und eine tiefe Depression in Europa bisher verhindern können.

Viele Deutsche sehen das Land aber nicht nur als Opfer der unmittelbaren europäischen Krisenpolitik, sondern auch in vielen anderen wirtschaftspolitischen Bereichen als Opfer Europas. Vor allem die ungewöhnlich offene Kritik der Deutschen Bundesbank an der Geldpolitik der Europäischen Zentralbank hat in der Öffentlichkeit den Eindruck geprägt, die Geldpolitik der EZB sei nur auf die Krisenländer ausgerichtet und vernachlässige die deutschen Interessen. Die EZB vergibt zu viele Kredite an Banken in den Krisenländern, nimmt damit ein zu hohes Risiko auf die eigene Bilanz, so die Klage. Sie schaffe zu viel Geld, was mittelfristig unweigerlich – auch in Deutschland – zu hoher Inflation führen müsse. Darüber hinaus schaden die niedrigen Zinsen vor allem den deutschen Sparern, die deswegen nicht in der Lage sind, Vorsorge zu betreiben und eine ordentliche Rendite zu erzielen, so einige der vielfältigen Argumente der Kritiker.

Auch in anderen wirtschaftspolitischen Bereichen wird seit einigen Jahren immer mehr Kritik an Europa laut: Als die Europäische Kommission 2013 die hohen deutschen Exportüberschüsse kritisierte, reagierte die deutsche Öffentlichkeit empört. Es wurde sofort vermutet, dass die anderen Europäer neidisch sind auf den deutschen Erfolg und seine hohe Wettbewerbsfähigkeit in globalen Märkten. Die Kritik wurde gar als ein Versuch gesehen, die deutsche Wirtschaft zu schwächen und damit Wachstum und Beschäftigung in Deutschland zu reduzieren.

Anfang 2014 führten die Themen Armutsmigration und Energiewende zu weiteren Unstimmigkeiten zwischen Deutschland und Europa. Die Europäische Kommission erinnerte an die in der EU geltende Freizügigkeit. Demnach kann sich jeder EU-Bürger in jedem Land der Europäischen Union niederlassen und Arbeit suchen. Somit widerspricht es europäischem Recht, ausländische EU-Bürger prinzipiell von Sozialleistungen auszuschließen. Diese Mahnung bedeutet nicht, dass der deutsche Staat automatisch verpflichtet ist, allen Sozialleistung zu zahlen. Aber jeder einzelne Fall muss geprüft werden. Die Öffentlichkeit nahm diese Kritik jedoch als Eingriff in das deutsche Recht wahr. Die Entrüstung war groß, und wieder einmal stellten wir uns als Opfer dar, das andere, ärmere Europäer nun durch soziale Leistungen unterstützen muss. Das

Schlagwort von der »Zuwanderung in die deutschen Sozialsysteme« machte die Runde.

Eine ähnliche Kontroverse entwickelte sich nach der Mahnung der Europäischen Kommission, die Ausnahmen für einzelne Industrieunternehmen und -sektoren von der EEG-Umlage könnten rechtswidrig sein, wenn sie innerhalb der EU zu Wettbewerbsverzerrungen führen. Auch vermuteten Teile der deutschen Öffentlichkeit sehr schnell, die Europäische Kommission wolle die Energiewende behindern oder gar verhindern. Dabei ignorierten sie schlicht, dass Sicherung der europäischen Wettbewerbspolitik eine der zentralen Aufgaben der Europäischen Kommission ist. Diesen gemeinsamen, europäischen Wettbewerbsregeln hat auch Deutschland zugestimmt.

Kurzum: Bei all diesen Beispielen wird offensichtlich, dass auch Deutschland bei Bedarf – genau wie seine Nachbarn – eine Sündenbockstrategie verfolgt. Der Sündenbock heißt dann allzu oft »Europa«.

Warum sind wir nicht stolz darauf, die europäischen Entscheidungen wie kein zweites Land dominiert und gestaltet zu haben? Warum sehen wir nicht, dass Deutschland vom Euro und der europäischen Krisenpolitik profitiert hat? Warum glauben wir stattdessen lieber, dass unsere Nachbarn nur an unser Geld wollen und die europäischen Institutionen wirtschaftspolitische Entscheidungen Deutschlands meist nicht unterstützen, sondern blockieren?

Genauso wie die Krisenländer ein klares Motiv haben, um nach einem Sündenbock zu suchen, so steht auch hinter der deutschen Opferhaltung eine Logik. Sich als unschuldiges Opfer Europas zu sehen, bietet die Rechtfertigung, die eigenen nationalen Interessen mit noch mehr Nachdruck zu vertreten. Wenn jedes andere Land in Europa seine eigenen Interessen vorantreibt und es auf die finanziellen Hilfen aus Deutschland abgesehen hat, dann ist dies auch ein guter Grund für Deutschland, allein die eigenen engen Absichten zu verfolgen. Diese

Strategie, sich selbst als Opfer und die Nachbarländer als Täter darzustellen, hat in Europa zu einer besorgniserregenden Renationalisierung der Politik geführt – vor allem der Wirtschaftspolitik. So wird in Deutschland selten die Frage gestellt, ob die EZB die richtige Geldpolitik für die Eurozone macht, sondern lediglich, ob diese Politik Deutschland hilft.

In Deutschland ist die Opferhaltung sicherlich auch einer der Gründe für die Euphorie über die eigenen wirtschaftspolitischen Erfolge und Stärken, die in den vorangegangenen Kapiteln diskutiert wurden. Wenn Deutschland ein stärkeres europäisches Bewusstsein hätte, dann gäbe es keinen Anlass für diese Euphorie, denn Europa befindet sich nach wie vor in einer tiefen Krise.

Das Besorgniserregende an diesem Streit innerhalb der EU ist nicht so sehr, wie stark sich die Meinungen über den Kurs der Wirtschaftspolitik unterscheiden. Schädlich ist das steigende Misstrauen zwischen den europäischen Partnern. Man sieht sich nicht nur als Sündenbock für die Fehler anderer, es steigt auch die Skepsis, dass die Nachbarn wirklich an einer europäischen Lösung interessiert sind. Dieses Misstrauen an der europäischen Haltung nimmt vor allem in der deutschen Öffentlichkeit weiter zu.

Die Sündenbockstrategie birgt deshalb die Gefahr einer wirtschaftlichen und politischen Spaltung Europas. Sie führt dazu, dass nationale Verantwortung für Europa geleugnet und weitergereicht wird. Diese Gefahr ist groß und real. Bereits heute ist ein konstruktiver Dialog über die Zukunft Europas enorm schwierig geworden. Die Fragen, die diskutiert werden, sind nicht, wie Europa reformiert und gestärkt werden kann. Sie drehen sich in erster Linie darum, wie nationale Pfründe gesichert und wenn möglich ausgebaut werden können.

Dies schwächt vor allem die Glaubwürdigkeit und Handlungsfähigkeit europäischer Institutionen wie der Europäischen Kommission oder des Europäischen Parlamentes. So ist es keine Überraschung, dass Umfragen in den meisten europäischen Ländern ein sinkendes Vertrauen in die europäischen Institutionen zeigen. Das schwächt die demokratische Legitimierung. Es wird immer schwieriger, die notwendigen Reformen für Europa umzusetzen. Wie Europas Zukunft ohne diese Reformen aussehen soll, ist völlig unklar.

Warum also verhält sich Deutschland so? Warum stellt es sich als Opfer dar, obwohl es die europäische Politik in den letzten Jahren so stark dominiert und definiert hat? Und was sind die Konsequenzen und Risiken sowohl für Europa als auch für Deutschland? Deutschland leugnet seine Rolle als Hegemon Europas. Als größte und derzeit wohl leistungsfähigste Volkswirtschaft Europas und politisch stabilstes Land ist Deutschland über die letzten zehn Jahre de facto Macht und großer Einfluss zugewachsen. Kaum jemand in Deutschland fühlt sich wohl in dieser Rolle. Denn sie bringt eine große Verantwortung mit sich, über die eigenen Grenzen hinweg, für Europa als Ganzes. Diese Weigerung, politische Verantwortung zu übernehmen, mag historische Gründe haben. Nach der noch immer zu verarbeitenden Wiedervereinigung bedeutet sie einen Rollenwechsel. In der Vergangenheit hatte eher Frankreich die Rolle der politischen Führung inne, Deutschland hatte sich auf die wirtschaftliche Führung in Europa beschränkt.

Mit der wirtschaftlichen und momentan auch politischen Schwäche Frankreichs ist Deutschlands wichtigster Partner in Europa weggefallen. Kein anderes Land konnte dieses Vakuum füllen. Nur Deutschland hatte während der Krise die wirtschaftliche und politische Stärke, diese Führungsrolle zu übernehmen. Weil wir uns aber sträuben, fehlt Europa derzeit eine klare politische Führung und Richtung. Doch die Krise hat deutlich gezeigt, dass der europäische Integrationsprozess nur gelingen kann, wenn fundamentale institutionelle Veränderungen vorgenommen werden. Der Euro ist in seiner gegenwärtigen Form nicht nachhaltig, und es ist nur eine Frage der Zeit, bis eine neue Krise den Zusammenhalt bedroht und die europäische und auch die deutsche Wirtschaft schwächt.

10 Die europäische Krise ist keine »Eurokrise«

Manche Hauseigentümer deponieren den Hausschlüssel unter der Türmatte, um Familie und Freunden in ihrer Abwesenheit Zugang zu gewähren. Wenn ein Fremder dies missbraucht und den Schlüssel nutzt, um die Speisekammer leer zu räumen, dann mag der Eigentümer fahrlässig gewesen sein, das Fehlverhalten begeht jedoch der »Besucher«.

Diese Analogie beschreibt die gegenwärtige Debatte um die Zukunft des Euro recht treffend. Alle Mitglieder der Eurozone haben mit dem Euro einen Schlüssel zum privilegierten Zugang zum europäischen Haus erhalten. Sie sind der damit verbundenen Verantwortung jedoch nicht gerecht geworden. Medien und Politik, vor allem in Deutschland, reden immer häufiger von einer »Eurokrise« und versuchen, den Euro als Ursache der Krise darzustellen. Der Einführung der gemeinsamen Währung die Schuld sowohl für die Krise zuzuschieben als auch daran, dass einzelne Länder nicht aus der Krise herauskommen, ist zwar bequem, aber grundfalsch. Solcherlei Behauptungen stellen die Fakten auf den Kopf.

Die Krise Europas hat vier Facetten: Sie ist Schuldenkrise, Bankenkrise, Krise der Wettbewerbsfähigkeit und institutionelle Krise in einem. Die Einführung des Euro hat Vorteile für alle Mitgliedsländer gebracht: Der Euro schafft mehr Handel, eine vertiefte Finanzintegration und günstigere Finanzierungsbedingungen, erhöht die Preisstabilität, intensiviert den Wettbewerb und bringt so Effizienzgewinne. Die Einführung des Euro hat die Integration der Finanzmärkte stark beschleunigt. Vor allem Investoren und Unternehmen in Nordeuropa zeigten durch den Euro mehr Interesse an Investitionen in Südeuropa, denn durch die Abschaffung nationaler Währungen gab es plötzlich kein Wechselkursrisiko mehr. Auch wurde erwartet, dass sich Inflationsraten über die Länder hinweg anpassen würden.

Diese starke Integration von Finanzmärkten hat einen deutlichen Konvergenzprozess, also eine deutliche Annäherung zwischen den Ländern der Eurozone verursacht. Nicht nur Inflationsraten, sondern vor allem auch Finanzierungsbedingungen und Zinsen der Länder haben sich einander angepasst. Länder mit einer geringeren Glaubwürdigkeit ihrer nationalen Geldpolitik haben massiv von diesem Prozess profitiert, denn mit der EZB verfügten sie plötzlich über eine sehr glaubwürdige und unabhängige Zentralbank, die in ihren Aufgaben, in ihrer Struktur und Unabhängigkeit der Bundesbank sehr ähnlich ist. Dadurch haben sich nach 1999 die Zinsen und Finanzierungsbedingungen in anderen Eurozonenländern an die in Deutschland vorherrschenden angeglichen.

Dieser Prozess wurde sehr positiv bewertet, denn diese Konvergenz hat zu einer Angleichung der wirtschaftlichen und finanziellen Bedingungen in der gesamten Eurozone geführt und die wirtschaftliche Integration Europas deutlich beschleunigt. Die niedrigeren Zinsen in den südeuropäischen Ländern erlaubten vor allem privaten Unternehmen und Haushalten, Kredite aufzunehmen, um langfristige Investitionen zu finanzieren. So sollten diese Volkswirtschaften gestärkt werden, Produktivität, Einkommen und Löhne steigen, und letztendlich sollte Wohlstand vor allem in den ärmeren Regionen der Eurozone geschaffen werden. In den ersten Jahren schienen sich diese Erwartungen auch zu erfüllen: Investitionen und Binnennachfrage in Südeuropa stiegen stark an, und die Wachstumszahlen der Volkswirtschaften waren beeindruckend, vor allem im Vergleich zu Deutschland.

Seit 2009 zeigt sich jedoch, dass die Effekte dieses Konvergenzprozesses nicht nachhaltig waren. Einige Mitglieder nutzen die Vorteile nicht, um ihre Wirtschaft langfristig zu stärken und den Staatshaushalt zu konsolidieren. Vielmehr ließen sie sich durch günstige Finanzierungsbedingungen dazu verleiten, ihre private und öffentliche Verschuldung auszuweiten, und brachten ihre Volkswirtschaften so in Schieflage.

Ist der Euro die Ursache dieses Verhaltens? Sicherlich hat er es leichter gemacht, diesen Fehler zu begehen. Das Absinken der Zinsen hat Staaten, Unternehmen und private Haushalte verleitet, falsche Entscheidungen zu treffen. Die Verantwortung und die Ursache dafür liegen jedoch auf der politischen Seite, nicht beim Euro. Einige deutsche Ökonomen argumentieren gar, deutsche Investoren wären gezwungen gewesen, ihr Kapital in Südeuropa zu investieren, sodass dann dieses Kapital in Deutschland für Investitionen gefehlt hat. Dies ist ein sehr abenteuerliches und selbstgerechtes Argument: Niemand hat und niemals waren deutsche Banken, Investoren und Unternehmen je gezwungen, ihr Kapital in Südeuropa zu investieren. Der Euro, und damit der Wegfall von Währungsrisiken, hat diese Investitionen attraktiver erscheinen lassen. Die Verantwortung tragen jedoch die Investoren selbst.

Schon der Begriff »Eurokrise« ist falsch. Denn die Krise hat rein gar nichts mit einer Währungskrise gemein. Zwei Merkmale zeichnen eine Währungskrise aus: Erstens liegen ihre Ursachen in einer Überbewertung der Währung und fehlender preislicher Wettbewerbsfähigkeit, sodass die eigenen Exporte zu teuer sind, um auf dem Weltmarkt für Käufer attraktiv zu sein. Zweitens führt eine Währungskrise zu einem Vertrauensverlust in die Währung und dadurch zu einer massiven Abwertung, was wiederum – durch Währungsungleichgewichte der öffentlichen und privaten Bilanzen – in der Folge Banken- und Staatsschuldenkrisen nach sich ziehen kann.

Nichts davon trifft auf die Krise in Europa zu. Ganz im Gegenteil: Die Eurozone als Ganzes hatte vor der Krise keinen überbewerteten Euro. Während der Krise ist der Euro äußerst stabil geblieben und bleibt im internationalen Vergleich fair bewertet. Die Banken- und Staatsschuldenkrisen, die wir heute in Europa beobachten, haben ihren Ursprung nicht in Währungsungleichgewichten, sondern im Risikoverhalten der Banken, fehlender Flexibilität auf den Güter- und Arbeitsmärkten sowie einer zu expansiven Fiskalpolitik. Die Stabilität und Verlässlichkeit des Euro haben dazu geführt, dass die Investoren bislang netto kein Kapital aus der Eurozone abgezogen haben. Ein solcher Kapitalabzug war in vielen vergleichbaren Krisen der Welt – etwa der Asienkrise – deutlich zu beobachten. Mit fatalen Folgen: Er führt zu einem Zusammenbruch von Banken, Unternehmen und damit der wirtschaftlichen Grundlage vieler Privatpersonen. Eine solche Vertiefung der Krise konnte bislang verhindert werden, und zwar wegen der Stabilität, Stärke und Glaubwürdigkeit des Euro.

Selbst während der schwierigsten Zeiten im Sommer 2012 mussten die spanische und die italienische Regierung »nur« zwischen 6 und 7 % auf eine zehnjährige Staatsanleihe zahlen. Das lag zwar weit über den Zinsen des deutschen Staates, aber deutlich niedriger als die Zinsen, die die meisten anderen Länder in vergleichbar tiefen Finanzkrisen in der Vergangenheit aufbringen mussten. In anderen Worten: Ein Vergleich mit den Finanzkrisen der vergangenen Jahrzehnte zeigt, dass die Zinsen in den Krisenländern ohne den Euro sehr viel stärker gestiegen wären, die Währungen deutlich an Wert verloren hätten und die Inflation außer Kontrolle geraten wäre.

Als ein weiteres Argument gegen den Euro wird häufig ins Feld geführt, dass die Länder der Währungsunion in vielfältiger Hinsicht zu unterschiedlich für eine gemeinsame Währungs-

und Geldpolitik seien. Auch dieses Argument ist irreführend. Dieser weitere Verständnisfehler beruht auf dem naiven Lehrbuchmodell eines optimalen Währungsraums. »Optimale« Währungsräume gibt es aber nur in der Theorie. Im wirklichen Leben ist kein Währungsraum jemals optimal. Dies gilt für die Eurozone wie für die USA. Selbst die Bundesrepublik Deutschland war aufgrund ihrer regional vielfältigen Wirtschaftsstruktur nie ein optimaler Währungsraum und wird es auch nie sein.

Deutschland hat in den letzten 25 Jahren zwei Währungsunionen durchlebt: die innerdeutsche 1990 und die europäische 1999. Die deutsche Währungsunion des Jahres 1990 hat zwei Volkswirtschaften zusammengebracht, die sehr viel unterschiedlicher waren als jene Staaten, die sich 1999 zu einer Europäischen Währungsunion zusammengeschlossen haben. Die Wirtschaft der DDR unterlag planwirtschaftlichen Anreizstrukturen, ihr Kapitalstock und ihre Technologien waren völlig veraltet. Zum Teil wurden Güter erzeugt, die nach der Vereinigung nicht mehr marktgängig waren.

Trotzdem hat man die deutsche Währungsunion umgesetzt. Sie ging mit einer hohen – zu hohen – Aufwertung im Osten einher. Im Vordergrund stand der Gedanke, dass eine Integration durch eine gemeinsame, stabile und glaubwürdige Währung sehr viel schneller und leichter vollbracht werden könne. Zwar war die wirtschaftliche Anpassung in Ostdeutschland für viele Menschen sehr hart. Aber sie war die ungleich bessere Option als die Alternative zweier Währungen und unterschiedlicher Volkswirtschaften. Begleitet wurde sie allerdings von einer politischen Union, einer Finanzmarktunion und einer Fiskalunion.

Dieser innerdeutsche Prozess der Integration und Konvergenz dauert noch an, und vielleicht wird es nie eine volle Konvergenz zwischen allen Bundesländern und Regionen geben. Aber stellen wir deshalb die innerdeutsche Währungsunion infrage? Kaum jemand bezweifelt heute noch den wirtschaftlichen Sinn der Währungsunion, weder für Westdeutschland noch für Ostdeutschland.

Genauso wenig wie der Euro für die europäische Krise verantwortlich ist, stellt ein Austritt einzelner Staaten aus dem Währungsverbund eine Lösung dar. Manche deutsche Ökonomen glauben, die gemeinsame Währung und die gemeinsame Geldpolitik verhindern eine eigenständige Geldpolitik der Nationalstaaten. Hätten die Krisenländer ihre eigene Währung, dann könnten sie diese abwerten, so an Wettbewerbsfähigkeit gewinnen, ihre Exporte steigern und mehr Beschäftigung und Wachstum generieren, so die Logik. Der Euro hingegen zwingt die Krisenländer in ein zu enges wirtschaftspolitisches Korsett, das ihnen die Möglichkeit nimmt, ihre Wirtschaftspolitik auf die eigenen Bedürfnisse abzustimmen.

Für manchen mag diese Logik recht schlüssig klingen, denn viele der südeuropäischen Länder haben eine solche Strategie der wiederholten Abwertung der eigenen Währung in den vergangenen Jahrzehnten häufig betrieben, um ihre Wettbewerbsfähigkeit kurzfristig zu schützen. Es gibt jedoch einen fundamentalen Unterschied zwischen einer Abwertung der eigenen, existierenden Währung und der Aufgabe und Konvertierung des Euro in eine andere Währung. Unternehmer in den Krisenländern sagen offen und deutlich, welche Konsequenz eine Rückkehr zur nationalen Währung hätte: Die neue nationale Währung würde massiv abwerten, die Unternehmen könnten einen großen Teil ihrer Einnahmen nur in dieser neuen, schwächeren Währung erhalten. Die Schulden und Kredite müssten jedoch weiterhin in Euro bedient werden. Die Unternehmen wären mit ihrer neuen, schwachen Währung also nicht in der Lage, ihre Schulden zu begleichen. Dasselbe würde für Arbeitnehmer gelten, die ihre Gehälter nun in der neuen Währung erhalten, jedoch Schulden nach wie vor in Euro zurückzahlen müssen.

Die Konsequenzen wären Staatsbankrotte und eine Insolvenzwelle bei Unternehmen und privaten Haushalten. Es ist nicht schwer, sich auszumalen, was dies für Beschäftigung und Wachstum bedeuten würde. Viele derer, die sich für einen Austritt Griechenlands aus dem Euro aussprechen, argumentieren, dass die Krise nicht mehr schlimmer für Griechenland werden kann. Die Erfahrung anderer Länder zeigt überdeutlich, dass dies falsch ist – ein Austritt aus dem Euro würde für die betroffenen Länder mit hoher Wahrscheinlichkeit zu einem noch viel tieferen Kollaps und einer noch größeren Tragödie für Menschen und Wirtschaft führen.

Auch das Argument, nur eine Abwertung der Währung könne den Krisenländern wieder zu mehr Wettbewerbsfähigkeit und Wachstum verhelfen, ist falsch und irreführend. Ebenso der scheinbare Ausweg über die Einführung von sogenannten »Parallelwährungen«, wobei der Euro und die nationale Währung nebeneinander existieren würden. Beide Vorschläge lassen die Ursache der Probleme außer Acht: Die größte Herausforderung für ausnahmslos alle europäischen Krisenländer ist heute die Umsetzung von Strukturreformen, die zu mehr Flexibilität in den Märkten und zu mehr Wettbewerb führen. Eine eigene Währung und ihr Wertverfall würden solche Strukturreformen nicht ersetzen und nicht leichter machen. Im Gegenteil: Der unvermeidliche wirtschaftliche Kollaps würde den Regierungen für viele Jahre noch weniger wirtschaftspolitischen Spielraum lassen, als sie heute haben. Die ständigen Abwertungen von bereits schwachen Währungen in Südeuropa waren in den vergangenen fünf Jahrzehnten vor der Einführung des Euro nicht die richtige Strategie. Und sie wären auch heute keine sinnvolle Strategie für die Krisenländer, um Reformen umzusetzen und nachhaltig aus der Krise zu kommen.

Auch in Deutschland würde solch ein Kollaps der Krisenländer unweigerlich zu einer tiefen Rezession führen. Deutschland ist nicht nur durch seine hohe Offenheit und seinen intensiven Handel eng mit den Ländern der Eurozone verbunden. Wie bereits erwähnt, haben auch deutsche Investoren und Unternehmen riesige Investitionen in diesen Ländern getätigt. Ein sehr großer Teil dieser Investitionen würden sich in massive Verluste verwandeln. Das unausweichliche Resultat wären ein Einbruch der Wirtschaftsleistung, niedrigere Einkommen und ein starker Anstieg der Arbeitslosigkeit in Deutschland.

Halten wir fest: Es gibt keine Eurokrise. Der Euro ist nicht die Ursache der Krise, sondern wird fälschlicherweise für die Verfehlungen der Politik verantwortlich gemacht. Der Euro ist der Schlüssel zu unserem europäischen Haus, den wir besser sichern und gut bewahren sollten. Die Erfahrung der deutschen Währungsunion 1990 zeigt, dass ausschließlich der politische Wille entscheidend dafür ist, ob die Europäische Währungsunion ein nachhaltiger wirtschaftlicher Erfolg wird. Dies erfordert mehr Koordination von wirtschaftspolitischen Entscheidungen auf europäischer Ebene, vor allem in den Bereichen von Finanzmärkten, Banken und Fiskalpolitik. Anstelle die Krise ständig als »Eurokrise« zu titulieren und das Ende des Euro herbeizureden, sollten alle Anstrengungen unternommen werden, die Geburtsfehler des Euro zu beheben.

11 Deutschlands Eigenverantwortung für seine Exportüberschüsse

Die EU-Kommission hat 2013 ein Verfahren gegen Deutschland wegen zu hoher Exportüberschüsse eingeleitet. Dies stößt in Deutschland auf Unverständnis und Empörung. Viele glauben, dass diese Überschüsse unsere wirtschaftliche Stärke widerspiegeln und nicht etwa eine Schwäche oder ein wirtschaftliches Ungleichgewicht. Nach der US-Regierung und dem Internationalen Währungsfonds ist die EU-Kommission nun die dritte prominente Institution, die Deutschland für seine hohen Exportüberschüsse kritisiert.

Auch beim Thema Exportüberschüsse sieht sich die deutsche Öffentlichkeit gern als Opfer. Die Kritik wird als Neid auf die deutsche Wettbewerbsfähigkeit interpretiert. Mehr noch, einige sehen die Ursache für diese Überschüsse sogar als direkte Folge der europäischen Krisenpolitik. So habe die durch die »Rettungskredite« der EZB erhöhte Liquidität privates Kapital ersetzt und es den Krisenländern ermöglicht, weiterhin direkt Waren und Dienstleistungen vor allem aus Deutschland zu kaufen und weiter über ihre Verhältnisse zu leben. Zum anderen seien die Kredite von den Krisenländern dafür genutzt worden, ihre Schulden bei Drittländern zurückzuzahlen, die dieses Geld dann wiederum für den Kauf deutscher Exporte verwendet hätten.

Die Wirklichkeit ist jedoch eine andere. Tatsache ist, dass Deutschland im Jahr 2013 einen Leistungsbilanzüberschuss von

7,3 % des Bruttoinlandsprodukts anhäufte. Diese Überschüsse wurden aber hauptsächlich gegenüber Ländern außerhalb der Eurozone erwirtschaftet. Dagegen haben die Krisenländer Spanien, Italien und Portugal heute alle eine ausgeglichene Leistungsbilanz und importieren sehr viel weniger Güter aus Deutschland als noch zu Beginn der Krise. Gleichzeitig zahlen die Krisenländer, ausgenommen Griechenland, ihre Hilfskredite seit dem Sommer 2012 wieder zurück. Dies bedeutet, dass netto wieder privates Kapital in die Krisenländer fließt. Der Ursprung der riesigen deutschen Exportüberschüsse liegt also nicht in den Krisenländern.

Wir sollten unseren verletzten Stolz beiseite lassen und selbstkritisch reflektieren, ob die Kritik an Deutschlands Exportüberschüssen wirklich so haltlos ist, wie sie vielen auf den ersten Blick erscheint. Die gemeinsamen europäischen Regeln sehen vor, dass gegen jedes EU-Land ein Verfahren über makroökonomische Ungleichgewichte (Macroeconomic Imbalance Procedure oder MIP) eröffnet wird, sobald wichtige Indikatoren bestimmte Grenzwerte überschreiten und dadurch wirtschaftspolitische Probleme im eigenen oder in anderen EU-Ländern drohen. Diese Regeln gehen vor allem auch auf die Initiative und das Drängen der Bundesregierung zurück. Was ist also falsch an der Kritik, und was gerechtfertigt?

Einige europäische Nachbarn und der IWF geben den deutschen Exportüberschüssen eine Mitschuld an der europäischen Krise, da diese Überschüsse ihrer Meinung nach die Defizite und die fehlende Wettbewerbsfähigkeit anderer EU-Staaten mit verursacht haben. Dieser Vorwurf ist falsch. Deutschlands Exportüberschüsse sind zum größten Teil im Handel mit Ländern außerhalb der Eurozone entstanden. Zudem haben viele Länder der Eurozone in den vergangenen Jahren eine starke wirtschaftliche Anpassung durchlaufen, ihre Exporte erhöht und ihre Importe deutlich reduziert, sodass sie mittlerweile selbst Leistungsbilanzüberschüsse generieren.

Eine weitere Kritik ist, dass die sich in den Überschüssen widerspiegelnde hohe Wettbewerbsfähigkeit Deutschlands auf Kosten der Krisenländer geht und diesen die Wachstumsmöglichkeit nimmt. Deutschland solle deshalb seine Wettbewerbsfähigkeit reduzieren, etwa durch deutliche Anhebung der Löhne. Auch diese Kritik ist falsch, denn die deutschen Exportunternehmen konkurrieren immer weniger mit anderen Eurozonenländern und immer stärker mit Unternehmen aus Asien und den USA. Eine geringere deutsche Wettbewerbsfähigkeit würde Europa nicht helfen, sondern schaden – denn sie würde Europas Wachstum schwächen, auch die Exporte der Krisenländer nach Deutschland reduzieren und die Erholung dieser Staaten verzögern.

Trotzdem ist es ohne Zweifel richtig, dass die deutschen Exportüberschüsse viel zu hoch sind und ein Problem darstellen. Sie sind jedoch kein Problem für den Rest Europas oder der Welt, sondern stellen in erster Linie ein Problem für Deutschland selbst dar. In Wirklichkeit sind nicht die deutschen Exporte zu hoch, sondern die deutschen Importe zu niedrig. Sie spiegeln fundamentale, strukturelle Schwächen der deutschen Wirtschaft wider: den enormen Anstieg der privaten Sparquote und das starke Absinken der Investitionen in Deutschland. Kein Industrieland in der Welt spart so viel und investiert so wenig wie Deutschland. Und es gibt keinen guten Grund dafür.

Dass wir Deutsche eine hohe Sparquote als etwas uneingeschränkt Gutes ansehen, ist absurd und falsch. Sparen ist per se weder gut noch schlecht. Ersparnisse aufzubauen, reduziert den Konsum und bedeutet somit Verzicht und weniger Wohlstand in der Gegenwart. Der Verzicht erfolgt in der Hoffnung, dass sich das Ersparte mehren wird und so mehr Konsum und Wohlstand in der Zukunft ermöglicht. Die vorhergehenden Kapitel haben allerdings gezeigt, dass Deutschland in den letzten 20 Jahren diese Ersparnisse nicht gewinnbringend angelegt, sondern seit 1999 Verluste von über 400 Milliarden Euro angehäuft hat. Die hohe Sparquote und in ihrer Folge die hohen Exportüberschüsse haben also den Wohlstand in Deutschland geschmälert, nicht erhöht.

Der zu hohen Ersparnis der Haushalte stehen zu niedrige Investitionen der Unternehmen gegenüber. Das erste Kapitel dieses Buches hat die Investitionsschwäche im Detail beschrieben und erklärt. Hat Deutschland Mitte der 1990er-Jahre noch 23 % seiner Wirtschaftsleistung investiert, so sind es heute kaum noch 17 %, eine der niedrigsten Quoten weltweit. Deutschlands erfolgreiche Exportunternehmen investieren viel – jedoch immer weniger in Deutschland und immer mehr im Rest der Welt. Die DAX-30-Unternehmen, also die 30 größten Unternehmen Deutschlands, haben 2013 37 000 neue Arbeitsplätze im Ausland geschaffen, aber nur 6 000 neue Jobs bei uns. Hinzu kommt, dass unsere Dienstleistungssektoren zwar viele Arbeitnehmer beschäftigen, aber im letzten Jahrzehnt wenig investiert haben, eine niedrige Produktivität und wenig Wettbewerb aufweisen. Dies führt dazu, dass diese Sektoren kaum Wachstum und Wohlstand schaffen. Das ist die fundamentale Schwäche der deutschen Volkswirtschaft, die sich in den Exportüberschüssen widerspiegelt. Es sind also nicht die zu hohen Exporte, sondern die zu niedrigen Investitionen und Importe, die diese Überschüsse so anschwellen lassen.

Ein Abbau der hohen Exportüberschüsse Deutschlands ist deshalb dringend notwendig und in Deutschlands eigenem Interesse. Dies erreichen wir nicht, indem wir die Wettbewerbsfähigkeit Deutschlands schwächen und Exporte reduzieren, sondern indem die Wirtschaftspolitik bessere Rahmenbedingungen und Anreize für mehr Investitionen schafft. Dies würde Wachstum, Einkommen und Beschäftigung fördern und somit unseren Wohlstand erhöhen.

Gleichzeitig könnten wir so einen wichtigen Beitrag zur Beendigung der europäischen Krise leisten. Im eigenen und auch im europäischen Interesse kann und sollte Deutschland sich zur Lokomotive der europäischen Erholung entwickeln. Richtig wäre, wenn die Bundesregierung nicht nur die Mahnung unserer europäischen Nachbarn respektieren, sondern auch schnellstmöglich die richtigen wirtschaftlichen Rahmenbedingungen für mehr Investitionen und Wachstum schaffen würde.

Es ist wichtig, dass Deutschland das Verfahren der EU-Kommission konstruktiv annimmt. Nicht nur, weil die Kritik gerechtfertigt ist und es in unserem eigenen Interesse liegt, unsere wirtschaftlichen Schwächen bei den Investitionen zu beheben. Sondern auch, weil Deutschland selbst die gemeinsamen europäischen Regeln mitentworfen hat. Die Regeln sind gleichermaßen bindend für alle Länder der EU. Deutschland sollte keine Ausnahme anstreben. Wir können nicht fordern, dass sich andere EU-Staaten den gemeinsamen Regeln unterwerfen, und gleichzeitig für uns eine Ausnahme in Anspruch nehmen. Dies würde unserer Glaubwürdigkeit schaden und die Zukunft der europäischen Integration noch weiter gefährden.

12 Der Mythos der »Target-Falle«

Die Kritiker des Euro und der europäischen Integration malen ein düsteres Bild: Deutschland wird von seinen Nachbarn ausgenutzt, das Land hat durch die Hilfskredite an seine europäischen Nachbarn hohe Verluste realisieren müssen und muss durch Zahlungsverpflichtungen der Europäischen Zentralbank und deren Target2-Zahlungssystem (T2, Target steht für Trans-European Automated Real-time Gross settlement Express Transfer system) zudem für die Krisenländer haften.

Diese Behauptungen sind düstere Demagogie, denen jegliche Grundlage fehlt, sie sind irreführend und manipulativ. Deutschland hat durch seine Beteiligung an den Hilfskrediten, durch Garantien und durch das Target2-Zahlungssystem keine Verluste realisieren müssen. Im Gegenteil: Die Hilfen haben deutsche Investitionen und Kredite geschützt. Und Deutschland hat durch sie sogar Gewinne gemacht. Die Gewinne der Deutschen Bundesbank sind in den letzten Jahren durch EZB-Ankäufe und -Kredite massiv angestiegen. Sicherlich sind solche Gewinne gerechtfertigt, da Deutschland Risiken für seine Nachbarn mitträgt. Das Argument, dass wir dadurch Verluste gemacht haben, ist somit jedoch grundfalsch.

Vor allem die Kritik mancher Deutscher am Target2-Zahlungssystem der Eurozone hat in den vergangenen Jahren große Ängste in Deutschland geschürt. Die Sorge, die im Target2-Zahlungssystem abgebildeten Ungleichgewichte in Zahlungspositionen innerhalb der Eurozone könnten enorme finanzielle Kosten und Risiken für uns verursachen, ist unbegründet. Die

Fakten zeigen, dass die finanziellen Vorteile für deutsche Banken, Investoren und private Haushalte in den vergangenen Jahren um ein Vielfaches höher waren als die potenziellen Kosten.

Das Target2-Zahlungssystem funktioniert wie folgt: Wenn ein deutscher Investor oder eine deutsche Bank Kapital aus Spanien abzieht und nach Deutschland zurückholt, dann entsteht eine Finanzierungslücke in Spanien, die in der Regel durch verstärkte Kreditvergabe der EZB an spanische Banken gedeckt wird. Denn der Bankenmarkt in den Krisenländern wie Spanien konnte nicht mehr richtig funktionieren: Viele Banken hatten in der Vergangenheit nicht mehr genug Geld, um heimischen Unternehmen und privaten Haushalten dringend benötigte Kredite zu gewähren. Das Misstrauen unter den Banken der Eurozone war gestiegen, sie liehen sich auch untereinander kein Geld mehr. Dies zwang die Banken dazu, sich die erforderliche Liquidität zunehmend von der Europäischen Zentralbank zu leihen. Die Kapitalflucht führte somit dazu, dass Banken in den Krisenländern sehr viel mehr Kredite von der EZB benötigten, wohingegen deutsche Banken von diesen Kapitaleinflüssen deutlich profitierten. Es kam zu einer Asymmetrie der Zahlungsströme.

Diese Kapitalströme werden über das elektronische Zahlungsverkehrssystem Target2 verbucht. Es wickelt den Großteil der Zahlungen innerhalb des Euroraums ab. Forderungen und Verbindlichkeiten, die einer nationalen Zentralbank infolge grenzüberschreitender Zahlungen über das System Target2 entstanden sind, werden täglich zu einer einzigen Position gegenüber der Europäischen Zentralbank saldiert. Die beschriebene Dynamik führt zu höheren Kreditverpflichtungen der spanischen Banken gegenüber dem gemeinsamen T2-System. Da jede Bank, die Kredite von der EZB erhält, Sicherheiten hinterlegen muss, ist ein Bankrott einer Bank in der Regel problemlos für die EZB und damit auch für Deutschland, denn in diesem Fall können die Sicherheiten von der EZB veräußert und so

Verluste für die EZB und damit für Deutschland vermieden werden. In der Tat hat dieses System in der Krise hervorragend funktioniert, und die EZB hat keinerlei Verluste von Bankenbankrotten erfahren müssen.

Was jedoch geschieht, ist, dass sich entstandene Asymmetrien zwischen Ländern in den sogenannten Target-Forderungen und -Verbindlichkeiten widerspiegeln. Die Verbindlichkeiten der Krisenländer betrugen auf dem Höhepunkt der Krise Mitte 2012 750 Milliarden Euro alleine gegenüber der Deutschen Bundesbank. Diese sind dann jedoch deutlich zurückgegangen und betrugen Anfang 2014 nur noch 570 Milliarden Euro. Da T2-Positionen lediglich das Spiegelbild der grenzüberschreitenden Nutzung von EZB-Krediten sind, sind sie zunächst nicht mit einem zusätzlichen Risiko behaftet. Sie stellen an sich keine Verluste dar. Nur im Fall des Austritts eines Mitgliedslandes, dessen nationale Zentralbank per saldo T2-Verbindlichkeiten aufweist, besteht die Möglichkeit eines Verlusts.

Im Falle eines Austritts von beispielsweise Griechenland aus dem Euro haben die verbleibenden Euroländer keinen direkten Zugriff auf die Sicherheiten, die griechische Banken bei der griechischen Zentralbank im Gegenzug zu den EZB-Krediten hinterlegt haben, und könnten Verluste erleiden. Die Bundesbank müsste im Falle eines Austritts und einer vollständigen Abschreibung sämtlicher Forderungen also mindestens 27% (aktueller Kapitalanteil) der entsprechenden Verluste tragen. In Bezug auf Griechenland wären das nach derzeitigem Stand 14,5 Milliarden Euro. Bis zum heutigen Zeitpunkt ist völlig ungeklärt, wie der Austritt eines Mitgliedslandes zu gestalten und wie hoch der Wiederbeschaffungswert einzelner Forderungen im Ernstfall wäre. Die Kosten eines Austritts sind deswegen schwer abzuschätzen. Allerdings ist die häufig gemachte Annahme eines Totalausfalls etwaiger Forderungen angesichts der historischen Erfahrungen bei der Abwicklung von Staatsschuldenkrisen wenig plausibel.

Trotzdem erscheinen die hypothetischen Kosten auf den ersten Blick hoch. Sie sind jedoch gering im Vergleich zu den finanziellen und wirtschaftlichen Vorteilen, die Deutschland aus dem T2-System bereits gezogen hat. Denn die T2-Forderungen der Bundesbank sind fast ausschließlich durch die Kapitalflucht deutscher Investoren und privater Haushalte aus den Krisenländern entstanden. Eine Studie des DIW Berlin zeigt, dass deutsche Banken und Investoren seit der globalen Krise 2008/2009 fast 400 Milliarden Euro ihres Kapitals alleine aus den sechs Krisenländern Spanien, Italien, Griechenland, Portugal, Irland und Zypern abgezogen haben (siehe Abb. 41 und 42).

Damit konnten deutsche Investoren nicht nur Verluste in den Krisenländern vermeiden oder reduzieren. Dieses zurückgekehrte Kapital hat darüber hinaus auch die Finanzierungskosten in Deutschland für Banken, Unternehmen und den deutschen Staat deutlich gesenkt. So spart der deutsche Staat durch niedrigere Verbindlichkeiten jedes Jahr einige Milliarden Euro an Zinszahlungen.

Ein zweites Argument gegen die angebliche Target-Falle ist, dass das T2-System einen Zusammenbruch der Volkswirtschaften der Krisenländer verhindert hat. Es hat geholfen, Liquidität für Banken in den Krisenländern bereitzustellen, sodass weiterhin Kredite vor allem an Unternehmen fließen können, damit diese investieren, Beschäftigung schaffen und das jeweilige Land aus der Rezession ziehen können. Damit reduziert das T2-System Liquiditätsprobleme und ermöglicht den Krisenländern eine geordnete Anpassung und die Umsetzung von Reformen. Auch Deutschland hat davon profitiert, denn eine tiefere Krise hätte die deutschen Exporte in die Krisenländer, die sich in den Jahren 2009 bis 2012 auf 780 Milliarden Euro beliefen, deutlich geschmälert.

Als Drittes muss man sich die Frage stellen, was passieren würde, wenn – wie von manchen gefordert – eine Glattstellung oder zusätzliche Absicherung der Target-Verbindlichkeiten verlangt würde, um mögliche Risiken für Deutschland zu reduzieren. Solche Forderungen laufen der Idee einer Währungsunion zuwider und würden wie Kapitalverkehrsbeschränkungen innerhalb der Währungsunion funktionieren. Sie würden mit hoher Sicherheit zu einer geringeren Kreditvergabe, Verwerfungen in Finanzmärkten und einer tieferen Rezession in den Krisenländern führen. Auch deutsche Investoren wären davon stark betroffen, da dies Verluste auf ihre noch immer hohen Vermögen von mehr als 4400 Milliarden Euro in den Euroländern bedeuten würde.

Das große Problem der Target-Ungleichgewichte ist nicht, dass die wirtschaftliche Anpassung der Krisenländer fehlt oder die Risiken für Deutschland zu hoch sind, sondern dass das europäische Finanzsystem viel zu stark fragmentiert, also immer noch sehr national ausgerichtet ist. In den letzten Jahren haben deutsche Investoren mehr als 1300 Milliarden Euro Kapital aus anderen Euroländern nach Deutschland zurückgeholt. Anleger anderer Länder haben das Gleiche getan. Selbst Investoren der Krisenländer haben Kapital aus Deutschland abgezogen (und damit T2-Ungleichgewichte reduziert). Diese Fragmentierung führt zu enormen Problemen und Risiken für Europa und auch für Deutschland.

Die immer engere Abhängigkeit zwischen einheimischen Banken und Regierungen in allen Ländern der Eurozone, auch in Deutschland, ist nur eines dieser Probleme, das zeigt, dass die oberste Priorität die Reintegration der Finanzmärkte durch eine Finanz- und Bankenunion sein sollte.

Target ist keine Falle, sondern eine Fluchthilfe für deutsche Investoren. Deutschland ist einer seiner größten Nutznießer, da es deutschen Investoren und privaten Haushalten ermöglicht hat, Kapital aus den Krisenländern abzuziehen und Verluste zu reduzieren oder zu vermeiden. Die Glaubwürdigkeit des Target-Systems hat dazu beigetragen, Vertrauen in den Kapitalmärkten zu stärken und eine Marktpanik zu verhindern. Es ist folglich ein wichtiges Instrument der Geldpolitik, um Preis- und Finanzstabilität zu gewährleisten. Das Target-System hat entscheidend geholfen, die Wirtschaft und die Finanzmärkte der Eurozone zu stabilisieren. Forderungen nach einem restriktiveren System, bei dem Ungleichgewichte ausgeglichen oder besonders besichert werden, sind kontraproduktiv und gefährlich, da es die Fragmentierung der europäischen Finanzmärkte noch weiter verstärken würde.

13 Deutschland ist Nutznießer, nicht Opfer der EZB-Geldpolitik

Das wohl bedeutendste Ereignis in den vielen Jahren, seit die globale Finanzkrise 2008 einsetzte und bald in die europäische Krise überging, war keine der großen Erklärungen oder Versprechen, kein Eingreifen von Staats- und Regierungschefs Europas oder der Welt. Sondern es waren zwei kurze Sätze, die der Präsident der Europäischen Zentralbank Mario Draghi am 26. Juli 2012 auf einer kleinen Veranstaltung in London aussprach: »Within our mandate, the ECB is ready to do whatever it takes to preserve the euro. And believe me, it will be enough.«

Mit seinen folgenden Ausführungen wurde allen Anwesenden deutlich, was der EZB-Präsident gesagt hatte – es war das Versprechen, dass die EZB wenn nötig unbegrenzt in die Finanzmärkte eingreifen würde, um eine Panik unter Investoren und Banken zu bekämpfen und die Märkte zu stabilisieren. Die Nachricht ging innerhalb von Minuten um die Welt, und die Finanzmärkte reagierten euphorisch.

Die stabilisierende Rolle der EZB-Geldpolitik

Draghis Versprechen, das für die Finanzmärkte fast wie eine Drohung klingen musste, war ein letzter Versuch, sich den wachsenden Verwerfungen der vorangegangenen Monate entgegenzustellen. 2011 und Anfang 2012 hatte sich die Situation in den Finanzmärkten immer weiter verschlechtert. Das Misstrauen unter den Banken war stetig gestiegen, und viele waren nicht mehr bereit, sich gegenseitig Geld zu leihen. Auch das Vertrauen in die Fähigkeit der Regierungen der Eurozone, die eigene Wirtschaft zu stabilisieren, schwand zusehends. Das nur vier Wochen zuvor Ende Juli abgegebene Versprechen der Staats- und Regierungschefs, eine Bankenunion für ganz Europa einzuführen, mit einer gemeinsamen Aufsicht und der Möglichkeit der europäischen Rettungsschirme, Banken notfalls direkt rekapitalisieren und absichern zu können, hätte der große Wurf werden sollen. Manchen deutschen Ökonomen ging der Vorschlag viel zu weit, sie beklagten öffentlich, die Bundeskanzlerin sei eingeknickt.

Doch selbst diese mutige Ankündigung einer Bankenunion konnte die Panik an den Märkten nicht stoppen. Zu wenig war in den Jahren davor von den Regierungen getan worden, um die europäische Krise in den Griff zu bekommen, und um sowohl den Menschen als auch den Finanzmärkten glaubhaft zu versichern, dass notwendige Reformen schnell und entschieden umgesetzt würden.

In den Jahren seit 2008 befand sich die EZB, wie auch ihre globalen Partner, vor allem die US-Notenbank Federal Reserve, immer häufiger in der schwierigen Lage, schnell und entschieden in die Finanzmärkte eingreifen zu müssen, um eine Panik und einen Kollaps der Märkte und vieler Finanzinstitutionen zu verhindern. Im ersten Halbjahr 2012 hatte sich die Situation jedoch nochmals verschlimmert. Griechenland hatte im März 2012 einen Schuldenschnitt auf die Staatsschulden vorgenommen, der die verbleibenden privaten Investoren, vor allem griechische Banken, massiv getroffen hatte. Der Schuldenschnitt erfolgte, obwohl alle europäischen Partner einen solchen öffentlichen Schuldenschnitt wiederholt ausgeschlossen und versichert hatten, die privaten Anlagen seien sicher. Zudem stiegen die Spekulationen, dass manche Regierungen erwägen könnten, ihr Land aus dem Euro herauszunehmen, oder zumindest, dass Finanzmärkte Regierungen dazu drängen könnten. Diese Spekulationen und die Panik in den Märkten ließen die Zinsen auf fast alle Anleihen in den Krisenländern Südeuropas immer weiter steigen. Besonders stark waren die Staatsanleihen betroffen, denn ein Austritt aus dem Euro hätte fast unausweichlich zu Staatsbankrotten und einer tiefen Depression dieser Länder geführt.

Die berühmte »whatever it takes«-Rede von Mario Draghi hat dieser Panik ein Ende bereitet. Spekulanten war sofort klar, dass sie das Spiel gegen die EZB nicht gewinnen können, da die EZB notfalls unbegrenzt in den Märkten intervenieren und Kredite vergeben, aber auch private und öffentliche Anleihen selbst aufkaufen kann. Investoren waren sicher, dass die EZB keine Spekulation gegen den Euro tolerieren würde, die die Länder aus dem Euro zwingen könnte. Diese durch das Versprechen der EZB erfolgte Absicherung hatte die Finanzmärkte beruhigt. Die Spekulanten hatten keinen »one-way bet« mehr, eine einseitige Wette, bei der sie sich recht sicher sein konnten, dass der Preis der Staatsanleihen der Krisenländer immer weiter fallen würde. Die Drohung der EZB bedeutete, dass diese Preise auch wieder steigen können.

In den folgenden Wochen nach der Rede des 26. Juli 2012 hat die EZB dann genauer erklärt, wie sie in den Märkten intervenieren würde. Das sogenannte OMT-Programm (Outright Monetary Transactions) verspricht, dass die EZB im Falle einer Marktspekulation notfalls unbegrenzt Staatsanleihen von einer Laufzeit von einem bis drei Jahren von Ländern der Eurozone kauft, wenn diese Länder bestimmte Vorgaben erfüllen. Die EZB wird nur dann Staatsanleihen kaufen, wenn das Land sich unter den Rettungsschirm ESM begibt und dessen wirtschaftspolitische Vorgaben erfolgreich erfüllt. Zudem muss es weiterhin das Vertrauen der Finanzmärkte genießen und in der Lage sein, Staatsanleihen am Markt auszugeben.

Das OMT-Programm ist daher kein Blankoscheck, sondern macht erfolgreiche Reformen zur Vorgabe für solche Hilfe. Da der deutsche Finanzminister und der Bundestag einem ESM-Programm zustimmen müssen, haben sie de facto ein Vetorecht über das OMT-Programm. Für die breite Mehrheit war und ist – mit der Ausnahme des Bundesverfassungsgerichts und einiger deutscher Ökonomen und Politiker – diese Konditionalität ein sehr kluger Schachzug. Denn das OMT-Programm entlässt die Politik nicht aus ihrer Verantwortung, sondern setzt ihr starke Anreize, Reformen umzusetzen und Anstrengungen zu unternehmen, um das Vertrauen der Märkte zurückzugewinnen. Nur wenn ihr das gelingt, darf sie auf Hilfe der EZB aus dem OMT-Programm hoffen.

Was jedoch niemand im Sommer 2012 erwartet hatte, selbst die EZB nicht, war, wie spektakulär erfolgreich sich Draghis Ankündigung auswirken würde. Die Finanzmärkte beruhigten sich zunehmend, die Renditen auf Staatsanleihen der Krisenländer wie Italien und Spanien gingen graduell nach unten, und vor allem das Vertrauen zwischen Banken und anderen Finanzmarktakteuren fing an, sich zu erholen. Es waren jedoch nicht nur die Regierungen der Krisenländer, die von dieser Ankündigung profitierten, sondern vor allem Unternehmen und private Haushalte. Da die Zinsen auf Staatsanleihen sanken, konnten sie auch wieder günstiger und leichter Kredite bekommen, um eigene Investitionen und Ausgaben zu tätigen.

Damit setzte die Ankündigung des OMT-Programms eine positive Dynamik in Gang. Steigendes Vertrauen, sinkende Zinsen und Risikoaufschläge für Staaten und Unternehmen sowie eine bessere Kreditvergabe halfen den Volkswirtschaften in Südeuropa, ihre Wirtschaft zu stabilisieren. Regierungen gewannen Zeit, wichtige strukturelle und fiskalische Reformen in ihren Volkswirtschaften umzusetzen. Und damit erhielten auch Unternehmen und private Haushalte wieder die Möglichkeit, zu planen und in die Zukunft zu schauen. Seit der Ankündigung des OMT-Programms 2012 sehen wir die ersten Erfolge dieser Bemühungen. Die Wettbewerbsfähigkeit der Krisenländer hat sich verbessert, und alle außer Griechenland verzeichnen mittlerweile wieder deutlich steigende Exporte und sogar Exportüberschüsse. Seit Ende 2013 sind alle Krisenländer aus ihrer Rezession herausgekommen und können wieder positive Wachstumszahlen verbuchen.

Das Mandat der EZB

In normalen Zeiten nutzt eine Zentralbank traditionell nur ein einziges Instrument, den Leitzins. Durch das Anheben oder Absenken des Zinssatzes, zu dem Banken begrenzt Kredite von der Zentralbank bekommen können, kann sie indirekt die Kreditvergabe in der Realwirtschaft steuern und dadurch die Entwicklung der Inflation beeinflussen. Das Mandat der EZB und der meisten anderen Zentralbanken der Industrieländer ist es, für Preisstabilität zu sorgen – was im Fall der EZB bedeutet, dass sie den Preisanstieg von Konsumentenpreisen über die mittlere Frist, also über die nächsten ein bis zwei Jahre, bei knapp unter 2% halten sollte.

Seit 2007 hat die EZB weit mehr getan. Sie fing 2007 und 2008 damit an, ihre Kreditvergabe an Banken massiv auszuweiten. Banken müssen für Kredite Sicherheiten hinterlegen. Über die Krisenjahre hinweg hat die EZB aber die als Sicherheiten zulässigen Vermögenswerte deutlich ausgeweitet. Sie berücksichtigte dabei das Risiko solcher Sicherheiten, indem sie Banken Kredite nur mit deutlichen Abschlägen vergab. Je höher das Risiko, desto höher der Abschlag. Daneben wurde eine Reihe anderer Maßnahmen umgesetzt: So konnten Banken Kredite nicht nur in Euro, sondern auch in US-Dollar bekommen. Zudem hat sich die Laufzeit der Kredite verlängert. Im Dezember 2011 und Februar 2012 konnten Banken von der EZB Kredite mit dreijähriger Laufzeit bekommen. Bis dahin lag die maximale Laufzeit bei drei Monaten. Die längere Laufzeit ermöglicht Banken eine sehr viel höhere Sicherheit in ihren Investitionsplanungen. Europäische Banken nahmen daraufhin mehr als 1 000 Milliarden Euro an solchen dreijährigen Krediten von der EZB auf.

Die EZB wurde jedoch auch durch eigene Ankäufe in den Finanzmärkten aktiv. So legte sie zwei Programme auf, indem sie erstens Covered Bonds direkt vom Markt aufkaufte, um dieses Marktsegment zu stabilisieren und wiederzubeleben – im sogenannten Covered Bond Purchase Programme (CBPP). Als es Anfang Mai 2010 wegen der aufkommenden Krise in Griechenland zu großen Verwerfungen nicht nur in europäischen, sondern globalen Finanzmärkten kam, entschloss sich die EZB außerdem, auch Staatsanleihen von solchen Ländern der Eurozone zu kaufen, bei denen dieser Markt nicht mehr ausreichend liquide und effizient funktionierte. Bis dieses sogenannte Securities Markets Programme (SMP) im September 2012 eingestellt wurde, kaufte die EZB weit über 220 Milliarden Euro an Staatsanleihen der Krisenländer.

Die EZB und ihre Geldpolitik sind sicherlich nicht für all die genannten positiven realwirtschaftlichen Entwicklungen seit 2012 verantwortlich. Die wichtigen Reformen sind von den Regierungen in der Zwischenzeit umgesetzt worden – und viele weitere müssen noch folgen. Bedeutsame Entscheidungen sind zudem von Unternehmen und Menschen innerhalb der Länder getroffen worden. Aber die EZB hat mit ihren mutigen Schritten einen wichtigen Beitrag dazu geleistet, dass die Krisenländer wieder auf diesen positiven Pfad zurückkehren konnten.

Die Ankündigung des OMT-Programms der EZB war so etwas wie ein Wendepunkt in der europäischen Krise. Nach Jahren einer immer weiteren Vertiefung der Krise hat das Versprechen der EZB, für Stabilität in den Finanzmärkten zu sorgen, der Abwärtsspirale in den Märkten und der Realwirtschaft ein Ende bereitet. Richtig ist jedoch auch, dass in einer funktionierenden Währungsunion, in der es eine effektive Fiskalunion und eine Bankenunion gibt, die EZB wohl nicht gezwungen worden wäre, quasi-fiskalische Aufgaben zu übernehmen und ein solches OMT-Programm versprechen zu müssen, um ihrem Mandat gerecht werden zu können. Insofern war das OMT-Programm notwendig für das Mandat der EZB und für die Aufrechterhaltung des Euro, aber es ist sicherlich keine prinzipiell wünschenswerte oder beste Option.

Ist Deutschland Opfer oder Nutznießer?

Trotz dieses Erfolgs hat sich in Deutschland großer Widerstand gegen die Politik der EZB formiert. Vor allem die Bundesbank, aber auch eine Reihe deutscher Ökonomen und Politiker kritisieren die Geldpolitik der Zentralbank, halten sie für zu expansiv und teilweise nicht konsistent mit ihrem Mandat. So reichten im September 2012 mehrere Gruppen beim Bundesverfassungsgericht Klage gegen das OMT-Programm der EZB ein.

Das Bundesverfassungsgericht hat am 7. Februar 2014 verkündet, dass es das OMT-Programm der EZB für rechtswidrig hält. Es forderte den Europäischen Gerichtshof auf, diese Einschätzung zu bestätigen. In seiner Erklärung versucht das Verfassungsgericht einen gewagten Spagat: Einerseits gibt das Gericht zu, dass es nicht für die Beurteilung von europäischem Recht zuständig ist – denn die EZB unterliegt ausschließlich der europäischen Rechtsprechung, nicht der der Mitgliedsländer. Andererseits will es dem Europäischen Gerichtshof vorgeben, wie er sein eigenes Recht interpretieren soll. Obwohl die Entscheidung nicht bindend für die EZB ist, bedeutet es doch faktisch das temporäre Aus für das OMT-Programm. Für die

EZB wird es nun noch schwieriger, ihren Auftrag zur Stützung von Finanzinstituten und Märkten zu erfüllen.

Das Bundesverfassungsgericht wertet das OMT-Programm als einen Verstoß gegen das Verbot der monetären Staatsfinanzierung. Seine Begründung lautet, das Programm habe Verteilungseffekte und dürfe nicht auf die Renditen von Staatsanleihen abzielen. Zudem definieren die Richter, was ihrer Meinung nach Geldpolitik und was Wirtschaftspolitik ist. Zudem geben die Richter vor, wie das OMT-Programm auszusehen hat, damit es rechtlich unbedenklich ist: Es darf keine Schuldenschnitte für die EZB beinhalten, muss ex ante begrenzt sein und soll »Eingriffe in die Preisbildung am Markt« vermeiden. Weltweit stoßen die Entscheidung des Bundesverfassungsgerichts und die Kritik deutscher Ökonomen an der Europäischen Zentralbank und ihrer Geldpolitik in den ausländischen Medien wie in der Wissenschaft auf Unverständnis. Das entschiedene Eingreifen der EZB hat ein ums andere Mal Europas Wirtschaft vor dem Kollaps bewahrt. Wieso sollten wir diese Institution schwächen und ihr die Fähigkeit nehmen, als Stabilitätsanker zu agieren – so die Kritik an der deutschen Haltung. Weshalb ist Deutschland in der Diskussion über Geldpolitik so isoliert? Wieso spricht sich die überwältigende Mehrheit der Ökonomen – nicht nur in den Krisenländern, sondern in allen Teilen der Welt – für eine aktive EZB-Politik und ihr OMT-Programm aus, während viele deutsche Ökonomen erbitterten Widerstand leisten?

Eine erste Erklärung liegt im unterschiedlichen Verständnis der Rolle der Geldpolitik im Rahmen der Wirtschaftspolitik. Die internationale Diskussion zielt stark auf die Ziele der Wirtschaftspolitik ab, die ihren Ursprung in der konsequentialistischen Ethik des Utilitarismus von John Stuart Mill und Jeremy Bentham hat. Sie bewertet eine Handlung in erster Linie danach, ob und wie gut mit ihr ein gegebenes Ziel erreicht werden kann. Dagegen wird die Debatte in Deutschland von einem regelgebundenen Verständnis der Wirtschaftspolitik dominiert, die in der deontologischen Ethik Immanuel Kants wurzelt – der Zweck kann nie die Mittel heiligen.

Es ist unstrittig, dass die EZB ihr Ziel unter Einhaltung der ihr gegebenen Regeln – vor allem des Verbots der monetären Staatsfinanzierung – erreichen muss. Um was jedoch gestritten wird, ist, wie die Aufgabe der EZB definiert werden soll. Die einen sehen diese eng auf die Preisstabilität beschränkt. Manche deutsche Kritiker dagegen plädieren für ein weiter gefasstes Mandat, bei dem auch ordnungspolitische Anreizeffekte und Verteilungseffekte berücksichtigt werden sollen.

Eine zweite Erklärung mag in den unterschiedlichen nationalen Interessen liegen. Dies ist völlig legitim: Nationale Wirtschaftspolitik muss auch immer nationale Interessen verfolgen. Leider ist in den letzten Jahren die falsche Wahrnehmung in Deutschland entstanden, dass das, was gut für Europa und ihre Krisenländer ist, schlecht für Deutschland sei.

Ist das wirklich so? Ist Deutschland der Leidtragende der EZB-Geldpolitik? Eine erste große Sorge der Menschen in Deutschland im Hinblick auf die Niedrigzinspolitik der EZB ist die Tatsache, dass wir nur schwer für das Alter vorsorgen oder andere Pläne und Wünsche verwirklichen können, wenn die Rendite auf unser Vermögen und unser Erspartes so gering ist. Seit der globalen Finanzkrise 2008/2009 sind die Zinsen der EZB auf fast null gesenkt worden. Das wirkt sich auch auf die Zinsen aus, die wir für unser Erspartes erhalten – etwa auf dem Sparkonto. Liegt die Inflationsrate höher – so wie in Deutschland derzeit bei etwa 1% –, wird auf dem Sparkonto oder anderen festverzinslichen Anlagen ein negativer Realzins erwirtschaftet. Das Ersparte verliert also über die Zeit an Kaufkraft. Daher werden die Rufe immer lauter, die EZB möge doch nun endlich diese Niedrigzinsphase beenden und beginnen, die Zinsen wieder zu erhöhen.

Uns sollte jedoch bewusst sein, dass in erster Linie nicht die

EZB für die niedrigen Zinsen verantwortlich ist, sondern die Finanzkrise. Die EZB kontrolliert lediglich den kurzfristigen Zins über knappe Laufzeiten von maximal wenigen Monaten, aber nicht die langfristigen Zinsen, die für Unternehmen und für Sparer relevant sind. Diese niedrigen langfristigen Zinsen spiegeln vor allem die schwache Wirtschaftsleistung in der Eurozone und auch in Deutschland wider.

Die EZB muss außerdem beachten, dass es prinzipiell eine gegenläufige Abhängigkeit zwischen Zinsen und Wachstum gibt. Ein Anheben der kurzfristigen Zinsen von der EZB würde das Wirtschaftswachstum sicherlich schwächen, auch in Deutschland. Durch höhere Zinsen der EZB wäre die Kreditaufnahme für Unternehmen und private Haushalte schwieriger und teurer. Das würde die Nachfrage beschränken, Beschäftigung, Einkommen und damit letztendlich auch den Wohlstand reduzieren. Die Zinssenkung ist deshalb der Versuch, der Wirtschaft ein dynamischeres Wachstum zu ermöglichen und die Beschäftigungschancen und damit auch die Arbeitseinkommen zu erhöhen.

Auch führen niedrige Zinsen nicht, wie von manchen dargestellt, automatisch zu einer Enteignung der Sparer. Zwar sind Zinsen auf dem Spar- oder Tagesgeldkonto derzeit sehr niedrig und liegen teilweise praktisch bei null. Dies gilt jedoch nicht für andere Anlageformen. Im deutschen Aktienindex DAX gelistete Aktien haben im Jahr 2013 eine durchschnittliche Rendite von 23 % erzielt. Und auch viele Immobilien in Deutschland haben in den letzten Jahren deutliche Wertsteigerungen erfahren. Natürlich ist eine Anlage in Aktien riskanter und volatiler als eine Anlage auf dem Sparbuch. Und natürlich sollten die Deutschen nun nicht ihr gesamtes Vermögen und Erspartes in Aktien und Immobilien investieren. Aber sie sollten schon darüber nachdenken, eine breitere Anlagestrategie zu wählen und ihre Investitionen auf verschiedene Säulen zu verteilen. Selbst wenn das eigene Ersparte nur zu 10 oder 20 % in Aktien oder

Immobilien investiert worden wäre, was auch für einen kleinen Haushalt mit wenig Vermögen eine Option ist, dann waren die Renditen in Deutschland in den letzten fünf Jahren nicht so niedrig, sondern durchaus attraktiv.

Ziel sollte es daher nicht sein, mehr zu sparen, sondern besser zu sparen, um das Ersparte zu mehren und so effektiv Vorsorge betreiben zu können. Derzeit haben nur 14% der Deutschen einen Teil ihres Ersparten in Aktien angelegt. In Ländern wie den USA hält fast jeder Zweite Aktien und ist damit auch in den letzten Jahrzehnten sehr gut gefahren. Die Deutschen scheinen nach wie vor geradezu besessen von der Anlageform Sparbuch. Sie geht nicht allein auf eine Präferenz für Sicherheit und eine stabile Rendite zurück und den Wunsch, die eigene Vorsorge nicht zu gefährden. Es fehlt auch das Verständnis, dass eine Aufteilung des Ersparten auf verschiedene Anlageformen nicht nur langfristig höhere, sondern auch stabilere Renditen ermöglicht.

Ein zweiter in Deutschland häufig hervorgebrachter Kritikpunkt sind die starken Verteilungseffekte der Niedrigzinspolitik. Sie verteilt Vermögen von den Sparern zu den Schuldnern um. Dies ist sicherlich korrekt, denn die niedrigen Kreditzinsen machen es für Unternehmen, aber auch für private Haushalte sehr viel attraktiver, Schulden aufzunehmen. Aber ist das schlecht und falsch? Gerade in einer schweren wirtschaftlichen Krise wie der aktuellen ist es enorm wichtig und Ziel der Geldpolitik, dass Unternehmen Kredite aufnehmen, um Investitionen zu finanzieren, Beschäftigung zu schaffen und damit die Wirtschaft zu stärken. Davon profitiert auch der Sparer, wenn auch nur indirekt und zu einem geringeren Ausmaß als von höheren Zinsen.

Auch Sparer können diese niedrigen Kreditzinsen nutzen, um mit Investitionen – zum Beispiel in eine Immobilie – bessere Vorsorge für sich selbst zu betreiben. Eine Immobilie zu erwerben hat nicht nur den Vorteil, dass sie den Besitzer bei

Eigennutzung unabhängig von Mieterhöhungen macht – sie ist auch ein hervorragendes Instrument für die langfristige Vorsorge. Trotzdem besitzen in Deutschland nur 38 % der Menschen eine eigene Immobilie, zumeist Wohneigentum zur eigenen Nutzung. In anderen europäischen Ländern liegt diese Quote zumeist sehr viel höher, manchmal doppelt so hoch bei 70 bis 80 %. Die niedrigen Zinsen, auch auf Hypotheken, sollten eine Investition in das Eigenheim sehr viel attraktiver machen. Doch viele Deutsche haben eine starke Aversion dagegen, Schulden zu machen. Ein Schuldner zu sein und der Bank einen Kredit oder eine Hypothek zurückzahlen zu müssen, wird von vielen als etwas Negatives, gar Unmoralisches angesehen. Auch hier ist ein Umdenken notwendig.

Ein drittes in Deutschland häufig hervorgebrachtes Argument gegen die Geldpolitik der EZB ist, dass sie zu Blasen und Überbewertungen in Finanzmärkten führe und damit die Finanzstabilität gefährde. Auch diese Sorge ist zum Teil gerechtfertigt. Die massive Kreditvergabe und Geldschaffung der EZB hat dazu geführt, dass viele Banken und Investoren über zu viel Liquidität verfügen und mit diesem Geld zum Teil an den Finanzmärkten spekulieren. Vielleicht ist auch die Aussage richtig, dass die Aktienkurse in den letzten Jahren so übermäßig stark gestiegen sind, dass sie heute nicht mehr die Lage der Realwirtschaft widerspiegeln. Auch erhält die expansive Geldpolitik der EZB Banken ohne nachhaltiges Geschäftsmodell weiterhin künstlich am Leben.

Es stimmt, die EZB ist große langfristige Risiken eingegangen. Sie hat es zwar geschafft, die Finanzmärkte kurzfristig zu stabilisieren und einen Kollaps zu verhindern, der Risikofaktor ist jedoch hoch. Denn Überbewertungen und Blasen an den Finanzmärkten können sich in ein paar Jahren negativ auswirken. Es besteht also eine gegenläufige Abhängigkeit zwischen kurzfristigen und langfristigen Risiken der EZB-Geldpolitik. Der Kollaps von Lehman Brothers zeigt jedoch überdeutlich, wie riskant es ist, wenn die Zentralbank oder andere wichtige Akteure in einer solchen Situation nicht handeln. Bei Lehman wurden die kurzfristigen Risiken völlig unterschätzt, und so wurde die Weltwirtschaft letztlich in die Rezession getrieben. Die Kosten werden wir noch lange bezahlen.

Ein vierter Punkt, den deutsche Ökonomen an der EZB kritisieren, ist, dass ihre Politik falsche Anreize für Banken und Unternehmen in Europa setzt. Maßnahmen wie die Ankündigung des OMT-Programms haben die Finanzmärkte beruhigt und damit den Druck von den Regierungen und Banken genommen, schnell und umgehend Reformen umzusetzen. Eine positive Interpretation ist, dass die EZB mit ihrer Politik den Regierungen Zeit gekauft hat, um wichtige Reformen umzusetzen.

Aber es ist auch klar, dass die EZB mit dem OMT-Programm enorme Risiken eingeht. In mancher Hinsicht war das OMT-Programm tatsächlich »zu erfolgreich« – es hat den Druck auf Regierungen reduziert, die Bankenunion und andere wichtige institutionelle Reformen umzusetzen, und den Druck auf Finanzinstitutionen, Risiken abzubauen. Die Frage ist jedoch, welche Optionen die EZB im Sommer 2012 hatte: Hätte sie sich passiv verhalten, gäbe es vielleicht bereits eine Bankenunion, aber möglicherweise wären Europa und Deutschland heute in einer tiefen Depression und Deflation.

Im Sommer 2012, vor der Ankündigung des OMT-Programms von Mario Draghi, wurde der Druck der Märkte auf die Regierungen der Eurozone so enorm hoch, dass auch in Deutschland die Einführung von Eurobonds, also einer viel stärkeren Vergemeinschaftung von Schulden und Risiken, ausführlich diskutiert wurde. Hätte sich die Dynamik des ersten halben Jahres von 2012 fortgesetzt und sich die Krise weiter verschärft, dann wäre ein Einknicken der deutschen Bundesregierung unvermeidlich gewesen. Gerade deshalb war das Aufatmen in Berlin und bei der deutschen Bundesregierung nach dem großen Erfolg der Ankündigung des OMT-Programms von der EZB so groß. Ohne den Einsatz der EZB sähe Europa heute sicherlich institutionell und wirtschaftlich ganz anders aus – und mit Sicherheit nicht besser.

Das fünfte Argument gegen die EZB-Politik, das viele Deutsche beschäftigt, ist die Angst vor einer hohen Inflation. Die EZB-Geldpolitik sei zu expansiv, bringe zu viel Geld in den Markt und verursache damit langfristig eine hohe Inflation in Europa und Deutschland, befürchten viele. In keinem anderen Land Europas herrschte während der europäischen Krise eine solche Angst vor Inflation. Im Gegenteil, 2013 und 2014 fürchtet sich Europa eher vor einer Deflation. Viele Volkswirtschaften der Eurozone produzieren noch immer deutlich unter ihrem Potenzial, und die Preise in diesen Ländern müssen weiter fallen, damit diese wieder international wettbewerbsfähig werden. Auch übertragen sich die geldpolitischen Impulse nicht ausreichend, sodass vor allem kleine und mittelständische Unternehmen in den Krisenländern noch immer enorme Probleme haben, an Kredite zu kommen.

Die Inflationsrate von 0,5 % zu Anfang 2014 liegt zudem weit unter dem Ziel der Preisstabilität der EZB, die eine Inflationsrate von knapp unter 2 % anvisiert. Rund 30 % der Güterpreise in Ländern wie Spanien, Italien und Frankreich fallen bereits. Und auch die Inflationserwartungen werden in der Eurozone immer schwächer. Wenn man sich in Europa also um die Preisstabilität sorgen sollte, dann eher wegen der Deflationsgefahr, nicht wegen der Inflation.

Woher kommt diese Angst vor Inflation, die nur in Deutschland umgeht? Manche Ökonomen und Historiker vermuten, dass sie aus der Zeit der Hyperinflation nach dem Ersten Weltkrieg stammt. 1922 und 1923 verlor eine ganze Generation innerhalb von zwei Jahren praktisch ihr gesamtes Finanzvermögen. Trotzdem ist es erstaunlich, dass diese Erinnerung die Deutschen nach mehr als 90 Jahren noch so stark beeinflusst.

Noch erstaunlicher ist es, dass die Erinnerung an die große Depression von 1929 bis 1935 hingegen völlig verblasst ist. Dabei kam es in dieser Phase durch eine Deflation zu einer tiefen Wirtschaftskrise, die Millionen Menschen auch in Deutschland ihre Beschäftigung und Lebensgrundlage gekostet hat.

Der britische Ökonom Walter Bagehot schrieb 1873 über die Rolle von Zentralbanken während Krisen: »The only safe plan ... is the brave plan ... This policy may not save the Bank; but if it do not, nothing will save it.« Dies könnte nicht treffender die Lage der EZB beschreiben.

Als Fazit: Vor allem Deutschland ist einer der großen Nutznießer der Politik der EZB, und vor allem ihres OMT-Programms. Sie hat die Risiken für die gesamte Eurozone deutlich reduziert und die Wirtschaft und die Finanzmärkte stabilisiert. Zwar hat die EZB durch ihre Politik sehr viel höhere Risiken auf ihre Bilanz genommen. Aber durch die Stabilisierung der Märkte hat die EZB-Geldpolitik das Risiko einer tieferen Wirtschaftskrise reduziert und die Wirtschaft Europas und Deutschlands gestärkt. Zudem hat sie es der Bundesregierung erlaubt, weniger der Risiken für Europa zu übernehmen, als eine noch tiefere Krise es wohl erzwungen hätte.

Risiken für die EZB

Die Kritik an der Europäischen Zentralbank in Deutschland hat in den vergangenen Jahren bedrohlich zugenommen. Mit der Entscheidung des Bundesverfassungsgerichts im Februar 2014 gegen die EZB hat sie eine neue Stufe erreicht. Die EZB genießt zwar ein hohes Maß an juristischer Unabhängigkeit. Ihre De-facto-Unabhängigkeit – also ihre Fähigkeit, flexibel handeln zu können, um ihrem Mandat gerecht werden und die europäische Wirtschaft unterstützen zu können – ist jedoch immer stärker bedroht.

Diese De-facto-Unabhängigkeit wird von vier Seiten bedroht. Die erste ist die noch immer überwältigende Dominanz der Finanzstabilität für die Entscheidungen der EZB. Seit 2007 muss die EZB die Rolle des Feuerwehrmanns einnehmen. Mit immer neuen Maßnahmen hat sie die Finanzmärkte vor dem Kollaps bewahrt und marode Banken über Wasser gehalten, da die Politik nicht fähig oder nicht gewillt war und ist, die Ursachen der Finanzkrise nachhaltig zu lösen. Damit ist die EZB in eine immer expansivere Rolle gedrängt worden, in der sie Gefahr läuft, ihr primäres Mandat der Preisstabilität langfristig zu verfehlen.

Die zweite Seite ist politischer Natur. Es ist mittlerweile fast ein Sport für manche Politiker in der Eurozone geworden, die EZB – um von der eigenen Verantwortung abzulenken – als den Sündenbock darzustellen, der zu wenig, zu viel oder das Falsche tut. Es ist daher nicht überraschend, dass ihre Reputation und damit ihre Glaubwürdigkeit Schaden genommen hat. Reputation und Glaubwürdigkeit sind jedoch das wichtigste Gut einer jeden Zentralbank.

Eine dritte Bedrohung ist institutioneller Art. Als Zentralbank für 18 souveräne Nationen ist es enorm wichtig, Entscheidungen im Konsens mit den nationalen Zentralbanken zu treffen. Der schwelende Konflikt zwischen EZB und Bundesbank hat mit dem OMT-Verfahren einen neuen Höhepunkt erreicht. Die Ablehnung des Programms durch die Bundesbank hat für die Entscheidung des Bundesverfassungsgerichts wohl eine gewichtige Rolle gespielt. Beides hat die Reputation der EZB in der deutschen Öffentlichkeit verschlechtert. Vor allem reduziert sich durch diesen Konflikt die Fähigkeit der EZB, flexibel zu agieren, denn jede Änderung der EZB-Politik erfordert einen schwierigen und langwierigen Prozess der Konsensbildung. Das trotz negativer Entwicklungen der Kreditvergabe und Deflation eher passive Verhalten der EZB in den vergangenen Monaten mag diese Problematik widerspiegeln.

Die vierte Einschränkung droht auf juristischer Seite. Das Bundesverfassungsgericht versucht, durch seine Entscheidung die Neutralität der EZB zu beschränken, denn sie soll die EZB zwingen, staatliche Akteure anders zu behandeln als private Akteure. Unabhängigkeit muss für die EZB jedoch bedeuten, dass sie Probleme in den Finanzmärkten behebt, ohne Staatsanleihen bevorzugt oder diskriminierend zu behandeln. So darf sie prinzipiell keine Unterscheidung machen zwischen ihren zwei Ankaufprogrammen der Covered Bonds (CBPP) und dem OMT-Ankaufprogramm von Staatsanleihen.

Die EZB ist jedoch nicht unschuldig an dieser schwierigen Situation. Es ist ihr bis jetzt nicht gelungen, die Politik dazu zu bringen, mehr Verantwortung zu übernehmen und somit den auf ihr lastenden Druck zu reduzieren, ständig neue Rettungsmaßnahmen einleiten zu müssen. Auch mit ihrer Teilnahme an der Troika hat die EZB explizit und bewusst eine politische Rolle eingenommen, die ihre Unabhängigkeit von der Politik bedroht.

Für die EZB muss es in den kommenden Jahren deshalb von hoher Priorität sein, ihre volle De-facto-Unabhängigkeit wiederzuerlangen. Sie muss glaubwürdig ihre volle Handlungsfähigkeit signalisieren. Sie sollte unterstreichen, dass zu ihrem Instrumentarium das OMT-Programm und der Ankauf von Staatsanleihen gehören. Zudem sollte sie sich aus der Troika zurückziehen und sich auf eine Beraterfunktion beschränken.

Auch sollten EZB und Bundesbank das, was in der Öffentlichkeit als Konflikt wahrgenommen wird, schnellstmöglich beilegen. Beide müssen vor allem der deutschen Öffentlichkeit vermitteln, dass eine Meinungsvielfalt konstruktiv und nützlich sein kann und dass beide die gleichen Ziele verfolgen. Mehr Transparenz und eine offenere Kommunikation – vor allem über die Strategie und die Diskussionen im Zentralbankrat, beispielsweise durch die Veröffentlichung der Protokolle – würden dazu einen wichtigen Beitrag leisten.

Aber auch die Politik ist in der Pflicht. Sie muss nicht nur die wichtigen wirtschafts- und finanzpolitischen Reformen in Europa entschieden weiterverfolgen. Sondern es wäre auch enorm hilfreich, wenn sich die Regierungen und vor allem auch die Bundesregierung öffentlich zur EZB und ihrer Rolle bekennen. Auch sollte der Europäische Gerichtshof das schwelende Verfahren um das OMT-Programm schnellstmöglich entscheiden und somit Klarheit schaffen.

Risiken für Deutschland und Europa

Auf den ersten Blick scheint das Bundesverfassungsgericht mit seiner Entscheidung, das OMT-Programm der EZB für rechtswidrig zu erklären, lediglich über die theoretische Frage nach erlaubten Instrumenten der EZB entschieden zu haben. Doch auf dem Spiel steht etwas sehr viel Wichtigeres: Europas Einheit. Der Beschluss birgt die Gefahr einer Spaltung Europas: wirtschaftlich, indem sie den europäischen Markt schwächt; institutionell, indem sie einen Keil zwischen Bundesbank und EZB treibt; und rechtlich, indem sie einen Anspruch nationaler Gerichte über Europarecht einfordert.

Die Richter des Bundesgerichtshofs urteilten in Bezug auf die wirtschaftliche Integration, das OMT-Programm der EZB könne »zu einer erheblichen Umverteilung zwischen den Mitgliedsstaaten führen und damit Züge eines Finanzausgleichs annehmen«. Doch diese Sorge zeugt von einem falschen ökonomischen Verständnis des Markts, dessen wesentliche Eigenschaft die Umverteilung von Risiken ist, sei es durch private oder öffentliche Akteure. Es ist deshalb widersprüchlich, die Maßnahmen der EZB auf solche beschränken zu wollen, die keine Verteilungswirkungen haben.

Jede Währungsunion ist, per Definition, immer in begrenztem Rahmen auch eine Haftungsgemeinschaft. Dies bedeutet, dass Deutschland in manchen Zeiten Risiken für seine Nachbarn übernimmt, genauso wie andere Länder in anderen Zeiten Risiken für Deutschland auf sich genommen haben. So hielt etwa die EZB Anfang der 2000er-Jahre – als Deutschland als »kranker Mann Europas« galt – die Zinsen aus Rücksicht auf die schwierige Lage in Deutschland niedrig. Eine Haftungsunion, die einer gemeinsamen Versicherung gleichkommt, ist jedoch etwas fundamental anderes als eine Transferunion, die systematisch Ressourcen umverteilt.

Wesentliche Aufgabe einer Zentralbank ist es, im Ernstfall Risiken zu übernehmen und damit das Funktionieren der Märkte zu garantieren. Dadurch reduziert sie das Gesamtrisiko. Vor allem Deutschland hat vom OMT-Programm profitiert. Die gesunkenen Target-Forderungen der Bundesbank sowie die verbesserten Bilanzen deutscher Banken spiegeln dies wider. Kurzum, die Vorgabe des Gerichts hindert die EZB daran, die Integrität der Währungsunion sicherzustellen.

Auch die institutionelle Einheit der Union wird durch die Entscheidung infrage gestellt. Das Gericht versucht, der EZB die Fähigkeit abzusprechen, Geldpolitik zu definieren, und beschränkt dadurch ihre Unabhängigkeit. Die ökonomischen Begründungen der EZB zum OMT werden als irrelevant vom Tisch gefegt, wobei sich das Gericht in seiner Begründung eine sehr enge und dogmatische Auffassung des ökonomischen Geschehens zu eigen macht. Ginge es nach den Vorstellungen der Richter, müsste die EZB jede geldpolitische Maßnahme primär danach beurteilen, welche Nebenwirkungen sie hat, und nicht, ob diese notwendig ist, um das EZB-Mandat zu erfüllen.

Die Entscheidung könnte zudem die Bundesbank deutlich schwächen. Wenn der Europäische Gerichtshof sich hinter die EZB stellt – was zu erwarten ist –, könnte das Verfassungsgericht sich genötigt sehen, die Bundesbank aufzufordern, den Entscheidungen der EZB nicht Folge zu leisten. Dies würde zu einer Spaltung des Eurosystems führen, damit den bisher großen Einfluss der Bundesbank schwächen und die deutsche Stimme in der europäischen Geldpolitik marginalisieren.

Auch steht zu befürchten, dass die Entscheidung zu einer rechtlichen Spaltung der Union führt. Wenn der Europäische Gerichtshof das OMT-Programm für rechtskonform erklärt, wird sich das Bundesverfassungsgericht unweigerlich in der Lage wiederfinden, entweder das Gesicht zu verlieren oder den europäischen Richtern zu widersprechen. Letzteres dürfte der rechtlichen Integration und Harmonisierung in der Union großen Schaden zufügen.

Wir sollten jedoch auch versuchen, die positiven Aspekte dieser Kontroverse zu sehen. Die Debatte zeigt, dass noch immer kein Konsens darüber besteht, wie genau unsere Währungsunion aussehen soll und was notwendig ist, um den europäischen Integrationsprozess nachhaltig zu gestalten. Es wäre wünschenswert, wenn die Entscheidungen vom Bundesverfassungsgericht und vom Europäischen Gerichtshof die Politik dazu bewegen könnten, endlich Antworten auf diese Fragen zu finden. Dies erfordert eine langfristige Vision für Europa, stärkere europäische Institutionen und eine Vertragsänderung. Das wäre ein sehr positives und produktives Ergebnis der Kontroverse um Europas Geldpolitik.

IV DEUTSCHLANDS VISION FÜR EUROPA

14 Deutschland ist in der Verantwortung für Europa

Europa steckt nach wie vor in einer tiefen wirtschaftlichen und politischen Krise. Die seit dem Sommer 2012 eingetretene Beruhigung ist eine trügerische Ruhe. Weiterhin fehlen wichtige Reformen zur Vollendung einer langfristig funktionsfähigen Wirtschafts- und Währungsunion oder sind zumindest noch immer unvollendet. Deutschland steht wie selten zuvor am europapolitischen Scheideweg, an dem wir entscheiden müssen, ob wir bereit sind, eine größere Verantwortung für Europa zu übernehmen und die langfristige Integration Europas voranzutreiben. Was sind die politischen und wirtschaftspolitischen Optionen und vor welchen Entscheidungen stehen wir in den kommenden Jahren?

Der fragile Status quo

Nach mehreren Jahren tiefer Krise und schrumpfender Volkswirtschaften scheint sich die europäische Wirtschaft langsam zu stabilisieren. Die Wachstumsraten der Eurozone sind seit Ende 2013 wieder positiv, und selbst Länder wie Spanien, Portugal und Italien verzeichnen eine stabile Wirtschaftsproduktion. Die Arbeitslosigkeit steigt in einigen Krisenländern zwar noch, aber es wird erwartet, dass sie 2014 ihren Höhepunkt erreicht. Die fiskalischen Defizite haben sich reduziert und die

Wettbewerbsfähigkeit verbessert sich. Spanien zum Beispiel hat nicht nur seine hohen Leistungsbilanz- und Exportdefizite abgebaut, sondern erwirtschaftet bereits wieder leichte Überschüsse. Dies ist nicht nur auf fallende Importe, sondern auch auf eine dynamischere Exporttätigkeit zurückzuführen. Andere Kennzahlen der Wettbewerbsfähigkeit – wie die Lohnstückkosten oder die realen Wechselkurse – zeigen ebenfalls eine deutlich positive Tendenz.

Griechenland ist weiterhin das Land mit den größten Schwierigkeiten. Die Staatsschulden von mittlerweile über 175% der Wirtschaftsleistung sind weit entfernt von den Zielvorgaben der beiden EU-IWF-Programme. Auch wenn einige Einzelziele realisiert wurden, so bleiben andere Stückwerk oder müssen noch angegangen werden. Das mag einen zu schwachen politischen Willen als Ursache haben, vor allem aber liegt es an der unzureichenden Fähigkeit der griechischen Institutionen. Der griechische Staat hat beispielsweise kaum Möglichkeiten, effektiv Steuern zu erheben, um seine Ausgaben zu finanzieren. Zudem können wohlhabende Griechen ihre Steuerlast reduzieren oder gar vermeiden. Diese Schwäche wird Griechenland noch viele Jahre, wenn nicht Jahrzehnte zu schaffen machen. 2014 wird ein drittes Hilfsprogramm, das mit hoher Wahrscheinlichkeit zumindest eine Umstrukturierung der Staatsschulden erfordern sollte – wenn ein Schuldenschnitt aus politischen Gründen nicht wünschenswert ist –, unvermeidlich sein.

Innerhalb der anderen Krisenländer ist die Lage zum Teil sehr unterschiedlich – so hat Irland in der Wettbewerbsfähigkeit die größten Fortschritte gemacht, aber die schwächste fiskalische Konsolidierung erreicht. Fast alle Länder haben mit der Umsetzung wichtiger Reformen begonnen beziehungsweise sie bereits erfolgreich abgeschlossen. In Deutschland wird heftig darüber diskutiert, ob diese Bemühungen ausreichen, um diese Länder nachhaltig zu reformieren und den europäischen

Integrationsprozess entscheidend voranzubringen. Gegner der europäischen Krisenpolitik verweisen auf die großen Hürden, die noch vor uns liegen. Vor allem in Deutschland werden in den letzten Jahren die Stimmen immer lauter, die die Reformen der Krisenländer für ein hoffnungsloses Unterfangen halten. Sie weisen auf die riesigen Ungleichgewichte innerhalb der Eurozone hin, die noch immer enormen Unterschiede in der Wettbewerbsfähigkeit – vor allem gegenüber Deutschland. Es ist richtig, dass die hohe Staatsverschuldung einiger der Krisenländer sehr problematisch ist.

Wie und wann werden wir aus der tiefen europäischen Krise herauskommen? Die neue Bundesregierung steht am europapolitischen Scheideweg. Sie hat die Wahl zwischen drei möglichen Szenarien: Will sie am Status quo festhalten, will sie wichtige Integrationsschritte (Währungsunion) wieder zurücknehmen oder will sie mehr Integration für Europa? Für eine Entscheidungsfindung ist es wichtig, zu verstehen, welche Konsequenzen die unterschiedlichen Optionen haben werden.

Deutschland kommt eine besondere Verantwortung für Europa zu. Durch seine Größe wird es immer eine wichtige Rolle bei den politischen Entscheidungen Europas spielen. Die Geschichte und die zentrale Lage in Europa verpflichten Deutschland dazu, immer eine moderierende, ausgleichende Position für die Integration Europas einzunehmen. Ein drittes Element ist die gegenwärtige politische und wirtschaftliche Stärke und Stabilität. Wie in den vorangegangenen Kapiteln beschrieben, ist Deutschland das einzige Land, das Europa nachhaltig aus der wirtschaftlichen wie auch politischen Krise ziehen kann. Dafür braucht es Partner. Es muss sein Augenmerk dabei nicht nur auf Frankreich, sondern auch auf andere Länder, wie zum Beispiel seinen östlichen Nachbarn Polen, richten.

Ein Festhalten am Status quo verschiebt nur die Krisenbewältigung

Das erste Szenario wäre, am gegenwärtigen Status quo festzuhalten und den Weg der kleinen Schritte fortzusetzen. Den europapolitischen Weg der letzten Bundesregierung als einen der »kleinen Schritte« zu beschreiben, mag unfair klingen. In der Tat sind in den vergangenen Jahren wichtige Reformen auf den Weg gebracht worden: Mit den sogenannten Twopack- und Sixpack-Vorschriften sowie dem Europäischen Semester wurden gemeinsame Regeln und eine Prozedur aufgestellt, die sicherstellen sollen, dass Staaten es in Zukunft vermeiden, sich zu stark zu verschulden.

Zudem wurde eine gemeinsame Bankenunion beschlossen. Aufsicht und Abwicklung der Banken werden auf europäischer Ebene gesteuert. Und es wurde mit dem ESM ein Rettungsschirm geschaffen, der mit 500 Milliarden Euro über eine ordentliche finanzielle Ausstattung verfügt. Bei aller Kritik wird oft ignoriert, dass viele dieser Änderungen in erster Linie die Prioritäten und Wünsche der deutschen Bundesregierung widerspiegeln – wie ausführlich im letzten Kapitel dargelegt.

Trotzdem sind die existierenden europäischen Reformen und Maßnahmen mit großer Wahrscheinlichkeit unzureichend. Sie werden weder ausreichen, um Europa aus der gegenwärtigen tiefen Krise zu ziehen, noch können sie eine ähnliche Krise in der Zukunft verhindern. Viele Banken in Europa sind nach wie vor zu stark verschuldet, haben kein nachhaltiges Geschäftsmodell und werden durch die Liquidität der EZB künstlich am Leben gehalten. Eine große Sorge und die zurzeit wahrscheinlichste Option ist, dass die Bankenunion, die zwischen November 2014 und Anfang 2015 umgesetzt werden soll, dies nicht ändern kann. Viele Experten hegen große Zweifel, dass die EZB trotz ihrer Unabhängigkeit und großen Glaubwürdigkeit in der Lage sein wird, die Probleme der Banken nachhaltig zu lösen. Denn sie fängt nicht nur erst an, Kompetenz als Bankenaufseher aufzubauen, sondern muss von den nationalen Behörden auch richtige und akkurate Informationen über die Banken der jeweiligen Mitgliedsländer bekommen. Eine zweite große Sorge ist, dass der Abwicklungsmechanismus für die Banken zu schwach sein wird, um die vor allem in den Krisenländern bestehenden Probleme nachhaltig zu bewältigen.

Auch die geplanten finanzpolitischen Maßnahmen werden ein künftiges Fehlverhalten von Regierungen langfristig nicht verhindern können. Denn es fehlt ein glaubwürdiger, bindender Sanktionsmechanismus, der Regierungen dazu bringen wird, sich in Krisensituationen an die gemeinsamen Regeln zu halten. Vor allem fehlen bisher Maßnahmen, die die No-Bailout-Klausel wieder glaubwürdig etablieren. Unter diesen Bedingungen können weder EU-Institutionen noch Finanzmärkte eine effektive Kontrolle über die Finanzpolitik der Mitgliedsländer ausüben.

Der Jubel war groß, als Griechenland im April zum ersten Mal seit Jahren wieder längerfristige, fünfjährige Staatsanleihen zu niedrigen Zinsen von unter 5 % auf den Finanzmärkten platzieren konnte. Die Krise sei vorbei, die Märkte hätten wieder Vertrauen zu Europa und selbst zu Griechenland, dem größten Krisenland der Eurozone, gefasst, so der erste Tenor. Das Gegenteil ist der Fall: Diese günstigen Finanzierungsbedingungen sind schlechte Nachrichten für Europa. Investoren nehmen das Insolvenzrisiko Griechenlands noch immer nicht ernst. Sie erwarten, dass die Staatengemeinschaft und die EZB Griechenland im Falle eines Staatsbankrotts zu Hilfe eilen werden, um die privaten Investoren zu schützen. Die griechischen Staatsanleihen zeigen überdeutlich: Das No-Bailout-Prinzip ist noch immer nicht glaubwürdig.

Ein dritter Schwachpunkt sind die Wirtschaftskrise und die Strukturprobleme vieler Länder. Sie sind so gravierend, dass die

Erholung viele Jahre dauern wird. Länder wie Griechenland, Portugal, aber auch Italien werden die nächsten fünf bis zehn Jahre ein so schwaches Wachstum haben, dass sie weder die enorme Arbeitslosigkeit senken noch ihren Bürgern eine angemessene wirtschaftliche Perspektive bieten können.

Die größte aller Herausforderungen der kommenden Jahre ist die Generierung eines nachhaltigen, gesunden Wachstums in der Eurozone. Ein solches Wachstum ist der Schlüssel zur Lösung der Krise. Es ist eine notwendige Voraussetzung, um sowohl das Staatsschuldenproblem als auch das Bankenproblem vieler Länder zu lösen. Denn nur dann kann eine über 130 % der Wirtschaftsleistung liegende Staatsverschuldung, wie etwa in Italien oder Portugal, nachhaltig abgebaut werden.

Kurzum: Sollte der Status quo erhalten werden, wäre eine wirtschaftliche Stagnation der Eurozone innerhalb des nächsten Jahrzehnts wahrscheinlich. Das Szenario könnte dem ähneln, das wir in den 1990er- und Anfang der 2000er-Jahre in Deutschland gesehen haben. Italiens Wirtschaftsleistung ist bereits heute 8 % kleiner als noch vor sechs Jahren. Und das Land könnte noch weitere zehn Jahre benötigen, nur um diesen Rückstand aufzuholen. Dass Europa vor einer verlorenen Dekade steht, lässt sich bereits jetzt nicht mehr verhindern. Aber wie wir heute die europapolitischen Weichen stellen, bestimmt, ob es zwei verlorene Dekaden werden, die eine ganze Generation von Südeuropäern ihrer Zukunftschancen hinsichtlich Beschäftigung, sozialer Absicherung und Einkommen berauben.

Desintegration ist keine Lösung

Eine zweite, gern von Eurogegnern geforderte Option, ist die Desintegration Europas. Ein Austritt aus dem Euro wäre sowohl für die Krisenländer als auch für Deutschland von Vorteil, argumentieren die Befürworter. Ihrer Ansicht nach ist der Euro schuld an der miserablen Lage der Krisenländer. Zumindest behindert er eine nachhaltige wirtschaftliche Reform und Erholung. Ein Euroaustritt hingegen würde es den Krisenländern ermöglichen, ihre eigene Währung abzuwerten und damit wieder wettbewerbsfähiger zu werden. Zudem könnten sie die Staatsschulden durch eine hohe oder Hyperinflation (und damit De-facto-Enteignung der Gläubiger) nach einer Abwertung deutlich reduzieren.

Auch für Deutschland hätte eine solche Desintegration Europas klare Vorteile, argumentieren die Austrittsbefürworter. Deutschland könne die durch die Kredite der Rettungsschirme EFSF und ESM sowie die expansive Geldpolitik der EZB übernommenen Haftungsrisiken reduzieren, so die Hoffnung.

Eine solche Hoffnung ist falsch und irreführend. Das habe ich in den vorangegangenen Kapiteln ausführlich diskutiert. Ein Euroaustritt würde enorme kurz- wie langfristige Kosten für die Austrittsländer und für Deutschland verursachen. Die Erfahrung, die Dutzende Länder in den letzten Jahrzehnten während vieler Finanzkrisen gemacht haben, lassen keinen Zweifel daran, dass ein Euroaustritt kurzfristig zu massenhaften Bankrotten von Staaten und Unternehmen führen würde. Das Ausmaß an Depression und Massenarbeitslosigkeit würde die Krise der vergangenen Jahre weit in den Schatten stellen. Auch langfristig hätten diese Länder kaum Vorteile von einem solchen Szenario, denn der Schaden, der von einer solchen Depression ausginge, würde lange anhalten.

Die Kosten für Deutschland wären enorm: Deutsche Banken und Unternehmen müssten einen großen Teil ihrer beträchtlichen Forderungen abschreiben. Deutsche Exporte in die Eurozonenländer – und das sind weiterhin etwa ein Drittel aller deutschen Exporte – würden massiv schrumpfen. Kurzum, das Resultat einer wirtschaftlichen Desintegration wäre mit hoher Wahrscheinlichkeit eine lange, tiefe Depression in ganz Europa, Deutschland eingeschlossen.

Der Integrationssprung als einzige nachhaltige Lösung

Die dritte Option ist die Vertiefung der europäischen Integration hin zu einer Vollendung der Europäischen Wirtschafts- und Währungsunion. Eine solche Union kann ohne ein hohes Maß an wirtschaftspolitischer Integration nicht bestehen. Das Versäumnis, eine Fiskalunion zugleich mit einer Bankenunion zu schaffen, war der größte Fehler, der in den 1990er-Jahren bei der Einführung des Euro gemacht wurde. Beide würden das Finanz- und Bankensystem Europas stärken und die Risiken reduzieren. Sie würden zukünftige Staatsschuldenkrisen verhindern, denn für die Staaten wäre es deutlich schwerer, eine exzessive Finanzpolitik zu verfolgen.

Zweifelhaft ist aber, ob die Implementierung einer Fiskalunion und einer Bankenunion ausreicht, um Europa kurzfristig aus der Krise ziehen zu können. Sie alleine und isoliert von weiter gehenden Reformen wird Bankenkrise, Staatsschuldenkrise und Rezession wohl nicht lösen können. Private Unternehmen, Banken und Haushalte müssen in vielen Krisenländern nach wie vor Schulden abbauen, sodass ein positiver Nachfrageimpuls kaum von privater Seite kommen könnte. Aber auch die Staaten selbst sind überschuldet, und die Finanzmärkte geben ihnen kaum Spielraum für einen staatlichen Nachfrageimpuls. Zudem brauchen die notwendigen Strukturreformen Jahre, um sich auf der Angebotsseite voll auswirken zu können. Politisch wird es für die Regierungen immer schwieriger, weitere »Opfer« von ihren Bürgern zu verlangen.

Damit scheint die Vertiefung der europäischen Integration die einzige Möglichkeit, die Europa aus der Krise führen und der Union eine wirkliche Perspektive bieten kann. Sie wird aber nicht zwingend zum Erfolg führen. Denn zusätzlich zu den institutionellen Reformen müssen Wege gefunden werden, wie man den Teufelskreis aus Bankenkrise, Staatsschuldenkrise und

Rezession durchbrechen kann. Das kann nur mithilfe von mehr Wachstum und wirtschaftlicher Dynamik in der Eurozone gelingen.

15 Eine Vision für Europa

Welche Vision wollen wir für Europa? Wie sollen die Institutionen und das Zusammenleben in Europa in 20 oder 50 Jahren aussehen? »Kleine Schritte« führen in Europa nur dann zum Erfolg, wenn sie eine Vision haben. Im Folgenden sei der Vorschlag der Glienicker Gruppe vorgestellt.

Das Prinzip der Eigenverantwortung

Heute wissen wir: Das Prinzip der Eigenverantwortung, des No-Bailout, war richtig. Aber es scheitert dort, wo seine Durchsetzung einen Kollateralschaden verursacht, der so groß ist, dass von vornherein weder Schuldner noch Gläubiger an die Ernsthaftigkeit der Eigenverantwortungsverpflichtung glauben. Die Architektur der Eurozone kann erst dann stabil sein, wenn sie solche Kollateralschäden vermeidet. Das bedeutet mehr Integration, wie wir in den folgenden vier Handlungsfeldern zeigen.
  Der Vertrag von Maastricht ging davon aus, dass das Problem unverantwortlicher Schuldenlasten gelöst ist, wenn nur alle Staaten die Verschuldungsregeln einhalten. Tatsächlich haben sich nicht alle daran gehalten, wie das Beispiel Griechenland zeigt. Deshalb war es richtig, die Verschuldungsregeln mit dem Fiskalpakt samt Europäischem Semester zu härten. Das so entstandene Regelgeflecht muss allerdings durch ein schlankeres und demokratischeres Verfahren auf einer soliden rechtlichen Basis ersetzt werden.

Richtig ist aber auch, dass die Krise etwa in Spanien oder Irland selbst durch den Fiskalpakt nicht verhindert worden wäre. Die fiskalischen Risiken, die sich dort aufgebaut haben, sind nicht allein durch den Bruch von Staatsverschuldungsregeln entstanden, sondern letztlich durch eine mangelhafte Regulierung des Finanzsektors innerhalb eines heterogenen Währungsraums, der starke regionale Ungleichgewichte hervorgebracht hat.

Die Krise hat gezeigt: Eine No-Bailout-Klausel lässt sich nur durchhalten, wenn den Schuldnern im Krisenfall privatwirtschaftliche Gläubiger gegenüberstehen, die Verluste absorbieren können. Dies ist derzeit systematisch nicht der Fall. Das fragile Finanz- und Bankensystem mit seinen systemrelevanten Akteuren kann im Krisenfall den europäischen Steuerzahler erpressen.

Deshalb benötigt die Eurozone eine robuste Bankenunion. Die gemeinsame Bankenaufsicht muss eine solide Kapitalausstattung des Bankensektors sicherstellen. Die gemeinsame Bankenrestrukturierung und -abwicklung muss die privatwirtschaftliche Gläubigerkette durchsetzen: Erleiden Banken große Verluste, müssen als Erstes die Aktionäre, dann die nachrangigen Anleihegläubiger, dann die vorrangigen Gläubiger und zuletzt der von den Banken selbst finanzierte Bankenfonds einspringen. Erst wenn diese Möglichkeiten erschöpft sind, kann auf den europäischen Steuerzahler zurückgegriffen werden.

Man muss sich darüber im Klaren sein, dass mit einer staatlichen Bankenrettung in der Währungsunion Umverteilungseffekte zwischen Ländern verbunden sind. Daher müssen Banken in der Eurozone strenger und nicht lascher reguliert werden als in Nationalstaaten mit eigener Währung. Die Anfang 2014 beschlossene Bankenunion hat, wie oben beschrieben, viele Schwächen und Risiken. Es gilt daher, die Bankenunion zwar entschieden umzusetzen, aber sie auch weiter zu verbessern und zu vertiefen, damit sie langfristig gelingen kann und das europäische Finanzsystem sicherer macht.

Eigenverantwortung und Solidarität gehen Hand in Hand

Eigenverantwortung der Mitgliedsstaaten heißt auch Eigenverantwortung ihrer Bürger. Dass diese die Krisenlasten im Wesentlichen schultern und dabei auch schmerzhafte Reformen anpacken müssen, ist unvermeidlich. Aber die Grenze dieser Eigenverantwortung ist dort erreicht, wo elementare Lebenschancen bedroht sind. Hier muss die Solidarität in der Union und speziell zwischen den Unionsbürgern greifen. Wenn in Griechenland, Portugal oder Spanien eine ganze Generation ihrer Chancen beraubt wird, ein produktives Leben zu führen, dann ist das nicht nur ein griechisches, portugiesisches oder spanisches Problem, sondern eines, das uns als Unionsbürger alle betrifft.

Die Währungsunion wird ohne kontrollierte Transferelemente, also einen Mechanismus, der Ländern eine begrenzte Hilfestellung in Krisenzeiten gibt, nicht dauerhaft stabil sein können. So sollte der Notfallmechanismus ESM zu einem Europäischen Währungsfonds ausgebaut werden, der sich selbst verstärkenden Liquiditätskrisen glaubhaft entgegentreten kann. Damit wird verhindert, dass ein Staat abrupt den Zugang zum Kapitalmarkt verliert. In Ländern, die vom Staatsbankrott unmittelbar bedroht sind und daher unter den Rettungsschirm schlüpfen, darf es aber nicht dazu kommen, dass die elementaren Lebenschancen ihrer Bewohner den Sparzwängen geopfert werden. Es kann zur Wahrung der Lebenschancen auch erforderlich werden, die Reformprogramme zeitlich zu strecken. Eine Situation, in der ein Euroland in einen akuten Zahlungsnotstand gerät und gezwungen wird, seiner Bevölkerung drakonische Sparmaßnahmen zuzumuten, muss die Ausnahme bleiben. Damit es möglichst gar nicht erst so weit kommt, benötigen wir zwischen den Euroländern einen Versicherungsmechanismus, der die fiskalischen Konsequenzen eines dramatischen Konjunktureinbruchs für die Bevölkerung abfedert.

Die Eurozone sollte daher eine Versicherung gegen Konjunkturschocks aufbauen, zum Beispiel eine gemeinsame Arbeitslosenversicherung, die die nationalen Systeme ergänzt. Hiermit würden zwei Dinge erreicht. Zum einem würde man einen Mechanismus schaffen, der starken Rezessionen mit automatischen europäischen Stabilisatoren entgegenwirkt. Zum anderen würde eine Arbeitslosenversicherung auch Europa ein konkretes Gesicht bei den Unionsbürgern geben. Teilnehmen könnten diejenigen Länder, deren Arbeitsmärkte so organisiert sind, dass sie das geordnete Funktionieren der Währungsunion unterstützen. Man würde somit die Einführung einer gemeinsamen Versicherung dafür nutzen, lang verschleppte Reformen in den Arbeitsmärkten anzugehen. So ließe sich die Integration des europäischen Arbeitsmarkts vorantreiben und der makroökonomische Zusammenhalt der Eurozone stärken.

Die Massenarbeitslosigkeit in den Krisenstaaten erfordert ebenfalls Maßnahmen: Erstens muss die Mobilität im europäischen Arbeitsmarkt gezielt für Bewohner der Krisenländer verbessert werden. Mit Ausbildungsmaßnahmen müssen diejenigen, die aufgrund der Krise ihre Lebensgrundlage verloren haben, in die Lage versetzt werden, in anderen Euroländern wieder Arbeit zu finden. Es kann nicht sein, dass Deutschland über Fachkräftemangel klagt, während in Spanien massenhaft Fachkräfte auf der Straße stehen. Zweitens muss dafür gesorgt sein, dass die Kreditmärkte in den Krisenländern funktionieren. Das heißt nicht, dass die Kreditbedingungen europaweit einheitlich sein sollten. Aber vielversprechende Investitionen müssen finanzierbar sein. Deshalb spielt die Bankenunion für die wirtschaftliche Erholung eine zentrale Rolle.

Im Übrigen kann Deutschland ganz konkret einen wichtigen Beitrag leisten. Wir wären in der aktuellen Niedrigzinsphase gut beraten, in unsere Infrastrukturen zu investieren, um damit gleichzeitig Nachfrage in der Eurozone und Arbeitsplätze für Bürger der Krisenstaaten zu schaffen.

Demokratie und Rechtsstaatlichkeit in der Krise

In einer Union müssen die Mitgliedsstaaten wechselseitig darauf vertrauen können, dass ihre Regierungen legitim gewählt, ihre Gesetze legitim zustande gekommen und ihre Bürger frei und gleich vor dem Gesetz sind. Wer der Union beitreten will, muss es sich daher gefallen lassen, hinsichtlich seiner demokratischen, rechtsstaatlichen und grundrechtlichen Verfassungsstandards gründlich überprüft zu werden. Mit dem Beitritt verpflichtet sich ein Staat dazu, diese Standards weiterhin einzuhalten (Artikel 2 EUV – Vertrag über die Europäische Union). Ist er aber einmal beigetreten, fehlen der EU heute – siehe Ungarn – effektive und glaubwürdige Instrumente, diese Verpflichtung durchzusetzen.

Das kann insbesondere zum Problem werden, wenn Mitgliedsstaaten in eine schwere Wirtschaftskrise geraten. Die Erfahrung zeigt, dass solche Krisen Gesellschaften radikalisieren und die demokratische Verfasstheit eines Staates bedrohen können. In einer Währungsunion ist aufgrund der Konstellationen, die entstehen können, eine umso größere demokratische und rechtsstaatliche Robustheit unabdingbar.

Es kann nicht sein, dass die Union Staaten, die gegen das Beihilferecht verstoßen, wirksamer zur Ordnung rufen kann als solche, die die Demokratie oder rechtsstaatliche Regeln abschaffen. Sie muss mit einem Sanktionsmechanismus ausgestattet werden, der sicherstellt, dass die Mitgliedsstaaten sich untereinander vertrauen können und die Unionsbürger verfassungsstaatlichen Zerfallstendenzen nicht schutzlos ausgeliefert sind.

Generell ist die Union als Rechtsgemeinschaft vital davon abhängig, dass in den Mitgliedsstaaten die Effektivität des Rechts gewahrt bleibt. Wenn Gesetzgebung, Verwaltung und Justiz derart dysfunktional werden, dass kein Mensch mehr vom Recht Gebrauch macht, bedroht das die Union in ihren Grundlagen. Die Missstände in einigen Krisenländern zeigen, dass diese Befürchtungen durchaus praktisch relevant werden können (wobei auch Deutschland sich bei der Umsetzung von EU-Richtlinien nicht immer mustergültig verhält). Die Förderung einer effektiven Rechtsstaatlichkeit, die zugleich die Autorität des europäischen Rechts gewährleistet, sollte daher eine deutlich höhere Priorität genießen als etwa die Landwirtschaft.

Was die Union zusammenhält

Politische Unionen sind dazu da, gemeinsam öffentliche Güter bereitzustellen, die jeder für sich genommen nicht bereitstellen könnte. Ursprünglicher Antrieb für die europäische Integration war die Sicherung des Friedens. Der wirksame Schutz der Außengrenzen und der humanitäre Umgang mit Flüchtlingen und Asylsuchenden im Schengenraum, der Binnenmarkt und der Schutz unserer Umwelt sind weitere öffentliche Güter, zu deren gemeinsamer Bereitstellung wir uns bereits jetzt verpflichtet haben. Die Bereitstellung einer stabilen gemeinsamen Währung ist konstitutiv für die Eurozone.

Die Grenze der Eigenverantwortung der Mitgliedsstaaten im Krisenfall ist dort erreicht, wo die Bereitstellung dieser öffentlichen Güter in Gefahr gerät. Wenn ein Mitgliedsstaat in eine Situation gerät, in der er die Flughafensicherheit nicht mehr gewährleisten kann, dann leidet der europäische Luftverkehr als Ganzes. Wenn in einem Mitgliedsstaat im Umgang mit Asylsuchenden menschenunwürdige Zustände herrschen, bricht unser europäisches Asylsystem zusammen. Wenn Krisenländer beginnen, ihre Märkte zum Schutz heimischer Hersteller abzuschotten, sind der Binnenmarkt und die gemeinsame Handelspolitik bedroht. Wenn die Wirtschaftskrise in einem Mitgliedsstaat einen Punkt erreicht, an dem die Finanzmärkte auf dessen Austritt aus der Währungsunion spekulieren, dann kann dies die gemeinsame Währung sprengen.

Nur wenn die Bereitstellung dieser öffentlichen Güter unabhängig von der Staatspleite eines Mitgliedslands funktioniert, wird die No-Bailout-Klausel durchsetzbar sein. Das muss nicht heißen, dass man die Bereitstellung komplett zentralisiert. Es kann genügen, der Union zu ermöglichen, im Krisenfall unterstützend einzuspringen. Die Union muss nicht selbst anfangen, flächendeckend menschenwürdige Unterkünfte für Asylbewerber zu bauen. Aber sie muss Staaten, die das nicht schaffen, zumindest finanziell dazu in die Lage versetzen können.

Diese vier Punkte – eigenverantwortliche Gläubiger, Schutz der Lebenschancen, Schutz der demokratischen Rechtsstaatlichkeit, Bewahrung der öffentlichen Güter – sind das Minimum dessen, was erforderlich ist, damit Europa langfristig Erfolg haben kann und von seinen Bürgern akzeptiert wird. Um das volle Potenzial der Union zu entwickeln und sie damit dauerhaft stabil zu machen, muss aber mehr geschehen.

16 Eine europapolitische Agenda für Deutschland

Was können Deutschland und die Bundesregierung tun, um Europa aus der Krise zu führen? Zehn Elemente in drei großen Politikbereichen, die im Folgenden erläutert werden, sind von zentraler Bedeutung: Deutschland kann und sollte als Konjunkturlokomotive helfen, die europäische Wirtschaft anzuschieben und aus der Krise zu führen. Deutschland sollte eine europäische Investitionsagenda mit seinen Nachbarn schaffen, um nachhaltiges Wachstum in Europa zu stärken. Zudem sollte die neue Bundesregierung eine aktivere Europapolitik verfolgen, die den Integrationsprozess vertieft und vor allem die institutionellen Strukturen Europas langfristig neu ordnet und eine solidere Grundlage gibt.

1. Deutschland als Konjunkturlokomotive für Europa

Deutschland kann und sollte durch ein dynamischeres eigenes Wachstum einen wichtigen Nachfrageimpuls für Europa setzen. Wir müssen uns von der im ersten Teil beschriebenen Illusion verabschieden, dass Deutschland wirtschaftspolitisch in den vergangenen Jahren alles richtig gemacht hat. Wir müssen beginnen, unsere eigene Wirtschaftspolitik des letzten Jahrzehnts selbstkritischer und ehrlicher zu beurteilen. Dieses Buch hat gezeigt, dass die wirtschaftliche Entwicklung der letzten zwei Jahrzehnte alles andere als hervorragend war. Wirtschaftlicher Erfolg sieht anders aus.

Einer der Hauptgründe für die enttäuschende wirtschaftliche Entwicklung seit den 1990er-Jahren ist nicht – wie manche gerne glauben möchten – der Euro, sondern die stark fallenden und viel zu niedrigen Investitionen in Deutschland. Sie spiegeln fundamentale, strukturelle Ungleichgewichte unserer dualen Wirtschaft wider, in der ein Segment – der Exportsektor – enorm wettbewerbsfähig, flexibel und erfolgreich ist, aber ein anderer Teil – vor allem viele Dienstleistungssektoren – kaum Produktivitätswachstum zeigt, und in dem Löhne und Einkommen seit 2000 stagnieren oder gar gefallen sind.

Im Koalitionsvertrag vom 27. November 2013 setzt sich die neue Bundesregierung das Ziel, die Investitionsquote Deutschlands über die des OECD-Durchschnitts zu erhöhen. Dies ist ein enorm positives und wichtiges Signal. Denn vor allem die Schließung dieser Investitionsschwäche wird der Schlüssel zu zukünftigem Wirtschaftswachstum, Beschäftigung und Wohlstand in Deutschland sein. Der notwendige Anstieg der Investitionsquote von 3 % der Wirtschaftsleistung würde das langfristige Wachstum in Deutschland um mehr als die Hälfte erhöhen.

Die Bundesregierung sollte jedoch auch konkret ausarbeiten, wie dieses Ziel erreicht werden kann. Dies erfordert zum einen eine Stärkung der öffentlichen Investitionen. Teile einer solchen öffentlichen Investitionsagenda sind im Koalitionsvertrag enthalten, etwa ein Ausbau der Bildung sowie von Forschung und Entwicklung. Andere Elemente sind unzureichend definiert, etwa die Pläne zur öffentlichen Verkehrsinfrastruktur. Ein Erhalt und Ausbau der Infrastruktur wird in den nächsten Jahren sehr viel mehr erfordern als die fünf Milliarden Euro, die auf Bundesebene dafür eingeplant sind. Hier wird man deutlich nachbessern müssen.

Eine zentrale Aufgabe wird für die neue Bundesregierung

vor allem auch sein, die privaten Investitionen in Deutschland zu steigern. Der Koalitionsvertrag enthält eine Reihe vielversprechender Elemente, wie eine Industrie- und Wettbewerbspolitik, die Innovation und Wettbewerb fördern und die rechtlichen Rahmenbedingungen verbessern will. Dies sind wichtige Signale. Nun muss eine entschiedene Konkretisierung und Umsetzung dafür sorgen, dass diese Ziele erreicht werden.

Ein von mehr öffentlichen und privaten Investitionen getriebener Wachstumsimpuls wäre einer der wichtigsten Beiträge, die Deutschland kurz- und mittelfristig zur Erholung Europas leisten kann. Die deutsche Wirtschaft macht fast ein Drittel der Eurozone aus. Alle Krisenländer haben enge direkte oder indirekte Verflechtungen mit Deutschland, sei es durch Handel oder über Finanzmärkte. Der finanz- und wirtschaftspolitische Spielraum, den Deutschland zurzeit hat, fehlt fast allen anderen Ländern der Eurozone. Auch gerade deshalb ist Deutschlands Beitrag so wichtig.

2. Eine europäische Investitionsagenda

Vor allem die Krisenländer Südeuropas befinden sich nach wie vor in einer wirtschaftspolitischen Falle: Wirtschaftskrise, Bankenkrise, Staatsschuldenkrise und Vertrauenskrise. Diese Länder werden diese komplexe, vielschichtige Krise in den kommenden zwei bis drei Jahren kaum aus eigener Kraft überwinden können. Auch wenn fundamentale Reformen auf nationaler Ebene nach wie vor notwendig sind, so brauchen diese Länder vor allem eins: Wachstum. Einen positiven Wachstumsimpuls werden sie nicht alleine generieren können, oder zumindest nicht ausreichend, um ihre Volkswirtschaften auf einen nachhaltigen Erholungspfad zu bringen. Die Staatengemeinschaft Europas und vor allem Deutschland können hierbei eine ganz wichtige Rolle spielen, die sowohl den Krisenländern als auch den Geberländern und Europa als Ganzes helfen wird.

Ein wichtiger Teil der Verantwortung liegt nach wie vor bei den nationalen Regierungen, die wichtige Strukturreformen umsetzen, ihr Banken- und Finanzsystem reformieren und die Staatsschulden nachhaltig gestalten müssen. Zwar hofft man in Südeuropa, dass die schwierigsten Reformen nun abgeschlossen sein mögen, jedoch ist dies eine unrealistische Hoffnung. Vielen der Volkswirtschaften fehlt die notwendige Flexibilität und Wettbewerbsfähigkeit, um in europäischen und globalen Märkten bestehen zu können. Wenn die europäische Bankenunion Ende 2014 und Anfang 2015 implementiert werden wird, so besteht die Gefahr, dass schwache Banken die Erholung der europäischen Wirtschaft behindern werden. Und auch die Staatsverschuldung ist in vielen europäischen Ländern weiterhin zu hoch, und es wird Jahrzehnte dauern, bis sie wieder die Norm von 60 % des Maastricht-Vertrages unterschreiten.

Ein starkes Wirtschaftswachstum ist eine Grundvoraussetzung für eine nachhaltige Erholung der europäischen Wirtschaft, um Arbeitslosigkeit zu reduzieren, Chancen für Unternehmen und Banken zu generieren, und für Staaten, ihre Schuldenlast deutlich zu reduzieren. Während in Südeuropa die Finanzmittel und die Flexibilität fehlen, um einen solchen Wachstumsimpuls zu generieren, so erwirtschaften vor allem deutsche Unternehmen schon seit einigen Jahren riesige Überschüsse und häufen hohe Vermögen an. Deutsche Unternehmen investieren immer mehr außerhalb Deutschlands (Osteuropa, Asien oder den USA), aber immer weniger im Rest der Eurozone. Die Frage ist, ob es gelingen kann, diese Investitionen deutscher Unternehmen stärker in die Krisenländer Südeuropas zu bringen. Häufig mangelt es nicht an Investitionsmöglichkeiten, der Attraktivität von Unternehmen in Südeuropa oder deren Märkte, sondern die große Unsicherheit ist das Problem. Wenn es also gelingt, ein attraktives, stabiles Investitionsklima in ganz Europa zu schaffen, dann wäre dies sowohl für deutsche Unternehmen attraktiv als auch für die Empfängerländer, die durch deutsches Kapital und Know-how wieder wettbewerbsfähiger werden könnten.

An Investitionsmöglichkeiten in Südeuropa mangelt es nicht. Denn Länder wie Italien, Spanien und Portugal haben viele gute mittelständische und kleine Unternehmen, die durch eine Kooperation mit deutschen Partnern profitieren würden. Eine verstärkte Harmonisierung des Binnenmarkts auch für Dienstleistungen, verbesserter Wettbewerb und Transparenz und öffentlich-private Partnerschaften – alle diese Dinge würden dazu beitragen, die Integration der Märkte und damit Investitionen in der Eurozone beziehungsweise ganz Europa zu stärken. Ein größerer, europäischer Markt wäre vor allem auch für deutsche Unternehmen attraktiv und würde die Wachstumschancen der deutschen Volkswirtschaft verbessern. Das Gleiche, was für die Investitionsschwäche Deutschlands gilt, gilt auch für Europa. Mehr Investitionen, vor allem auch mehr Investitionen über europäische Grenzen hinweg, sind eine wichtige Grundvoraussetzung für ein stärkeres, nachhaltiges Wachstum und damit für Wohlstand in Europa.

3. Mit gutem Beispiel vorangehen

Auch bei den institutionellen Reformen sollte Deutschland mit gutem Beispiel vorangehen, um Europa zu stärken. Dazu gehört, Wege zu finden, um gemeinsame europäische Regeln und Absprachen zu definieren und zu stärken. Bei unseren Klagen über unsere Nachbarn, die die Vorgaben des Maastricht-Vertrags nicht einhalten, vergessen wir allzu gerne, dass wir als eines der ersten Länder 2002/2003 wegen zu hoher fiskalischer Defizite gegen die Vorgaben des Maastricht-Vertrags verstoßen haben, Sanktionen aber nicht akzeptieren wollten. Wir sind auf dem besten Weg, diesen Fehler zu wiederholen.

Wir müssen vor allem aufhören, uns immer wieder als Opfer Europas zu sehen. Dieses Buch hat viele Beispiele aufgezeigt, in denen wir uns als Opfer präsentieren: in der Krisenpolitik, beim Rettungsschirm, in der EZB-Geldpolitik, in der Energiepolitik, beim Thema Migration und in Bezug auf Deutschlands Exportüberschüsse.

Auch wenn Deutschland manchmal zu Unrecht kritisiert wird, so ist es wichtig, dass sich gerade Deutschland selbstkritisch zeigt und zu den gemeinsamen Regeln bekennt. So wäre es ein ganz wichtiges Signal, wenn die Bundeskanzlerin die Empfehlungen und Verfahren der EU-Kommission gegenüber Deutschland öffentlich explizit akzeptiert. Sie sollte signalisieren, dass die Bundesregierung sich der Entscheidung und den damit verbundenen Empfehlungen beugen wird. Nur so kann Deutschland auch moralisch einen Führungsanspruch in Europa geltend machen.

4. Die Bankenunion vollenden

Ich habe zudem gezeigt, dass Deutschland die Entscheidungen und Reformen Europas in den vergangenen Jahren nicht nur mitgestaltet, sondern diese dominiert hat. Das hat bei den europäischen Nachbarn zu vielen Irritationen geführt. Es ist falsch, dass Deutschland bei den Rettungsmaßnahmen und Reformen nur zur Kasse gebeten wurde. Deutschlands Stimme war und ist in den gemeinsamen europäischen Reformverhandlungen nie schwach gewesen, sondern sie war einflussreich und hat letztlich die Reformen so bestimmt, wie die Bundesregierung es wollte.

Eine der dringendsten Aufgaben der neuen Bundesregierung in den kommenden zwei Jahren wird die Vollendung der Bankenunion sein. Die Bundesregierung hat zu Recht eine starke Aversion, zu viel Verantwortung für die Altlasten anderer Staaten zu übernehmen. Gleichzeitig benötigt eine Bankenunion glaubwürdige und effektive Institutionen. Die EZB muss gestärkt werden. Sie muss ihre Rolle als Regulierer (zunächst nur der großen Banken, aber langfristig sollte dies alle Banken beinhalten) ausüben können, ohne in Konflikt mit ihrem geldpolitischen Mandat zu geraten. Die Abwicklung von Banken, wie von den Finanzministern im Dezember 2013 beschlossen, muss eine starke europäische Komponente haben, die sich im Zweifelsfall gegen nationale Interessen durchsetzt.

Zudem braucht die Bankenunion einen glaubwürdigen europäischen Backstop. Dafür wird sich eine Vergemeinschaftung von Haftungsrisiken nicht komplett vermeiden lassen. Dies wird, ohne Zweifel, für Deutschland kurzfristig die Übernahme von zusätzlichen Risiken bedeuten. Aber das sollte die Bundesregierung nicht daran hindern, diese Verantwortung zu akzeptieren, denn langfristig profitieren alle Europäer, auch Deutschland, von einem stabileren Bankensystem in Europa. Wir dürfen uns jedoch nicht der Illusion hingeben, dass mit der Bankenunion alle Probleme der Banken gelöst sind. Weitere entschiedene Schritte, um die Eigenkapitalausstattung der Banken zu verbessern und noch bestehende regulatorische Konflikte abzubauen, sollten mittelfristig hohe Prioritäten behalten.

5. Eine neuerliche Vertiefung der Krise verhindern

Genauso wichtig wird es im kommenden Jahr sein, die Staatsschuldenprobleme einiger Krisenländer entschiedener zu bekämpfen und ihre Staatsfinanzierung langfristig auf eine nachhaltigere Basis zu stellen. Es wird sich vor allem die Frage eines neuen Programms für Griechenland stellen. Allen ist klar, dass

Griechenlands Staatsschulden mit weit über 170% des BIP nicht nachhaltig sind. Griechenland wird 2014 nicht nur ein drittes Hilfsprogramm durch den ESM, sondern auch eine Umstrukturierung seiner Staatsschulden oder einen Schuldenschnitt benötigen. Selbst eine Umstrukturierung wird in Deutschland auf Ablehnung stoßen. Trotzdem ist es wichtig, diesen Schritt zu gehen, um Griechenland eine Chance zu geben.

Die Bundesregierung wird deshalb die schwere Entscheidung treffen müssen, sich deutlich zu den Krisenländern zu bekennen. Neue Hilfsprogramme werden in Deutschland nicht nur Zustimmung finden. Es ist jedoch elementar, den begonnenen Weg zu Ende zu gehen und die Reformfortschritte zu unterstützen. Außerdem müssen wir mit unseren europäischen Partnern einen glaubwürdigen und ambitionierten Plan entwickeln, wie die Staatsschulden in der gesamten Eurozone langfristig wieder unter die 60%-Marke des Maastricht-Vertrags gebracht werden können. Diese Diskussion fehlt bisher fast völlig.

6. Die Basis für eine Fiskalunion legen

All das ist jedoch nicht ausreichend, um langfristig eine erneute Krise zu vermeiden. Vor allem in Krisensituationen verfügen die bestehenden europäischen Institutionen kaum über Sanktionsmechanismen, um Staaten zu einer nachhaltigeren Finanzpolitik zu bewegen. Eine zentrale Frage für die neue Bundesregierung wird deshalb sein, wie das No-Bailout-Prinzip für Staaten wieder glaubwürdig gemacht werden kann.

Die Fiskalunion wird sicherlich eine noch weiter gehende Verlagerung von Souveränität von nationaler auf europäische Ebene erfordern. Jedoch wäre Deutschland einer der größten Nutznießer einer solchen Bündelung von Souveränität auf europäischer Ebene, da es selbst keinerlei Beschränkungen erfahren würde, aber gleichzeitig weniger Risiken von anderen Mitgliedsstaaten ausgingen. Auch die Krisenländer würden profitieren, denn sie haben bereits heute kaum mehr Autonomie über ihre Finanzpolitik und müssen sich dem Diktat der Finanzmärkte unterwerfen. Eine Fiskalunion würde also nicht zu einem Verlust der Souveränität von Staaten führen, sondern sie vor allem für die Krisenländer faktisch verbessern. Daher wird eine Solvenzordnung notwendig sein, um die Finanzpolitik nicht nur zu disziplinieren, sondern auch glaubwürdig zu machen.

7. Die Basis für eine gemeinsame Außen- und Sicherheitspolitik schaffen

So ist es längst überfällig, neben der gemeinsamen Währung auch die gemeinsame Außen- und Sicherheitspolitik zu verwirklichen. In einer multipolaren Welt, in der vor allem China und Russland ihre Einflusssphären ausweiten und die globale Vormacht unseres Verbündeten USA abnimmt, sollte Europa seine gemeinsamen Interessen wirksam vertreten können.

In der Außenpolitik müsste es beispielsweise möglich sein, eine gemeinsame Strategie zur Ordnung des globalen Handels- und Finanzrechts und zur Nutzung globaler Gemeingüter wie Tiefsee oder Weltraum zu verfolgen. Dass die Länder der Eurozone mit ihrer gemeinsamen Währung auch einen gemeinsamen Sitz bei IWF und Weltbank beanspruchen sollten, ist eigentlich selbstverständlich. Wenn es eine effektive gemeinsame Außenpolitik und zentralisierte Entscheidungsstrukturen für die Sicherheitspolitik gäbe, wäre auch ein gemeinsamer Sitz im UN-Sicherheitsrat erreichbar.

Das sicherheitspolitische Hauptaugenmerk muss sich aber in den kommenden Jahren auf die notwendigen und mittelfristig erreichbaren Ziele richten. Schon heute sollte die Europäische Verteidigungsagentur die Beschaffung militärischer Hard- und Software wirksamer bündeln und so den sicherheitspolitischen Klammergriff der nationalen Rüstungsindustrien aufbrechen. Mittelfristig sollte die Schaffung einer gemeinsamen Marine und Luftwaffe angestrebt werden. In diesen Teilstreitkräften wären die Kostenvorteile des gemeinsamen Vorgehens besonders groß. Dies würde allerdings effektive gemeinsame Einsatzentscheidungen zwingend voraussetzen.

Die Herausforderungen des 21. Jahrhunderts liegen nicht nur in der klassischen Sicherheits- und Außenpolitik. So hat die NSA-Affäre gezeigt, dass die Unionsbürger sich von ihren Staaten keinen Schutz ihrer Privatsphäre erhoffen können. Nötig wäre ein Binnenmarkt für Datensicherheit, der strenge Datenschutz- und Verschlüsselungsstandards im Internet definiert und im Rahmen von Abkommen mit Drittstaaten durchzusetzen bereit ist, statt sie durch Geheimdienstkooperationsabkommen auszuhebeln.

Im Idealfall sollten diese öffentlichen Güter für die Europäische Union als Ganzes entwickelt werden, insbesondere unter Einbeziehung Großbritanniens. Soweit sich das aber als unmöglich herausstellt, sollte sich die Eurozone als strategische Option ein Europa der unterschiedlichen Geschwindigkeiten auch in diesen Bereichen offenhalten.

8. Eine Eurounion mit einem Eurovertrag

Um dieses politische Programm zu verwirklichen, bedarf die Eurozone einer neuen, eigenen Vertragsgrundlage. Statt punktueller Reparaturen im Sinne eines »Maastricht-Vertrags 1.1« brauchen wir einen Qualitätssprung in der Integration der Eurozone – einen Eurovertrag. Mit einem solchen Vertrag würden die in der Krise gemachten kollektiven Einsichten und Erfahrungen dauerhaft gespeichert. Mit dem Eurovertrag ginge es endlich wieder darum, was europapolitisch gewollt und erforderlich ist, und nicht darum, was verfassungsrechtlich an tatsächlichen oder scheinbaren Einwänden gesehen wird. Die Änderungen des Grundgesetzes, die im Kontext einer weiteren Integration möglicherweise erforderlich sind, würden aus Anlass des Eurovertrages endlich konkret erörtert.

Der Gedanke eines Europas unterschiedlicher Geschwindigkeiten ist nicht neu. Schon vor fast 20 Jahren haben Wolfgang Schäuble und Karl Lamers ganz ähnliche Ideen propagiert. Die europäische Krise hat indessen gezeigt, dass eine solche Vertiefung notwendig den gesamten Kreis der Euroländer umfassen muss.

Dieser Vertrag darf Europa nicht spalten, sondern muss es voranbringen. Er muss die Belange aller Mitgliedsstaaten beachten, auch die der kleineren. Er steht perspektivisch allen offen, die zu dieser vertieften Integration bereit sind. Der Erfolg muss ihm recht geben und überzeugend genug ausfallen, dass zukünftig auch ein Land wie Großbritannien die Teilnahme an einer solchen Eurounion für sich als attraktiv erkennen kann.

9. Ein Europarlament und eine europäische Wirtschaftsregierung

Bisher haben bei der Bewältigung der europäischen Krise die nationalen Regierungschefs den Ton angegeben. Aber Intergouvernmentalismus ist den Aufgaben, die es in einer Währungsunion zu bewältigen gibt, schlicht nicht gewachsen. Diese institutionelle Überforderung ist wesentlich dafür verantwortlich, dass die EZB nolens volens eine derart zentrale Rolle zur Sicherung der gemeinsamen Währung übernommen hat.

Wir benötigen endlich eine handlungsfähige europäische Exekutive, die politisch agieren kann – Reformpakete mit Krisenländern verhandeln, über Bankenschließungen entscheiden und die Bereitstellung öffentlicher Güter sicherstellen. Deshalb braucht die Eurounion eine handlungsfähige Wirtschaftsregierung.

Diese Wirtschaftsregierung muss über abgestufte Durchgriffsrechte in die nationale Budgetautonomie verfügen. Solange die Mitgliedsstaaten ihre Pflichten einhalten, kann es sich dabei nur um unverbindliche Empfehlungen handeln. Wenn ein Mitgliedsstaat aber die Stabilitätskriterien verletzt, muss die Wirtschaftsregierung ihm verbindliche Vorgaben machen können, wie viel er einzusparen hat – an welcher Stelle, bleibt ihm überlassen.

Die europäische Wirtschaftsregierung braucht aber nicht nur Durchgriffsrechte, sondern auch ein Budget. Daraus fördert sie öffentliche Güter und speist einen Wachstumsfonds, um die Reformprozesse in den Eurostaaten zu begleiten. Prinzipiell könnte man dieses Budget über Steuern finanzieren. Es gibt aber begründete Vorbehalte dagegen, der Wirtschaftsregierung zu erlauben, umfänglich auf die mitgliedsstaatliche Steuerbasis zuzugreifen. Deshalb bietet es sich an, das Eurobudget über einen Mitgliedsbeitrag zu finanzieren, etwa in Höhe von 0,5 oder 1,0 % des Bruttoinlandsprodukts.

Die Euroregierung muss durch ein Europarlament gewählt und kontrolliert werden. Es liegt nahe, dieses mit den Abgeordneten des Europäischen Parlaments aus den Eurostaaten zu besetzen, da es um die Bereitstellung der öffentlichen Güter in der Eurozone geht. Es gibt in unserer Gruppe aber auch Stimmen, die eine Besetzung durch Abgeordnete der nationalen Parlamente präferieren, um deren Anspruch, die Kontrolle über die Staatsausgaben in der Hand zu behalten, entgegenzukommen.

Unabhängig davon, für welches Modell man sich entscheidet, sollten Länder wie Polen, soweit sie in absehbarer Zeit planen, den Euro einzuführen, von Anfang an in die Verhandlungen zum Eurovertrag und die Institutionen der Eurounion eingebunden werden. So könnten entweder polnische Europaabgeordnete beziehungsweise Abgeordnete des polnischen Sejm bis zum Beitritt Polens zur Währungsunion im Europarlament mit Rederecht, aber ohne Stimmrecht vertreten sein.

10. Demokratische Legitimierung schaffen

Die genannten Aufgaben sind sicherlich keine leichten für Deutschland. Die größte Hürde bei diesem Unterfangen, wie auch bei vielen zukünftigen Maßnahmen, ist die geringe Bereitschaft der deutschen Bürger, den Krisenländern weitere Hilfen zu gewähren und eine tiefere Integration Europas voranzutreiben. Dies ist in vieler Hinsicht nicht überraschend, wenn man bedenkt, dass viele von uns Deutschland als Opfer sehen und glauben, dass es große Risiken und Kosten für die europäischen Nachbarn übernimmt.

Die größte und dringendste Herausforderung für die neue Bundesregierung ist deshalb, die politische Krise Europas zu bewältigen und eine klare Vision für die Zukunft Europas zu entwickeln. Auch wenn Deutschland weiterhin eines der proeuropäischsten Länder ist, so muss die Politik sich die demokratische Unterstützung für die Fortsetzung und Vertiefung des europäischen Integrationsprozesses verschaffen.

Die deutsche Politik und vor allem die großen Parteien müssen ihre Strategie ändern und in eine Kommunikationsoffensive gehen. Sie sollten sich einem intensiven, öffentlichen Dialog öffnen. Sie sollten die Menschen überzeugen, wieso die europäische Integration gut für Deutschland und es wichtig ist, weitere Integrationsschritte zu tätigen. Sonst besteht – wie die politischen Entwicklungen in Ländern wie Frankreich, Italien und Griechenland zeigen – die Gefahr, dass die notwendigen Reformen in Europa unter einem der antieuropäischsten Europaparlamente in seiner Geschichte stagnieren werden.

Europa steht am Scheideweg. Deutschland und seine Bundesregierung haben durch die Krise, wie selten zuvor, eine historische Chance, die Zukunft Europas zu gestalten. Diese Chance birgt eine große Verantwortung, denn Deutschland ist das einzige Land, das die Größe, Stabilität und wirtschaftliche Fähigkeit hat, Europa aus seiner gegenwärtigen Krise zu führen. Deutschland sollte sowohl Konjunkturlokomotive sein als auch bei der Einhaltung der gemeinsamen Regeln mit gutem Beispiel vorangehen. Zudem muss der Prozess der europäischen Integration vertieft werden. Dazu muss die Regierung die demokratische Legitimierung für die notwendige Vertiefung der europäischen Integration deutlich stärken, was die Bereitschaft erfordert, sich in einen viel intensiveren Dialog mit den deutschen Bürgern über die Zukunft Europas zu begeben.

Dank

Dieses Buch ist das Resultat meiner Arbeit am Deutschen Institut für Wirtschaftsforschung (DIW) Berlin in den Jahren 2013 und 2014. Ohne die Unterstützung vieler Menschen wäre es nicht möglich gewesen. Ich möchte vor allem meinen Kolleginnen und Kollegen am DIW Berlin danken. Das Institut bietet wunderbare Bedingungen für die Arbeit an der Schnittstelle zwischen Wissenschaft und Politik. Seine beiden Stärken – die wissenschaftliche Ausrichtung und seine Unabhängigkeit – sind zentrale Voraussetzungen für eine kritische und ausgewogene Analyse der wichtigen wirtschafts- und gesellschaftspolitischen Fragen unserer Zeit.

Was das DIW Berlin zu einem so außergewöhnlichen Forschungsinstitut und einer ebensolchen Denkfabrik macht, geht jedoch weit darüber hinaus. Die Offenheit, Neugierde und Herzlichkeit der Mitarbeiterinnen und Mitarbeiter machen die Arbeit am Institut und den gemeinsamen Dialog so produktiv. Selten habe ich so viel in so kurzer Zeit gelernt wie von meinen Kolleginnen und Kollegen am DIW Berlin in den vergangenen 18 Monaten. Auch dafür bin ich ihnen dankbar. Viele Themen des Buches basieren sowohl auf ihrer Arbeit als auch auf meinen Kommentaren in den deutschen und angelsächsischen Medien.

Mein besonderer Dank gilt den Mitarbeiterinnen und Mitarbeitern der Kommunikationsabteilung des DIW Berlin, die mich in der Öffentlichkeitsarbeit begleiten und unterstützen. Ich möchte vor allem Sabine Fiedler, der Pressesprecherin des

DIW Berlin, danken, die mich bei der Anfertigung des Manuskripts hervorragend unterstützt und beraten hat.

Enorm viel habe ich auch von Kollegen außerhalb des DIW Berlin gelernt. Hier seien vor allem die Freunde und Kollegen der Glienicker Gruppe – elf Ökonomen, Politologen und Juristen – erwähnt, durch die mein Blick auf viele wirtschaftspolitische Fragen erweitert wurde. Profitiert habe ich in den vergangenen zwei Jahren zudem vom regen Dialog mit Wissenschaftlern, Journalisten und Politikern in Deutschland und international.

Mein herzlicher Dank geht an meine Familie und Freunde – für ihre Zuneigung und Geduld. Ohne ihre stetige Unterstützung wäre die Arbeit an diesem Buch bei Weitem nicht so erfüllend gewesen.

ABBILDUNGEN

Preisbereinigtes Markteinkommen[1]
In 1000 Euro pro Jahr

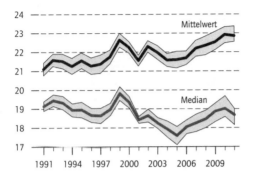

1 Einkommen von Personen in Privathaushalten in Preisen von 2005. Im Folgejahr erhoben, Markteinkommen einschließlich eines fiktiven Arbeitgeberanteils für Beamte, bedarfsgewichtet mit der modifizierten OECD-Äquivalenzskala. Graue Fläche = 95-Prozent-Konfidenzbereich.

Quelle: SOEP v29; Berechnungen des DIW Berlin.

© DIW Berlin 2013

Preisbereinigtes verfügbares Einkommen[1]
In 1000 Euro pro Jahr

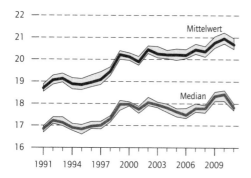

1 Einkommen von Personen in Privathaushalten in Preisen von 2005. Im Folgejahr erhoben, bedarfsgewichtet mit der modifizierten OECD-Äquivalenzskala. Graue Fläche = 95-Prozent-Konfidenzbereich.

Quellen: SOEP v29; Berechnungen des DIW Berlin.

© DIW Berlin 2013

Verfügbares Einkommen[1] nach ausgewählten Dezilen
Veränderung der Mittelwerte gegenüber dem Jahr 2000 in Prozent

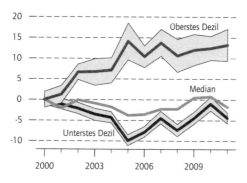

1 Einkommen von Personen in Privathaushalten in Preisen von 2005. Im Folgejahr erhoben, bedarfsgewichtet mit der modifizierten OECD-Äquivalenzskala. Graue Fläche = 95-Prozent-Konfidenzbereich.

Quellen: SOEP v29; Berechnungen des DIW Berlin.

© DIW Berlin 2013

Ungleichheit der verfügbaren Einkommen[1]
Koeffizienten[2]

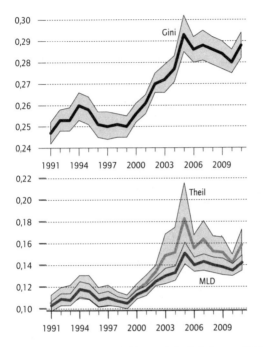

1 Einkommen von Personen in Privathaushalten in Preisen von 2005. Im Folgejahr erhoben, bedarfsgewichtet mit der modifizierten OECD-Äquivalenzskala. Graue Fläche = 95-Prozent-Konfidenzbereich.
2 Als Ungleichheitsmaße werden hier neben dem Gini-Koeffizienten die mittlere logarithmierte Abweichung (MLD) und der Theil-Index herangezogen. Fälle mit null Einkommen werden bei MLD und Theil-Koeffizient ausgeschlossen.

Quellen: SOEP v29; Berechnungen des DIW Berlin.

© DIW Berlin 2013

Ungleichheit des verfügbaren Einkommens in ausgewählten OECD-Ländern
Gini-Koeffizienten

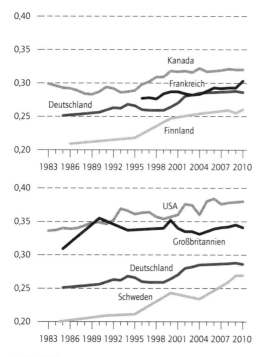

Quelle: OECD.

Individuelles[1] Nettovermögen nach ausgewählten Perzentilen in Deutschland
In 1 000 Euro

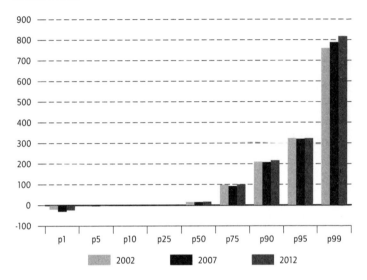

1 Personen ab 17 Jahren in Privathaushalten.

Quelle: SOEPv29, mit 0,1 Prozent Top-Coding.

© DIW Berlin

Die Hälfte der Bevölkerung hat ein Nettovermögen von weniger als 17 000 Euro.

Abbildung 7 | 243

Individuelles[1] Nettovermögen nach Altersgruppen und Region im Jahr 2012
In 1 000 Euro

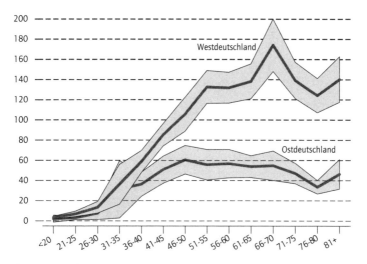

1 Personen ab 17 Jahren in Privathaushalten.

Quelle: SOEPv29, mit 0,1 Prozent Top-Coding. Graue Fläche = 95-Prozent-Konfidenzbereich.

© DIW Berlin

Ostdeutsche im mittleren und höheren Lebensalter halten deutlich weniger Vermögen.

Komponenten des individuellen[1] Nettovermögens

	Deutschland									Westdeutschland			Ostdeutschland		
	2002			2007			2012			2002	2007	2012	2002	2007	2012
	Untere Grenze[2]	Schätzung	Obere Grenze[2]	Untere Grenze[2]	Schätzung	Obere Grenze[2]	Untere Grenze[2]	Schätzung	Obere Grenze[2]						

Vermögen je Vermögensbesitzer ab 17 Jahren (Mittelwert)

Bruttovermögen	125921	**131504**	137087	124284	**131525**	138765	127338	**132596**	137855	147755	150592	148368	61426	55001	67287
Selbst genutztes Wohneigentum	136041	**138752**	141463	134442	**138354**	142266	136551	**141085**	145618	147627	149276	151356	87499	80785	87338
Sonstige Immobilien	149763	**171980**	194197	154102	**175943**	197784	129804	**155553**	181301	188034	196690	170498	60150	46945	62921
Geldvermögen	21121	**22306**	23491	23479	**26889**	30300	26354	**28996**	31637	24540	30177	31737	12892	13281	17198
Betriebsvermögen	135485	**212347**	289208	157212	**222933**	288655	147409	**191368**	235326	231670	251535	208442	118368	98320	118662
Wertsachen	10091	**18089**	26087	8203	**22452**	36701	11896	**15438**	18980	17614	24344	15824	22975	8776	11713
Versicherungen und Bausparverträge	18283	**19569**	20854	18587	**19718**	20848	17490	**18634**	19779	21899	22061	20288	10072	10322	12164
Versicherungen	–	–	–	17081	**18401**	19721	15465	**16678**	17890	–	20761	18375	–	8957	10431
Bausparvermögen	–	–	–	9076	**9894**	10712	9380	**9931**	10482	–	10707	10550	–	6411	7154
Schulden	49637	**53040**	56444	48338	**51362**	54387	47167	**50079**	52990	56325	56188	54445	36087	30557	30936
Hypotheken auf selbst genutzte Immobilien	45006	**47412**	49817	51625	**53635**	55646	51947	**55314**	58681	49119	56290	58166	37675	39840	39256
Hypotheken auf sonstige Immobilien	86035	**103344**	120653	88199	**105391**	122584	68348	**89380**	110411	106567	111977	92129	62907	51878	66335
Konsumentenkredite	17620	**21407**	25194	13497	**14853**	16209	12637	**14691**	16746	21742	15613	15532	20134	12293	12084

1 Individuelle Nettovermögen der Personen ab 17 Jahren in Privathaushalten.
2 95-Prozent-Konfidenzintervall. Statistisch signifikante Veränderungen gegenüber dem jeweiligen Erhebungsjahr zuvor sind hell markiert. Statistisch signifikante Veränderungen zwischen 2002 und 2012 sind dunkel markiert.
Quelle: SOEPv29.

© DIW Berlin

Der Anteil der Personen, die Konsumentenkredite aufgenommen haben, ist gestiegen.

Abbildung 9 | 245

Individuelles[1] Nettovermögen nach sozialer Stellung im Jahr 2012

	Untere Grenze[2]	Mittelwert	Obere Grenze[2]	Median	Anteil mit einem Vermögen kleiner oder gleich 0 Euro	*Nachrichtlich:* Struktur der Bevölkerung ab 17 Jahren
	In Euro				In Prozent	
In Ausbildung, Praktikant	5 310	**7 881**	10 452	10	49,9	7,2
Un-, angelernte Arbeiter, Angestellte ohne Ausbildungsabschluss	27 417	**32 527**	37 637	2 000	43,8	10,6
Gelernte Facharbeiter, Angestellte mit einfacher Tätigkeit	39 690	**45 076**	50 462	9 858	27,6	10,6
Vorarbeiter, Meister, Poliere, Angestellte mit qualifizierter Tätigkeit	76 466	**83 039**	89 611	34 000	15,3	23,6
Angestellte mit umfassenden Führungsaufgaben	162 013	**209 096**	256 178	114 595	13,8	0,7
Beamte, einfacher und mittlerer Dienst	60 813	**79 776**	98 738	42 468	11,0	1,2
Beamte, gehobener und höherer Dienst	95 329	**113 810**	132 291	80 100	9,7	2,4
Selbständige ohne Mitarbeiter	131 671	**172 334**	212 996	50 018	19,1	3,6
Selbständige mit 1 bis 9 Mitarbeitern	266 513	**329 044**	391 576	145 124	6,5	1,8
Selbständige mit 10 oder mehr Mitarbeitern	551 172	**952 264**	1 353 355	504 860	3,0	0,3
Nicht Erwerbstätige	51 911	**61 901**	71 890	5 578	39,1	5,8
Arbeitslose	12 560	**17 797**	23 035	0	65,5	5,0
Rentner, Pensionäre	104 056	**112 163**	120 269	49 900	21,9	27,2
Insgesamt	**79 218**	**83 308**	**87 399**	**16 663**	**7,4**	**100,0**

1 Individuelle Nettovermögen der Personen ab 17 Jahren in Privathaushalten.
2 95-Prozent-Konfidenzintervall.
Statistisch signifikante Veränderungen gegenüber 2002 sind grau markiert.

Quelle: SOEPv29.

© DiW Berlin

Arbeitslose und Auszubildende haben die geringsten Vermögen.

Armutsrisikoquote[1]
In Prozent

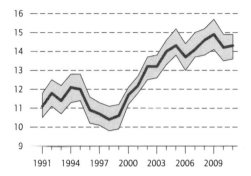

1 Einem Armutsrisiko unterliegen Personen mit weniger als 60 Prozent des Median-Einkommens. Einkommen von Personen in Privathaushalten in Preisen von 2005. Im Folgejahr erhoben, bedarfsgewichtet mit der modifizierten OECD-Äquivalenzskala. Graue Fläche = 95-Prozent-Konfidenzbereich.

Quelle: SOEP v29; Berechnungen des DIW Berlin.

© DIW Berlin 2013

Personen, die in ihrer Einkommensgruppe[1] verbleiben
Anteile in Prozent

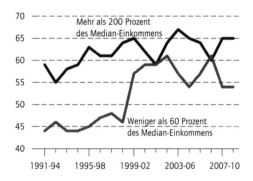

1 Einkommen von Personen in Privathaushalten in Preisen von 2005. Im Folgejahr erhoben, bedarfsgewichtet mit der modifizierten OECD-Äquivalenzskala.

Quellen: SOEP v29; Berechnungen des DIW Berlin.

© DIW Berlin 2013

Abbildung 12 | 247

Einkommensmobilität[1]
Indizes

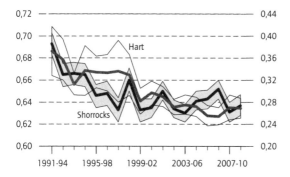

1 Einkommen von Personen in Privathaushalten in Preisen von 2005. Im Folgejahr erhoben, bedarfsgewichtet mit der modifizierten OECD-Äquivalenzskala.
Graue und weiße Flächen = 95-Prozent-Konfidenzbereich.

Quellen: SOEP v29; Berechnungen des DIW Berlin.

© DIW Berlin 2013

Arbeitnehmer[1] mit geringen Löhnen 2011
Anteile in Prozent

	Von allen Arbeitnehmern der jeweiligen Gruppe erhalten einen Bruttostundenlohn von		Struktur der jeweiligen Gruppe mit einem Bruttostundenlohn von	
	unter 8,50 Euro	unter 10 Euro	unter 8,50 Euro	unter 10 Euro
Region[2]				
Westdeutschland	15	23	69	71
Ostdeutschland[3]	27	39	31	29
Arbeitszeit/Erwerbsstatus				
Vollzeitbeschäftigte[4]	10	18	41	47
Teilzeitbeschäftigte[4,5]	18	28	18	19
Geringfügig Beschäftigte[4]	54	73	17	15
Schüler, Studenten, Rentner, Arbeitslose	43	54	23	19
Berufsabschluss und ausgeübter Beruf				
Kein Abschluss	34	50	28	26
Lehre und im erlernten Beruf tätig	12	20	28	31
Hochschulabschluss und im erlernten Beruf tätig	3	6	0	0
Lehre und nicht im erlernten Beruf tätig	25	36	38	35
Hochschulabschluss und nicht im erlernten Beruf tätig	12	24	3	4
Für die ausgeübte Tätigkeit erforderliche Qualifikation				
Keine, Einweisung, Einarbeitung, Kurse	40	54	55	50
Lehr-, Fachschulabschluss	12	22	40	45
Fachhoch-, Hochschulabschluss	4	6	5	5
Für die ausgeübte Tätigkeit erforderliche Qualifikation				
Bis 24 Jahre	44	62	16	14
25 bis 60 Jahre	15	23	77	78
60 Jahre und älter	21	31	8	7
Geschlecht				
Männer	12	19	38	38
Frauen	21	32	62	62
Insgesamt	17	26	100	100

1 Ohne Auszubildende und Personen in arbeitsmarktpolitischen Beschäftigungsmaßnahmen.
2 Arbeitsortskonzept.
3 Einschließlich Berlin.
4 Ohne Schüler, Studenten, Rentner, Arbeitslose.
5 Ohne geringfügig Beschäftigte.
Quellen: Sozio-oekonomisches Panel (v28); Berechnungen des DIW Berlin.

© DIW Berlin 2013

Geringe Löhne gibt es vor allem in Ostdeutschland unter Frauen, Minijobbern und Ungelernten verbreitet.

Bruttostundenlöhne der Arbeitnehmer[1] mit und ohne Berufsausbildung 2011
In Euro

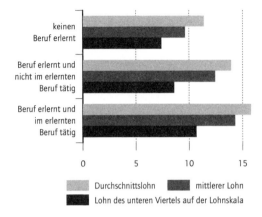

1 Ohne Auszubildende und Personen in arbeitsmarktpolitischen Beschäftigungsmaßnahmen.

Quellen: Sozio-oekonomisches Panel (v28); Berechnungen des DIW Berlin.

© DIW Berlin 2013

Berufswechsler bekommen im Schnitt einen geringeren Lohn als diejenigen Arbeitnehmer, die in ihrem gelernten Beruf tätig sind.

Erforderliche Anhebungen[1] der Bruttostundenlöhne bei der Einführung von Mindestlöhnen

In Prozent

	Mindestlohn ...	
	8,50 Euro	10 Euro
Arbeitszeit/Erwerbsstatus		
Vollzeitbeschäftigte[2]	28	29
Teilzeitbeschäftigte[2, 3]	31	33
Geringfügig Beschäftigte[2]	46	49
Schüler, Studenten, Rentner, Arbeitslose	56	61
Für die ausgeübte Tätigkeit erforderliche Qualifikation		
Keine, Einweisung, Einarbeitung, Kurse	41	46
Lehr-, Fachschulabschluss	31	30
Fachhoch-, Hochschulabschluss	41	38
Alter		
Bis 24 Jahre	44	46
25 bis 60 Jahre	36	36
60 Jahre und älter	39	41
Insgesamt	**37**	**38**

1 Berechnet anhand der Löhne des Jahres 2011.
2 Ohne Schüler, Studenten, Rentner, Arbeitslose.
3 Ohne geringfügig Beschäftigte.
Quellen: Sozio-oekonomisches Panel (v28); Berechnungen des DIW Berlin.

© DIW Berlin 2013

Bei Mindestlöhnen müssten bei besonders vielen Minijobbern sowie Schülern, Studenten, erwerbstätigen Rentnern und Arbeitslosen die Entgelte steigen.

Bruttostundenlöhne von Arbeitnehmern[1] in Haushalten mit Bezug von Arbeitslosengeld II 2011
In Euro

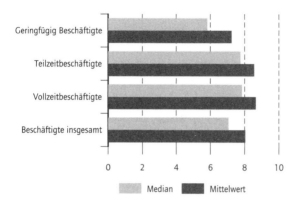

1 Ohne Auszubildende und Personen in arbeitsmarktpolitischen Beschäftigungsmaßnahmen.
Quellen: Sozio-oekonomisches Panel (v28); Berechnungen des DIW Berlin.

© DIW Berlin 2013

Geringfügig Beschäftigte haben besonders niedrige Stundenlöhne.

Bruttoanlageinvestitionen
In Prozent des Bruttoinlandsprodukts

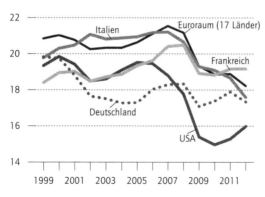

Quelle: EU-Kommission.

© DIW Berlin 2013

252 | Abbildung 18

Investitionslücke Deutschlands
In Prozent des Bruttoinlandsprodukts

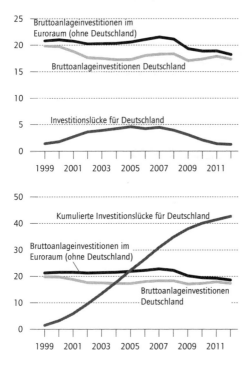

Die Investitionslücke für Deutschland ergibt sich als Differenz zwischen den Investitionen im Euroraum und in Deutschland (bezogen auf das BIP). Quelle: EU-Kommission; Berechnungen des DIW Berlin.

© DIW Berlin 2013

Immaterielle Investitionen*
In Prozent des Bruttoinlandsprodukts

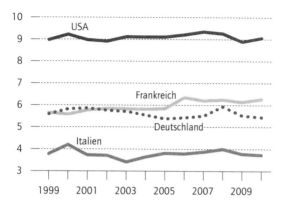

* Alle immateriellen Investitionen, die nicht in den Volkswirtschaftlichen Gesamtrechnungen enthalten sind.

Quellen: INTAN-INVEST Database, Corrado. C., Haskel, J., Iommi, M., Jonc-Lasionio, C. (2012): Intangible Capital and Growth in Advanced Economies: Measurement and Comparative Results. CEPR Discussion Paper No. DP9061; Berechnungen des DIW Berlin.

© DIW Berlin 2013

Bruttoinvestitionen des Staates in ausgewählten OECD-Ländern
In Prozent des Bruttoinlandsprodukts

	1999	2000	2001	2002	2003	2004	2005	2006	2007	2008	2009	2010	2011	2012
Deutschland	2,0	1,9	1,9	1,8	1,6	1,5	1,4	1,5	1,5	1,6	1,7	1,7	1,6	1,5
Niederlande	3,0	3,1	3,3	3,5	3,6	3,2	3,3	3,3	3,3	3,5	3,8	3,6	3,4	3,4
Schweden	3,0	2,8	2,9	3,1	2,9	2,9	3,0	3,0	3,1	3,3	3,5	3,5	3,4	3,5
Österreich	1,8	1,6	1,2	1,4	1,3	1,2	1,2	1,0	1,2	1,1	1,2	1,1	1,0	1,0
Finnland	2,7	2,4	2,5	2,7	2,8	2,9	2,6	2,4	2,5	2,5	2,8	2,5	2,5	2,6
Schweiz	2,6	2,4	2,5	2,5	2,5	2,3	2,2	2,1	2,0	2,1	2,2	2,2	2,2	
Belgien	2,0	2,0	1,7	1,7	1,6	1,6	1,7	1,6	1,6	1,6	1,7	1,7	1,8	1,7
Frankreich	3,0	3,1	3,1	3,0	3,1	3,1	3,3	3,2	3,3	3,3	3,4	3,1	3,1	
Italien	2,4	2,3	2,4	1,7	2,5	2,4	2,4	2,3	2,3	2,2	2,5	2,1	2,0	1,9
Spanien	3,4	3,2	3,3	3,5	3,6	3,4	3,6	3,7	4,0	4,0	4,5	4,0	2,9	1,7
Portugal	4,5	4,1	4,4	4,1	3,9	3,8	3,6	2,8	2,7	2,9	3,0	3,8	2,6	1,9
Griechenland	3,2	3,7	3,6	3,4	3,5	3,6	2,8	3,4	3,4	3,7	3,1	2,3	1,7	1,8
Irland	3,1	3,5	4,3	4,2	3,6	3,5	3,5	3,8	4,7	5,5	3,8	3,5	2,6	2,1
Großbritannien	1,3	1,2	1,5	1,6	1,6	1,8	0,7	1,8	1,9	2,3	2,7	2,5	2,2	2,1
USA	2,4	2,5	2,5	2,6	2,5	2,4	2,4	2,4	2,4	2,6	2,6	2,5	2,3	
Kanada	2,3	2,3	2,5	2,5	2,5	2,5	2,7	2,8	3,0	3,3	3,7	4,1		
Japan							3,6	3,3	3,1	3,0	3,4	3,3		
Australien	3,0	3,0	3,0	2,8	2,8	2,9	3,0	3,0	3,3	3,6	4,2	3,9	3,2	
Neuseeland	2,8	2,5	2,8	2,8	3,1	3,2	3,5	3,5	3,4	3,9	3,9	3,3	3,5	
Korea	5,4	5,4	5,5	5,2	5,7	5,8	5,4	5,0	4,9	5,0	6,2	5,1		
Euroraum	2,6	2,5	2,6	2,5	2,6	2,5	2,5	2,5	2,6	2,6	2,8	2,6	2,3	
EU 27	2,4	2,3	2,4	2,4	2,5	2,4	2,3	2,5	2,6	2,7	2,9	2,7	2,5	

Quelle: OECD, National Accounts Database, Mai 2013.

© DIW Berlin 2013

Gesamtwirtschaftliche Vermögensbilanz des Staates in Abgrenzung der Volkswirtschaftlichen Gesamtrechnung

Stand am Jahresende in Prozent des Bruttoinlandsprodukts des jeweiligen Jahres

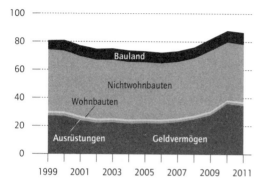

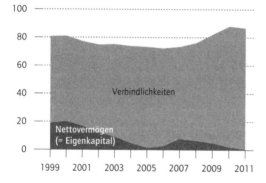

Quellen: Statistisches Bundesamt, Deutsche Bundesbank; Berechnungen des DIW Berlin.

© DIW Berlin 2013

Wachstum der Totalen Faktorproduktivität
1995 – 2008, in Prozent

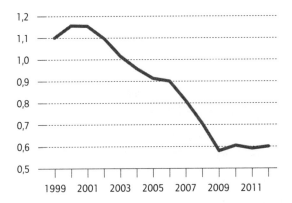

Totale Faktorproduktivität bezeichnet den Teil des Wirtschaftswachstums, der nicht auf die Einsatzfaktoren Arbeit und Kapital zurückzuführen ist, sondern auf technologischen Fortschritt und Resourcenverwertung.

Quelle: EU-Kommission.

© DIW Berlin 2013

Simulation des Pro-Kopf-Wachstums für Deutschland
In Prozent

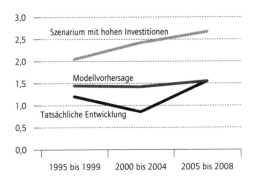

Quellen: EU-Kommission; Penn World Tables; Weltbank; Berechnungen des DIW Berlin.

© DIW Berlin 2013

Nettoauslandsvermögen und Bewertungsänderungen
In Prozent des Bruttoinlandsprodukts

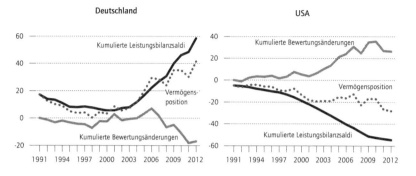

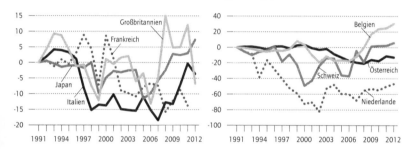

Quellen: IWF; Berechnungen des DIW Berlin.

Seit dem Jahr 2006 hat Deutschland hohe Wertverluste auf sein Auslandsvermögen erlitten.

Bewertungsänderungen auf Direktinvestitionen
In Prozent des Bruttoinlandsprodukts

Netto

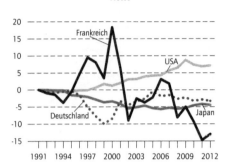

Forderungen

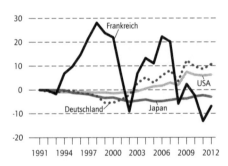

Verbindlichkeiten

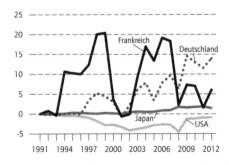

Quellen: IWF; Berechnungen des DIW Berlin.

© DIW Berlin 2013

Nur geringe Nettoverluste sind für Deutschland bei den Direktinvestitionen entstanden.

Abbildung 26 | 259

Bewertungsänderungen auf Dividendenwerte
In Prozent des Bruttoinlandsprodukts

Netto

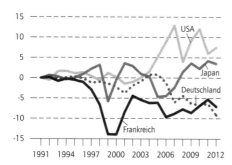

Forderungen

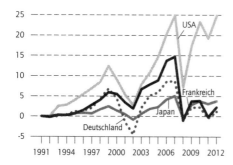

Verbindlichkeiten

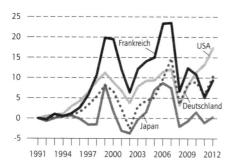

Quellen: IWF; Berechnungen des DIW Berlin.

© DIW Berlin 2013

Deutsche Unternehmen und Sparer haben viel Geld im Ausland verloren.

260 | Abbildung 27

Bewertungsänderungen auf Festverzinsliche Werte
In Prozent des Bruttoinlandsprodukts

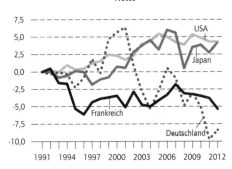

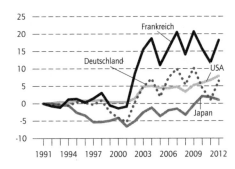

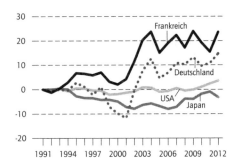

Quellen: IWF; Berechnungen des DIW Berlin.

© DIW Berlin 2013

Die hohe Nachfrage nach deutschen Anleihen hat den Wert der deutschen Verbindlichkeiten erhöht.

Abbildung 28 | 261

Bewertungsänderungen auf Andere Investitionen
In Prozent des Bruttoinlandsprodukts

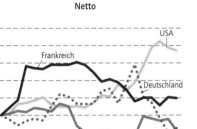

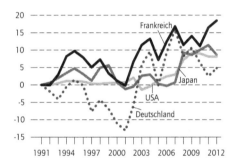

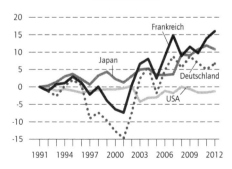

Quellen: IWF; Berechnungen des DIW Berlin.

© DIW Berlin 2013

Seit 2006 sind die deutschen Forderungen gegenüber dem Ausland im Wert gesunken.

Renditedifferenzen[1] auf das Auslandsvermögen
In Prozentpunkten

	Tatsächlich	Simuliert[2]
Frankreich		
1993–1999	0,0	1,8
2000–2006	−1,1	1,9
2007–2012	−0,1	6,2
Deutschland		
1993–1999	−2,9	0,3
2000–2006	−0,5	0,8
2007–2012	−1,0	5,8
Japan		
1993–1999	0,4	3,6
2000–2006	−5,8	2,4
2007–2012	0,4	3,3
USA		
1993–1999	4,3	4,3
2000–2006	5,8	5,8
2007–2012	8,7	8,7

1 Rendite auf die Forderungen abzüglich der Rendite auf die Verbindlichkeiten.
2 Unter der Annahme, dass die Auslandsvermögensstruktur der der USA entspricht.

Quellen: IWF; Berechnungen des DIW Berlin.

© DIW Berlin 2013

Nur die USA erzielen seit langem durchweg hohe Renditen.

Effizienz von Investitionen gemessen am inversen ICOR*
Durchschnitt 2001 bis 2010

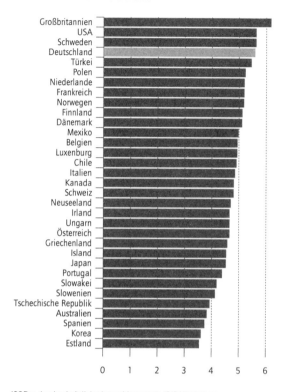

ICOR = durchschnittliche Investitionsquote/BIP-Wachstum.
Quellen: OECD; Berechnungen des DIW Berlin.

© DIW Berlin 2013

264 | Abbildung 31

Bruttoanlageinvestitionen Verkehrsinfrastruktur
In Milliarden Euro zu Preisen von 2005

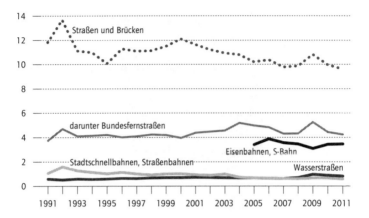

Quelle: Verkehr in Zahlen 2012, Berechnungen des DIW Berlin.

© DIW Berlin 2013

Die Investitionen sind in den letzten Jahren gesunken.

Anlageinvestitionen und Anlagevermögen der Verkehrsinfrastruktur 2011
In Millionen Euro

	Brutto Anlage-investitionen[1]	Brutto Anlage-vermögen[2]	Netto Anlage-vermögen[2]
Verkehrsinfrastruktur	20 166	777 960	511 362
Darunter:			
Verkehrswege	16 448	695 711	460 512
Darunter:			
Bundesverkehrswege	9 092	362 852	240 330
Darunter:			
Bundesfernstraßen	5 110	195 610	133 572
Infrastruktur der DB	3 032	126 678	82 300
Bundeswasser-straßen	950	40 564	24 458
Umschlagplätze[3]	3 718	82 249	50 850
Verkehrssektor insgesamt	34 540	952 016	610 277

1 Ohne Grunderwerb. Nominal.
2 Jahresendbestand. Ohne Grunderwerb. Zu Preisen von 2005.
3 Zu den Umschlagplätzen gehören die Bahnhofsanlagen der DB, Flughäfen, Binnenhäfen und Seehäfen.

Quelle: Berechnungen des DIW Berlin.

© DIW Berlin 2013

Die Verkehrsinfrastruktur stellt einen erheblichen volkswirschaftlichen Kapitalstock dar.

Jährlicher Ersatzbedarf nach der DIW-Anlagevermögensrechnung für den Zeitraum 2006–2011

In Millionen Euro zu konstanten Preisen von 2005

	Ersatzbedarf[1]	Getätigter Ersatz[2]	Ungedeckter Ersatzbedarf	Anteil ungedeckter Ersatzbedarf in Prozent
Bundesfernstraßen	2 700	2 200	500	19
Landes- Kreis- und Gemeindestraßen	6 400	3 900	2 500	39
Infrastruktur der DB	3 110	2 910	200	6
Infrastruktur des schienengebundenen ÖSPV	480	220	260	54
Bundeswasserstraßen	520	190	330	63
Insgesamt	13 210	9 420	3 790	29

1 Berechnet aus den physischen Abgängen laut DIW-Anlagevermögensmodell zuzüglich eines Zuschlages für die qualifizierte Substanzwertsicherung.
2 Angaben zu den getätigten Ersatzinvestitionen: Für die Bundesfernstraßen, die DB und die Bundeswasserstraßen nominale Angaben des BMVBS, die zum Vergleich mit dem Ersatzbedarf mittels sektorspezifischer Preisindizes auf Preisbasis 2005 deflationiert wurden. Für die sonstigen Straßen: Schätzung des DIW. Für den ÖSPV Angaben des VDV.

Quelle: Berechnungen des DIW Berlin.

© DIW Berlin 2013

Die Investitionslücke ist bei den Landes-, Kreis- und Gemeindestraßen besonders groß.

Ausgaben für formale Bildungseinrichtungen in Prozent des Bruttoinlandsprodukts (2009)

	Kindertagesbetreuung für Kinder < 3 Jahre	Elementarbereich	Primar- und Sekundarbereich I	Sekundarbereich II	Tertiärbereich	Elementarbereich bis Tertiärbereich
Belgien[2]	0,1	0,6	1,5	2,9	1,5	6,7
Dänemark	0,7	1	3,4	1,3	1,9	7,9
Deutschland	0,1	0,6	2,1	1,1	1,3	5,3
Finnland	0,8	0,4	2,5	1,6	1,9	6,4
Frankreich	0,4	0,7	2,6	1,4	1,5	6,3
Irland	0	0,1	3,4	0,9	1,6	6,3
Italien	0,2	0,5	2	1,2	1	4,9
Niederlande	0,5	0,4	2,8	1,3	1,7	6,2
Norwegen	0,9	0,4	2,8	1,4	1,4	6,2
Österreich	0,4	0,6	2,4	1,4	1,4	5,9
Portugal	0	0,4	2,7	1,2	1,4	5,9
Schweden	0,9	0,7	2,8	1,4	1,8	6,7
Schweiz	0,1	0,2	2,7	1,7	1,3	6
Spanien	0,6	0,9	2,6	0,8	1,3	5,6
UK	0,5	0,3	3	1,5	1,3	6
OECD-33	0,3	0,5	2,6	1,3	1,6	6,2

Anmerkung: Alle Angaben beziehen sich auf OECD (2012a) mit der Ausnahme der Angaben für den Bereich der Kindertagesbetreuung für Kinder unter drei Jahren, hierfür siehe OECD (2012b). Für weitere Anmerkungen siehe entsprechende Quellen.

Quellen: OECD (2012a: Education at a Glance 2012: OECD Indicators, OECD Publishing, Paris, Table B2.2) und OECD (2012b): OECD Family Database, OECD, Paris. (www.oecd.org/social/family/database, Download: Juni 2013, Chart PF 3.1.A), eigene Zusammenstellung des DIW Berlin.

© DIW Berlin 2013

Im internationalen Vergleich gibt Deutschland einen relativ geringen Anteil seines Bruttoinlandsprodukts für Bildung aus.

Jährliche Investitionen in die Strom- und Wärmeerzeugung mit erneuerbaren Energien bis 2020
In Milliarden Euro

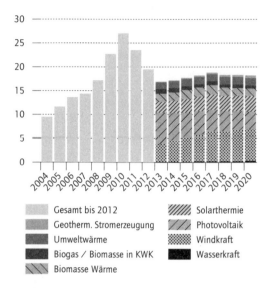

Gesamt bis 2012	Solarthermie
Geotherm. Stromerzeugung	Photovoltaik
Umweltwärme	Windkraft
Biogas / Biomasse in KWK	Wasserkraft
Biomasse Wärme	

Preisbasis 2012. Ohne Investitionen in Nahwärmenetze und Stromimporte.

Quellen: Statistisches Bundesamt, Arbeitsgruppe Erneuerbare Energien-Statistik (AGEE-Stat), DLR, Fraunhofer IWES, IFNE (2012), a.a.O., Berechnungen des DIW Berlin.

© DIW Berlin 2013

Die Investitionen stabilisieren sich auf hohem Niveau.

Zusätzliche jährliche Investitionen in Stromnetze bis 2020
In Milliarden Euro

Übertragungsnetz		Verteilnetze			Gesamt
an Land	auf See	Nieder-spannung	Mittel-spannung	Hoch-spannung	
2,1	2,2	0,3	0,5	1,0	6,1

Preisbasis 2012. Investitionsbedarf im Verteilnetz entsprechend dena-Verteilnetzstudie, Szenario NEP B 2012. Investitionsbedarf im Übertragungsnetz entsprechend der aktuellen Netzentwicklungsplan-Entwürfe der Netzbetreiber, Szenario B2023, inklusive Startnetz. Die Investitionen im gesamten Zeitraum wurden gleichmäßig auf einzelne Jahre verteilt.

Quellen: Deutsche Energie-Agentur (2012), a. a. O.; 50 Hertz et al. (2013a und b), a. a. O.; Berechnungen des DIW Berlin.

© DIW Berlin 2013

Es ergibt sich ein zusätzlicher jährlicher Ausbaubedarf von insgesamt sechs Milliarden Euro.

Mehrinvestitionen im Bereich der energetischen Gebäudesanierung
In Milliarden Euro

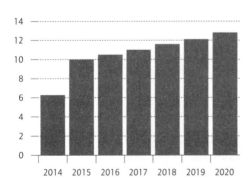

Preisbasis 2012.

Quelle: Berechnungen des DIW Berlin.

© DIW Berlin 2013

Hohe Mehrinvestitionen im Bereich der energetischen Gebäudesanierung sind nötig.

Wirkungen des Ausbaus erneuerbarer Energien
Abweichungen gegenüber dem Nullszenario

	2010	2020
	In Prozent	
Bruttoinlandsprodukt	2,1	2,8
Privater Verbrauch	1,1	2,2
Private Anlageinvestitionen ohne Wohnungsbauinvestitionen	13,5	10,0
Ausfuhr	1,0	1,2
Einfuhr	1,6	0,9
Personenproduktivität	2,0	2,8
	In Tausend	
Erwerbstätige	43,0	14,0

Quelle: Berechnungen des DIW Berlin.

© DIW Berlin 2013

Der Ausbau erneuerbarer Energien erhöht im Vergleich zum Nullszenario das Wachstum.

Bruttobeschäftigung durch erneuerbare Energien in Deutschland
Zahl der Beschäftigten in Tausend

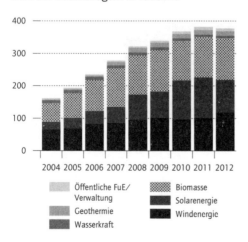

Quellen: DLR, GWS, ZSW, DIW Berlin.

© DIW Berlin 2013

Die Bruttobeschäftigung im Bereich der erneuerbaren Energien hat sich seit 2004 mehr als verdoppelt.

Potentialwachstum bei Anstieg der Investitionen und Totalen Faktorproduktivität
In Prozent

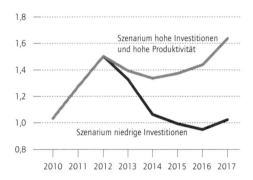

Quellen: EU-Kommission; Berechnungen des DIW Berlin.

© DIW Berlin 2013

T2-Positionen ausgewählter Euroländer
In Milliarden Euro

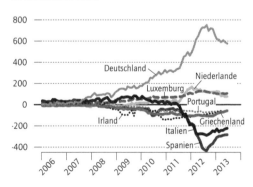

Quelle: Nationale Zentralbanken.

© DIW Berlin 2013

Innerhalb des Euroraums flossen Zahlungen via T2 überwiegend aus den Krisenländern in die »sicheren Häfen« Deutschland, Niederlande oder Luxemburg.

Forderungen deutscher Banken gegenüber Krisenländern
In Milliarden Euro

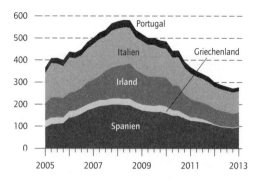

Quelle: Bank for International Settlements, Consolidated Banking Statistics.

© DIW Berlin 2013

Deutsche Banken und Anleger reduzierten ihre Forderungen gegenüber den Krisenländern.

Quellenverzeichnis der Abbildungen
(erhältlich unter www.diw.de)

DIW Wochenbericht 26/2013, **Deutschland muss mehr in seine Zukunft investieren,** Stefan Bach, Guido Baldi, Kerstin Bernoth, Jürgen Blazejczak, Björn Bremer, Jochen Diekmann, Dietmar Edler, Beatrice Farkas, Ferdinand Fichtner, Marcel Fratzscher, Martin Gornig, Claudia Kemfert, Uwe Kunert, Heike Link, Karsten Neuhoff, Wolf-Peter Schill, C. Katharina Spieß, S. 3–5.

DIW Wochenbericht 26/2013, **Wege zu einem höheren Wachstumspfad,** Stefan Bach, Guido Baldi, Kerstin Bernoth, Björn Bremer, Beatrice Farkas, Ferdinand Fichtner, Marcel Fratzscher, Martin Gornig, S. 6–17.

DIW Wochenbericht 26/2013, **Energiewende erfordert hohe Investitionen,** Jürgen Blazejczak, Jochen Diekmann, Dietmar Edler, Claudia Kemfert, Karsten Neuhoff, Wolf-Peter Schill, S. 19–30.

DIW Wochenbericht 26/2013, **Verkehrsinfrastruktur: Substanzerhaltung erfordert deutlich höhere Investitionen,** Uwe Kunert, Heike Link, S. 32–38.

DIW Wochenbericht 26/2013, **Investitionen in Bildung: frühkindlicher Bereich hat großes Potential,** C. Katharina Spieß, S. 40–47.

DIW Wochenbericht 39/2013, **Gesetzlicher Mindestlohn: kein verteilungspolitisches Allheilmittel,** Karl Brenke, Kai-Uwe Müller, S. 3–17.

DIW Wochenbericht 44/2013, **Liquiditätsmanagement des Eurosystems im Zeichen der Krise,** Marcel Fratzscher, Philipp König, Claudia Lambert, S. 3–17.

DIW Wochenbericht 44/2013, **Target-Salden – ein Anker der Stabilität,** Marcel Fratzscher, Philipp König, Claudia Lambert, S. 19–28.

DIW Wochenbericht 46/2013, **Rückgang der Einkommensungleichheit stockt,** Markus M. Grabka, Jan Goebel, S. 13–23.

DIW Wochenbericht 9/2014, **Anhaltend hohe Vermögensungleichheit in Deutschland,** Markus M. Grabka, Christian Westermeier, S. 151–164.

DIW Wochenbericht 27/2014, **Eine Investitionsagenda für Europa,** Ferdinand Fichtner, Marcel Fratzscher, Martin Gornig, S. 631–635.

DIW Wochenbericht 27/2014, **Schwache Investitionen dämpfen Wachstum in Europa,** Guido Baldi, Ferdinand Fichtner, Claus Michelsen, Malte Rieth, S. 637–651.

DIW Wochenbericht 27/2014, **Investitionsschwäche in der EU: ein branchenübergreifendes und langfristiges Phänomen,** Martin Gornig, Alexander Schiersch, S. 653–660.

DIW Wochenbericht 27/2014, **Europäische Energiewirtschaft: hoher Investitionsbedarf für Nachhaltigkeit und Versorgungssicherheit,** Christian von Hirschhausen, Franziska Holz, Clemens Gerbaulet, Casimir Lorenz, S. 661–666.

Register

A

Agenda 2010 20 f., 143
Alterssicherung 35
Arbeitslosigkeit 20, 23 ff., 110, 214
Arbeitsmarktreform 43 ff.
Armutsmigration 158
Armutsrisiko 37
Asienkrise 146
Außen- und Sicherheitspolitik, gemeinsame 226 f.

B

Bagehot, Walter 196
Bankenkrise 127 f., 165
Bankenunion 144, 150, 154, 179, 182, 187, 193, 205, 209, 212, 215, 221, 223 f.
Basarökonomie 51
Belgien 69, 138
Bentham, Jeremy 188
Beschäftigung, prekäre 26, 28 f., 40
Beschäftigungswunder 23, 27 ff., 39
Bildungslücke 93, ff.
Brasilien 49, 139
Bundesverfassungsgericht 184, 187 f., 195 ff., 200

C

Camdessus, Michel 147
Chancengleichheit 31, 36, 38, 44, 46
China 25, 33, 47, 49, 137, 139, 226
Covered Bond Purchase Programme (CBPP) 186, 197

D

Deflation 193 ff.
Demokratie 215 f., 230 f.
Desintegration 208
Deutsche Bundesbank 114 ff., 157, 196 ff.
Direktinvestitionen 86
Draghi, Mario 181, 183 f., 193

E

Eigenverantwortung 211 ff.
Einkommen 31 ff., 35 ff., 53 f., 56
Energiewende 95 ff., 158 f.
England 67, 127
Euro 110 ff., 162
– als globale Währung 136 f.
– als Ursache der europäischen Krise 162 ff.
– Austritt aus 69, 168, 177, 183, 208
– die ersten Jahre des 123 ff.
– Stärken/Schwächen des 118 ff.
Eurobond 71, 153 f., 193
Eurokrise 162, 164, 169, 228
Europäische Finanzstabilisierungsfazilität (EFSF) 152, 155, 208
Europäischer Gerichtshof 187, 198 ff.
Europäischer Stabilitätsmechanismus (ESM) 150, 152, 154 f., 183, 205, 208, 213, 225
Europäischer Währungsfonds 213
Europäisches Semester 152, 205, 211
Europäische Verteidigungsagentur 227
Europäische Zentralbank (EZB) 128 f., 131 f., 144, 154, 163, 224

- Geldpolitik 124, 155, 157, 160, 181 ff., 191 ff.
- Leitzins 62, 185, 189 f.
- Risiken für 195 f.
- Unabhängigkeit 195, 197, 199
Europarlament 228 ff.
Eurounion 227 f.
Eurovertrag 227 f.
Export 25, 47 ff., 54 f.
Exportüberschuss 126, 158, 170 ff.

F

Finanzkrise 21, 23, 25 f., 58, 85, 121, 125, 127, 136, 147, 165, 168, 190, 196
Finanzpolitik 61 f., 72
Fiskalpakt 67, 144, 152 f., 211
Fiskalunion 209, 225 f.
Frankreich 53, 79, 154, 161, 194, 204, 230

G

Geldpolitik 114 ff.
Gerechtigkeit, soziale 31, 33 ff.
Gini-Koeffizient 33
Giscard d'Estaing, Valéry 136
Griechenland 58 ff., 68, 110, 124, 126 ff., 132 ff., 146, 149 f., 157, 168, 171, 177 f., 182, 185 f., 203, 206 f., 211, 213, 224 f., 230
Großbritannien 33 f., 79, 116, 131, 227 f.

H

Haushaltseinkommen 32 f.
Haushaltskonsolidierung 47
Heckman, James 94
Hilfsprogramme 131 f., 149, 155 f.

I

Indien 49, 139
Indonesien 11 f., 139, 146 ff.
Inflation 69 f., 185, 194
Infrastruktur 80
Integration, europäische 111 f., 209 f., 216, 231

Internationaler Währungsfonds (IWF) 60 f., 70, 131 f., 135, 138, 144, 147 ff., 152, 155, 170 f., 203, 226
Investitionen 74, 76 ff., 219 f.
- im Ausland 85 ff., 120
- immaterielle 79
- öffentliche 57, 63, 79, 219
Investitionsagenda 220 f.
Investitionslücke 74, 81 f., 103 ff.
Irland 59 f., 125 f., 130, 132, 156, 178, 203, 211
Italien 53, 68, 93, 110, 116, 134, 165, 171, 178, 184, 194, 202, 207, 222, 230

J

Japan 57 f.

K

Kant, Immanuel 189
Kapitalstock 75, 77 ff.
Kohl, Helmut 19, 117
Konsum 53 f.
Konsumausgaben, öffentliche 57, 63
Konvergenzprozess 124, 163 f.
Krise, europäische 123 ff., 162 ff.
Krisenpolitik, europäische 150 ff.

L

Lehman Brothers 21, 23, 128, 134, 192
Leistungsbilanz 83, 126
Lohnentwicklung 24, 29 f., 41, 53 ff.
Lohnstückkosten 54

M

Maastricht-Vertrag 67, 71, 124, 134, 211, 221 f., 225
Markteinkommen 32
Merkel, Angela 21, 153
Mill, John Stuart 188
Mindestlohn 39 ff.
Mobilität 38

N

Niederlande 138
Nixon, Richard 113
No-Bailout-Klausel 134, 206, 211 f., 217, 225

O

Opferhaltung 142 f., 148, 155, 157 ff.
Österreich 79
Outright Monetary Transactions (OMT) 183 ff., 193 ff.

P

Portugal 59 f., 68, 76, 124, 126, 132 ff., 156, 171, 178, 202, 207, 213, 222

R

Reagan, Ronald 142
Rechtsstaatlichkeit 215 f.
Reformstau 19
Rentenpolitik 64 ff.
Rettungsschirm 149 f., 152, 154 f., 182 f., 205, 208, 213
Rezession 20 f., 24 f., 61, 127 f.
Russland 226

S

Schröder, Gerhard 19 ff.
Schuldenschnitt 68 f., 157, 182
Schuldentilgungspakt 71
Securities Markets Programme (SMP) 186
Sixpack 152, 205
Solidarität 213 ff.
Spanien 34, 58, 67, 76, 110, 125 f., 130, 132, 134, 156, 165, 171, 176, 178, 184, 194, 202, 211, 213 f., 222
Sparen 82 ff., 172 f., 190 f.
Staatsschuldenkrise 127 ff., 165
Staatsverschuldung 56 ff., 66 ff., 71 ff., 153, 224 f.
Steuern 70 f.
Südkorea 147 f.

Suharto 147 f.
Sündenbockstrategie 142 ff., 159 f., 196

T

Target2-Zahlungssystem 175 ff., 199
Tarifpartner 23 f.
Teilzeitarbeit 27 f.
Thailand 146 ff.
Trichet, Jean-Claude 116
Troika 131 ff., 144, 148 f., 152, 197
Twopack 152, 205

U

Ungarn 215
Ungleichheit 31 ff., 39, 44
UN-Sicherheitsrat 138, 226
Unterbeschäftigung 26 ff., 40
USA 33, 53, 57 ff., 79, 87 f., 101 f., 105, 112, 121, 127, 130, 135 ff., 166, 172, 191, 221, 226

V

Verkehrsinfrastruktur 89 ff.
Vermögen 31, 33 ff.
Vertrauenskrise 127, 129

W

Währungskrise 164
Währungsraum, optimaler 118, 133, 166
Währungssystem, internationales 135 ff.
Wechselkursmechanismus, europäischer 112 ff.
Weltbank 135, 138, 226
Wirtschaftskrise 127 ff.
Wirtschaftspolitik 103, 105 ff.
Wirtschaftsregierung, europäische 228 ff.
Wirtschaftswachstum 52, 72

Z

Zypern 60, 130, 132 f., 178

HANNO BECK, ALOYS PRINZ

Die große Geldschmelze

Wie Politik und Notenbanken unser Geld ruinieren

284 Seiten, ISBN 978-3-446-44031-9, auch als E-Book erhältlich

Die unheilige Allianz von Staat, Notenbanken und Finanzmärkten hat uns an den finanziellen Abgrund geführt. Der Wert unseres Geldes, unser Vermögen und unser Wirtschaftssystem stehen auf dem Spiel.

Die Notenbanken der Welt haben ihre Unabhängigkeit eingebüßt und sich zu Geiseln der Politik degradieren lassen. Bürger, Steuerzahler und Sparer sind die Leidtragenden: Der anhaltende Niedrigzins frisst ihr Erspartes auf, die Flut billigen Zentralbank-Geldes führt zu immer neuen, gefährlichen Blasen, die Rettungsaktionen für marode Banken übersteigen jedes Maß.

Hanno Beck und Aloys Prinz zeigen ohne Fachchinesisch und Formeln, wie Geld, Geschäfts- und Zentralbanken wirklich funktionieren, was das alles für uns heißt - und warum die Politik aufhören muss, mit unserem Geld zu spielen, als gäbe es kein Morgen.